天下文化
BELIEVE IN READING

財經企管 808

超越AI的思考架構

原書名：造局者

Framers:
Human Advantage in an Age
of Technology and Turmoil

Kenneth Cukier
庫基耶

Viktor Mayer-Schönberger
麥爾荀伯格

Francis de Véricourt
德菲爾利科德

林俊宏 譯

Contents

獻給太太希瑟（Heather）
——庫基耶

獻給漢斯‧克勞斯（Hans Kraus）
——麥爾苟伯格

紀念艾爾維‧雷諾（Hervé Raynaud）
——德菲爾利科德

光永遠都在，

但我們得要夠勇敢，才能看得到光。

我們得要夠勇敢，才能成為那道光。

── 戈爾蔓（Amanda Gorman），
　　美國青年桂冠詩人、社會運動家
　　2021 年 1 月 20 日

第

1

章

決策

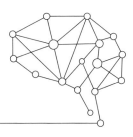

無論是面對高科技軍備競賽、

日益炎熱的氣候、

或是世界各地不斷增加的下層階級，

我們都需要更懂得如何建立思考架構，

才能回應。

　　有些威脅來得突然，出乎意料；也有些來得緩慢，是經過長時間默默累積。但兩者都是認知上的盲點，會讓社會猝不及防。不管要談的是流行病疫情或是民粹主義、新武器或新科技，又或是全球暖化或日益嚴重的不平等，人類如何回應，就可能決定我們未來是生存或滅亡。但在討論如何回應之前，又得先知道我們究竟會看到什麼。

人人都可以是造局者

　　由於某些細菌對抗生素產生了抗性，全球每年因此死亡的人數已經來到七十萬，而且還在迅速增加。再不找到解方，未來每年因此死亡的人數可能上看千萬，也就是每三秒就有一人因此喪命，就連新冠肺炎（Covid-19）疫情也只會是小巫見大巫。而且，這個問題可說是人類社會自作自受。抗生素的藥效之所以愈來愈差，是因為過去的濫用：這些藥物原本該抑制細菌，現在卻把細菌訓練成了超級細菌。

　　現代人對於抗生素的使用習以為常，然而盤尼西林是在 1928 年發現，又經過十年以上才開始量產；在這之前，簡單的骨折或刮傷就常常奪走人的性命。1924 年，美國總統柯立芝十六歲的兒子在白宮草坪打網球，腳趾起了一個水泡，引發感染，短短一星期就讓他丟了小命；再高的地位、再多的財富也無力回天。時至今日，從剖腹產、醫美到化

療，醫學幾乎各方各面都有賴於抗生素。抗生素的抗菌力降低，這些治療的風險就會變大。

巴茲萊（Regina Barzilay）是麻省理工學院人工智慧學教授，她位於麻州劍橋市的研究室色彩豐富、植物茂盛，而她對於抗生素的問題有一套解決方案。傳統藥物研發多半是針對過去有藥效的物質，試圖尋找分子「指紋」相似的物質。這種做法通常成效良好，但在抗生素這個領域卻行不通。成分相似的物質多半早就研究過，於是新研發的抗生素結構與現有抗生素極為相像，細菌很快就會演化出抗藥性。為此，以麻省理工學院生物工程學教授柯林斯（James Collins）為首，一群背景多元的生物學家與資訊工程學者，和巴茲萊合作，決定採用另一套方法，不再把重點放在尋找相似的結構，而是尋找期望的效果：這種物質能殺死細菌嗎？在他們看來，這不是生物學問題，而是資訊科學問題。

巴茲萊魅力非凡、充滿自信，絕不是一般人想像的那種書呆子。而她也總是在打破各種刻板印象。巴茲萊出生於東歐的摩爾多瓦（Moldova）共和國，從小受共產主義薰陶，說著俄語，後來到以色列就學，說著希伯來語，之後再到美國讀研究所。2014 年她在四十多歲生了第一胎，卻診斷出罹患乳癌，經過艱苦治療，總算抗癌成功。這場折磨讓她改變了研究方向，開始專注研究如何將人工智慧（AI）應用於醫學領域。她的研究逐漸受到矚目，也讓她得到了俗稱「天

才獎」的麥克阿瑟獎。

巴茲萊和研究團隊合作，以兩千三百多種有抗菌特性的化合物，來訓練一套 AI 演算法，讓 AI 演算法判斷這些物質能否抑制大腸桿菌的生長。AI 演算法經過訓練後，就用來判斷「老藥新用資料庫」（Drug Repurposing Hub）裡大約六千種分子，以及後續另一個資料庫中的一億多種分子，以預測哪些分子可能會有藥效。在 2020 年初，他們挖到寶了，有一個分子脫穎而出。他們把這個分子命名為 halicin，正是在向《2001 太空漫遊》電影裡背叛主角的 AI 電腦 HAL 致敬。

發現了這種能夠殺死超級細菌的超級藥物，立刻登上全球的新聞頭條。眾人盛讚，這就像是「影像殺死了廣播明星」（video killed the radio star）的一刻，證明 AI 機器已勝過人類。〈人工智慧發現能夠治療抗藥疾病的抗生素〉也一躍成為《金融時報》的頭版頭條。

然而那種說法抓錯重點。並不是人工智慧贏了，而是人類的認知又邁出成功的一步：面對重大的挑戰，先有一開始的想法，接著能夠改變觀點，於是開闢新路、找出解答。這裡該讚賞的並不是新科技，而是人類的能力。

巴茲萊就解釋說：「是人類選擇了正確的化合物，也是人類清楚自己在做什麼事，才把那些材料提供給 AI 模型來做學習。」是人類定義了問題、設計了方法、選擇了要用哪

些分子來訓練 AI 演算法、再選擇要讓 AI 演算法檢查哪個物質資料庫。而在選出某些候選的分子之後，也是人類再次運用生物學知識，判斷那些分子為何有效。

找出 halicin 的過程，一方面是一項傑出的科學突破，另一方面也是在藥物研發領域邁出一大步，讓研發速度提升、成本大幅下降。但意義還不僅於此。巴茲萊等人之所以能成功，要素之一就是掌握了一種**認知自由**（cognitive freedom）。而他們擁有這種自由，並不是因為讀了哪本書、依循了什麼傳統、做了什麼顯然合理的事，而只是因為他們運用了一種全人類都擁有的獨特認知能力。

運用心智模型衡量局勢

人類的思考需要運用各種心智模型（mental model，又譯為思考模型）。這些模型描繪著現實，能讓我們更容易理解這個世界，看出各種模式、預測事物的發展、瞭解自己遇到什麼狀況。要是沒有這些心智模型，現實對我們來說就像是怒濤洶湧的資訊洪流，又或是各種原始感官體驗與情感的叢林。正是心智模型為我們帶來秩序，讓我們能夠無視不必要的事物而抓住重點——就像在雞尾酒會上，只聽到自己的對話，而不管四周其他人的吱吱喳喳。我們會在腦海中建構出一套現實的模擬，用來預測情況的發展。

　　雖然我們可能並不自覺，但心智模型時時刻刻都在運作。但也有時候，我們會清楚意識到，自己正運用怎樣的觀點在衡量局勢，而且也能夠刻意堅持觀點或改變觀點。需要做出重大決定的時候（像是換工作、生小孩、買房子、關掉工廠、蓋一棟摩天大樓），就最常有這樣的感受，你會發現自己的決定除了出於客觀邏輯，還會有一些更根本的理由，像是看待當下情境的視角、認定世界運作的方式。而這種潛藏的認知因素，就是由各種心智模型組成的。

　　我們必須去詮釋這個世界，才能真正存在於這個世界；我們對現實的感知，都會影響我們的行動。這些全是我們早就知道的事情，但也總是覺得理所當然而渾然未覺。正是因此，讓巴茲萊的成就格外令人嘆服。她針對問題找出了正確的思考架構。她所運用的心智模型，是將注意力從分子的結構（讓分子發揮作用的機制），轉移到分子的功能（分子能否發揮作用）。靠著給這個問題找出不同的思考架構，就讓她和研究團隊找到一片他人錯過的天地。

　　巴茲萊為這個問題情境，建立了正確的思考架構，也就解鎖了新的解決方案。

　　我們所選擇、應用的心智模型，都屬於**思考架構**（frame），而這些架構會決定我們如何理解世界，也決定我們如何行動。思考架構讓我們能夠歸納類推，得出抽象的概念，再應用到其他的情境當中。這樣一來，我們即使面對新

的情境，也有辦法應對，而不需要每次都從頭開始學習。無論何時，思考架構都會默默運作。但我們可以刻意停一下、問問自己：現在我們運用了怎樣的架構？這真的是最適合目前情景的架構嗎？如果答案是否定的，就能去選擇其他更好的架構，或是創造全新的架構。

思考架構不同，視角就不相同

「建立思考架構」是人類認知非常基本的一件事，基本到難以查覺，就連研究心智運作的學者，也是到了相當晚近，才注意到這件事。過去大家對於建立思考架構的重視程度，一直比不上其他的心智能力（例如感知和記憶）。但由於大家愈來愈感受到必須提升自己的決策能力，而建立思考架構又與做出好選擇和行動息息相關，這件事也就逐漸從幕後走向舞臺中央。現在我們知道，如果能用正確的方式提出正確的思考架構，便能找出更多的可能，也就能做出更好的選擇，創造更好的局勢。我們所使用的思考架構，會影響所看到的選項、所做出的決定、所得到的結果。思考架構愈好，結果也就愈好。

社會上許多問題之所以如此棘手，究其核心，都只是各方採用了不同的思考架構。例如，美國和其他國家之間，究竟是該築起一道牆、還是搭起一座橋？蘇格蘭究竟是該

留在英國、或是獨立？中國對香港的「一國兩制」，究竟重點是一國、還是兩制？對於同一個情境，因為思考架構不同，看在眼裡就有完全不同的樣貌。

2016 年，舊金山 49 人隊的四分衛卡佩尼克（Colin Kaepernick）在美國國歌演奏時單膝下跪，呼籲眾人注意種族主義與警察暴力。有人認為這是以一種值得尊敬的形式，發表著無聲、象徵性的抗議。畢竟他並不是轉身背對，也並未怒舉拳頭、或是伸出某根手指。但也有人認為這已經是對美國的大不敬，不過就是一個才能普通的球員在刻意操弄仇恨的宣傳手法，汙染了美國少數還沒受到文化戰爭染指的領域。

大家爭吵的並不是到底發生了什麼事，而是事件代表什麼意義。於是這成了一場羅夏克墨跡測驗（Rorschach test）：你帶著怎樣的思考架構，就會看到怎樣的內容。

每一種思考架構，都會讓我們用某種獨特的視角來看世界，使某些要素放大、又讓某些要素縮小。譬如，資本主義的思考架構，會讓一切都彷彿充滿商機；共產主義的思考架構，則讓一切都成了階級鬥爭。同樣是一片雨林，實業家看到的是價值不菲的木材，而環保主義人士看到的則是攸關人類長期生存的「地球之肺」。在全球疫情大流行期間，該不該規定民眾在公共場所戴上口罩？在美國，用「健康」思考架構的人會說「當然」；用「自由」思考架構的人則會高

喊「去你的！」

　　同樣的資料數據，不同的思考架構，就會有相反的結論。

　　有時，我們慣用的思考架構並不見得和現實契合。思考架構本身並沒有正誤之別（只有一個例外，後面會再提到），但當然有些時候會出現選錯思考架構（misframing）的情況，也就是選用的架構並不適合當時情境。實際上，人類進步的路上，就四處散落著被拋棄的架構殘骸。以十五世紀的解剖學書籍《醫學彙編》（*Fasciculus Medicinae*）為例，書中主張身體各部位和黃道十二宮有關，天體和身體彷彿形成完美對應。然而，這套思考架構從來沒真的治好任何人，而且等到更實用的思考架構出現，也就被拋在一旁。

　　我們意氣風發的時候，便很容易犯下這樣的錯。2008年，諾基亞（Nokia）還是全球手機銷售的龍頭，很少人覺得蘋果公司剛推出的 iPhone 能有什麼前途。當時的趨勢是要把手機做得更小、更便宜，但 iPhone 卻是更大、更貴，也更容易出現各種錯誤。諾基亞的思考架構出自保守的電信業，重視的是實用和可靠。蘋果的思考架構則出自創新步調飛快的資訊業，強調要容易使用、能透過軟體延伸出新的功能。而事實證明，蘋果的思考架構更能滿足消費者的需求和欲望，也就主宰了市場。

慎選思考架構

用錯架構，有可能帶來可怕的後果。像是在 1930 年代，蘇聯就曾經遵循一套李森科主義（Lysenkoism），號稱是植物遺傳學的圭臬，但這套主義的理論基礎並非植物學和遺傳學，而是馬克思列寧主義。李森科主義的其中一條戒律認為「作物可以緊密種在一起」，而這是因為共產主義認為同樣階級的成員能夠團結生活，不會互相競爭資源。

從經濟學的領域拿出一套共產思考架構，再硬套在農業上，這只能說是愚蠢至極，但蘇聯領導者卻讓李森科主義成了農業政策的基石。提倡這套想法的李森科（Trofim Lysenko），更得到了史達林本人的青睞。其他科學家如果質疑李森科的主張，若不是被解雇、監禁、流放，就是遭到處決。例如優秀的俄國生物學家瓦維洛夫（Nikolai Vavilov），便因為批評了李森科的理論而被判死刑。而李森科主義帶來了怎樣的結果？雖然蘇聯將耕地面積增加了一百倍，但農作物非死即爛，農業產量不增反減。

蘇聯選錯了思考架構，就造成了悲慘的饑荒，奪走數百萬人的性命。

好消息是，即使選錯了思考架構，也總能再選用別的思考架構，或是發明全新而更好的思考架構。某些讓全世界改頭換面的重大突破，也正是因為找到了新的思考架構。像是

達爾文提出演化論，就讓我們不用宗教信念，也能解釋生命的起源。同樣的，我們曾有數百年是用牛頓物理學來解釋物體的運動，但慢慢又遇上一些無法解釋的現象。是靠著愛因斯坦，指出我們長期以來認定恆常不變的時間其實是相對的，才為物理學帶來了新的思考架構。

科學領域最容易看出思考架構的價值。原因在於科學的結果比較明確（至少理論上），而且研究者也會寫下自己用了哪些想法而得出最後結論。

然而，講到當前人類所面臨的種種重大挑戰，我們卻常常說不出自己用了怎樣的思考架構。無論是在哪個領域，都必須瞭解建立思考架構有多麼重要：先能用不同的觀點來看待問題，才能用不同的方式來解決問題。不論是對個人、社群、國家、或甚至是整個文明而言，想應付最棘手的難題，都得從自身出發：運用「建立思考架構」這種人類所特有的能力。

但我們得好好練習、進步。請聽本書慢慢道來。

還不存在，但你卻能看見

過去幾十年間，在認知心理學和決策理論領域，對於人類如何生活、如何思考，有了完全不同的看法。思考架構的建立常常是發生在潛意識中，但有些人常常能做對決定、或

是因為地位而讓他們的決定事關重大，就更能感知到自己如何建立思考架構，也更能掌握另啟思考架構的能力，於是會看到不同的選項，做出不同的行動，開創不同的新局面。

創投業者要判斷某項事業是否值得投資，將帥要判斷是否發動某項軍事行動，又或是工程師要解決技術問題，都必須先對問題建立起思考架構。想決定該在哪裡蓋風力發電場，或是該不該改蓋太陽能發電場？蒐集資訊其實只是決策過程的一部分，很多時候，更重要的是我們究竟如何看待這個問題，也就是如何為問題建立思考架構。

而且除了重大問題得有思考架構，就連日常生活的大小事也有這種需求。想解決日常不斷碰上的問題，也需要心裡先有個現實世界的模型。譬如，該怎樣才能和另一半處得更好？該怎樣讓老闆刮目相看？要怎樣才能更健康、更有錢？對於這些問題，思考架構也是一樣重要，它會成為我們思考的基礎，影響我們看到什麼、想到什麼。刻意勾勒出思考架構，並且學會怎樣加以選擇及應用，我們就能改善自己的生活、改進我們的世界。

簡單說來，我們可以將「建立思考架構」從人類認知的基本功能，轉為實用的工具，協助我們做出更好的抉擇。面對世上的許許多多事物，人類的心智會透過思考架構來掌握重點、過濾雜訊，否則完整的資訊實在太過龐雜，只會讓人思考過載。靠著像這樣建立對世界的心智模型，才能讓我們

覺得能夠掌握世界，知道自己該如何行動。

　　從這種觀點看來，思考架構可以說是把現實加以簡化了。然而，這並不是要讓整個世界變笨，而是讓我們把思考集中在關鍵的部分。

　　我們也能倚靠思考架構，從個別的經驗中學習，找出通用的法則，進一步適用到其他情境、甚至是還未發生過的情境。如此一來，就算是面對自己從未看過、甚至是不可能看到的事物，也能讓我們心裡有所準備，然後對那些目前完全沒有資料的事物，提出合理的想像。也就是說，思考架構能讓我們看到目前還不存在的事。我們能問「如果……」，並且預測各種不同決定的後果。正是這種預想各種情境的能力，讓我們能夠開創新局，實現個人成就、促成社會進步。

　　許久以前，人們就會望著天空，渴望飛翔。雖然到現在，人類還是沒有演化成鳥的模樣，但確實飛上了天。1903年，萊特兄弟用許多腳踏車零件製造出飛機，而且這絕不是光靠著累積更多的資料或取得更高的運算能力，就能成功。這需要找出一套心智模型，或說是一套思考架構。同樣的，人類曾經夢想著不用切開人體，就能看到人體內部。而到現在，雖然肉眼還是沒有這種能力，但我們已經能運用 X 光之類的科技，達到這樣的效果。這同樣是因為想出了新的思考架構：在 1895 年開始懂得使用稱為「侖琴射線」（Röntgen ray）的電磁輻射。

有些目前的日常用品，也早已不是原先設計的用途（有些還很好笑）。像是電話，一開始的目的是讓人撥個電話，就能遠端聆聽音樂會。至於留聲機，則是想用來傳達訊息：公司大老闆可以把語音指示刻在滾筒上，寄給遠方的經理。但這些科技都是在改變了原本的用途之後，才真正開始流行。二十世紀早期，愛迪生就曾經相信動畫將會取代課堂；但要到一個世紀後，Zoom 成了新的教室，才似乎實現了這種願景。

我們所謂的「架構」

架構（framing）這個詞，在社會科學領域已經談了很多。心理學家康納曼（Daniel Kahneman）和特沃斯基（Amos Tversky）就曾清楚解釋過，對各種結果採用了不同的說法，會影響別人所做的選擇；他們把這稱為「架構效應」（framing effect），並認為這是人類推理的一項缺失。

而在這本書，我們雖然也用了「架構」一詞，但含義卻有所不同：我們指的不是對事物有不同的理解和說法，而是要刻意掌握自己的心智模型，在下決定之前，先發掘出各種選項。面對特定情境，選錯思考架構肯定就會讓決策有所疏漏；雖然如此，建立思考架構仍然是人類為自己賦權賦能的重要能力，能幫助我們理解世界、重塑世界。無論是個人

或是整體人類，要是少了這種能力，絕對不會是現在這個樣子。

可能有人會認為，另啟思考架構就好像是典範轉移（paradigm shift），意思是：某個特定領域的主要概念及實務有了根本上的改變。1962 年，科學哲學家孔恩（Thomas Kuhn）就提出主張，認為是一次又一次的典範轉移，推動了科學的進步。

然而，典範轉移和改變思考架構並不完全相同。每次典範轉移，都是在另啟思考架構，像是哥白尼的地動說推翻了托勒密的天動說模型。但是，每次另啟思考架構，卻不一定稱得上是典範轉移；另啟思考架構是一件相對頻繁得多的事。有些時候，改變思考架構會改變整個社會對世界的觀點；但遠遠更為常見的現象是會為個人的生活，帶來一些小小卻深遠的改變。

不論是哪一種，如果另啟更適宜的思考架構，就能讓人做出更好的決定，創造更好的局面。

說要建立或改變思考架構，可能讓人覺得很複雜、很困難。這確實需要一點技巧，但人們其實很懂這一套。雖然我們平常不見得意識到這點，但人類幾萬年來一直在建立及改變思考架構。

思考架構並不只是個人的個別觀點，而是我們的基本認知模型。不過，若以「觀點」來打比方，確實有助於瞭

解什麼是思考架構。義大利建築師布魯內列斯基（Filippo Brunelleschi）在 1420 年左右，確立了幾何透視畫法，而在這之前的繪畫是把世界畫成平面，各個物體的位置則是以重要性來決定。是在布魯內列斯基之後，畫家才學到了透視法，學會如何表現深度、如何畫出我們眼睛實際所見的景象。比較這項改變前後的畫作有何不同，有助於理解改變思考架構有何效力。

　　每個人都會建立自己的思考架構，做出大大小小的各種預測和決定。而這就像是一直進行著某種心理上的時空旅行。有些人確實比別人更善於此道，但不論是誰，也都有一些可以再改進的地方。事實上，是我們每個人都必須有所改進。

盡情做夢，但要有限度

　　思考架構很適合用來應付兩種情形（我們在第 2 章〈建立思考架構〉會詳加討論）。第一種情形：遇到新的情況、或情況有所改變的時候，選擇新的架構便能得出新的選項。而第二種情形的重要性也絕不下於第一種：就算是很熟悉的情況，思考架構也有助於我們集中思考，從而減輕認知負擔，於是能夠很有效率的做出適當的決定。

　　建立思考架構需要配合三項要素：（一）因果思維、

（二）創造反事實（counterfactual）的能力，以及（三）能夠針對特定的目標，為想像力訂出適當的限制條件。以下各章，將逐一介紹這三項能力要素。

第 3 章〈因果關係〉要談的是因果思維。人類會用因果思維的觀點來看待這個世界，除了能更容易理解這個世界，也有助於預測行為引發的回應，進而在判斷有利的時候，重複這些行為。因果推理可說是人類認知的基礎。兒童會在成長過程學會因果推理，而這也讓人類社會得以隨著時間而進步。可以說，人類就是因果推理的機器。

但因為世界太複雜了，我們的因果推理常常會出錯。大腦不過就是頭骨裡大約 1.4 公斤、像海綿一樣的脂肪和蛋白質，實在很難掌握世上一切微妙之處。而我們現在也會運用各種科學的研究方法，好讓自己不要太快做出因果判斷（像是覺得只要跳了某種舞，天就會下起雨來）。然而，我們這種在處處都要尋找因果關係的習慣，也帶來一項重要的好處：這種工具能夠幫助我們理解世界，讓我們覺得世界多少是在自己掌握之中。

第 4 章〈反事實〉則會談到思考架構所需的第二項要素：反事實。所謂的反事實，也就是想像有另一個**平行現實**（alternative reality），與我們所在的世界稍有不同。也像是前面談到因果思維的情形，我們其實隨時隨地都會思考各種反事實，這是再自然不過的事。思考反事實能讓我們跳脫當下

的認知，不被眼前的現實所束縛，而能在心中創造另一個現實。

如果想追求進步，反事實的思考就至關重要。想像一個不一樣的現實，就能用來理解目前的現實世界，並且思考這個世界能怎樣有所不同。這裡的做法，就是去問「如果……會怎樣？」

所謂的想像，並不代表要做無意義的白日夢，而是在付諸行動、下定決心之前的必要準備。常常在我們盡情想像、腦海裡浮現畫面的時候，都是在召喚並評估各種的反事實。無論是小孩扮家家酒、又或是科學家設計實驗，也都是在思考反事實的表現。

雖然思考各種反事實有助於改善世界，但沉迷在非現實領域也絕不是個聰明的決定。所以，我們會在第 5 章〈限制條件〉介紹思考架構所需的第三項要素：訂定限制條件。如果能有適當的限制條件，就有助於約束我們的想像力，讓反事實維持在可行的程度，讓我們不至於天馬行空到不切實際。

所謂的建立思考架構，不是要真的讓幻想恣意飛翔，也不是像斷了線的氣球隨風飄盪，而是一種有合理限度的夢想。即使是反事實，也必須不超出合理的限度，才能真正有用。

各項限制條件能夠像膠水一樣，維繫著整個心智模型，

第 1 章 決策 025

讓我們在問「如果……會怎樣？」的時候，心智模型維持完整而不會崩壞。像是在車子爆胎、而自己又從來沒換過輪胎的時候，我們不會想著要有《星艦迷航記》裡的反重力效果，而會去看看後車廂有什麼工具（像是千斤頂或扳手），再想想能怎麼運用。

因果關係、反事實、限制條件──認知能力的這三個面向，構成了思考架構的基礎。而我們也是靠著這些工具，得以把事情看得更深入，也想得更遠。

培養差異、歌頌差異

但有些時候必須改變思考架構，特別是在問題情境已然不同的情況下。第 6 章〈另啟思考架構〉就會討論：如何檢視自己現有的各種思考架構，挑選當下更適用的架構。也有時候，我們可以取用其他領域的思考架構，但加以改造；也就是修改某個思考架構，以適應新的情境與目標，於是也擴大了我們的架構庫。

隨著經驗的累積，我們會得到林林總總的思考架構，形成一大套架構庫，能視需求自由選用，就像是優秀的鋼琴家，能夠彈出許多不同的音樂表現風格。音樂家在技巧爐火純青之後，即使聽到各種自己從未聽過的樂曲，也能立刻掌握曲子的基本音調、節奏、旋律與和聲，這正是音樂即興演

出的本質。音樂的不同類型，都會有自己獨特的一套規則，要從浪漫蕭邦、突然轉成女神卡卡，對鋼琴家來說並不容易，但也絕非不可能。而現實生活要另啟思考架構，也像是要改變音樂類型一般，努力就有希望。

然而，光是有各式各樣的架構任君挑選，還是無法保證無往不利。有些時候，正確的思考架構根本還不存在，而需要由我們自己設計、發明出一套全新的架構。創造出全新架構的人，就會得到眾人的讚賞，原因就在於他們具有可能改變世界的力量。

第 7 章〈學習〉要談的，是如何提升自己建立思考架構的能力。想學好這項技能，有賴於放開心胸，擁抱許多不同的思考架構。我們提出三種策略：第一，不斷充實自己的架構庫；第二，透過我們稱為「認知採集」的過程，培育好奇心；而如果實在已經別無他法，第三則是要勇敢跳進認知上的未知領域。

第 8 章〈多元性〉要談的，是思考架構對社群、國家和文明的重要性。我們該追求的目標是架構的多元性：培養差異、歌頌差異，而不是希望大家對世界都抱持同質的觀點。我們需要勇敢一點，好讓自己能看到色彩繽紛，而不是像個色盲。

我們不能接受的，是有些思考架構會否認其他思考架構的存在，認定只有自己是唯一的真理。如果所有心智模型只

有一個樣子，將會阻礙、壓抑社會的進步，讓人無法看得比現在更遠，變得像是機器，只能不斷重複過去。要是我們無法讓各種思考架構共存，我們彼此又怎麼可能共存？

講到建立思考架構，真正重要的人物並不是什麼帝王總統、企業領袖、或是頂尖大學的教授，而是我們身邊的人。其實，也就是我們所有人！

就個人而言，思考架構的重要之處，在於它會形塑我們的生命格局。對全人類來說，重點則在於人類整體所擁有的心智模型是否豐富多樣。常有專家認為，巨大的挑戰迎面而來的時候，所有人應該團結起來、統一觀點。但我們認為其實正相反：人類真正的力量就在於各人的思考架構不同，能從無數個不同的角度來看世界。人類的思考架構本來就五花八門，而我們必須好好善用這點，設計出各種原創的解決方案，才能讓人類物種得以存續。

你相信機器？還是相信暴民？

思考架構的價值與力量，目前正遭到質疑。世界各地的民眾不再相信人類的認知能力，反而相信各種否認心智模型的方法。有一種人開始相信機器，也有一種人開始相信暴民——粗暴的正義、簡單的答案。

第一種人就是超理性主義者，他們很重視事實，推崇理

性,相信一切問題只要靠著資料與演算法都能解決,也喜歡不靠人類思考而訴諸人工智慧。這種人可不是只有一小群等著迎接奇異點(singularity,電腦比人類更聰明的那一刻)的科技咖,而是有愈來愈多人,希望科技能夠帶來那種人類似乎無法做到、超然物外、完全客觀理性的決策。在這些人眼中,雖然人類未來仍然大權在握,但日常小事的判斷都將交由機器來處理。

要開車去印度德里嗎?要在德國柏林打擊犯罪?想在中國武漢送貨?種種需求,都有特定演算法能夠滿足。隨著科技發展,許多人希望能用 AI 來治癒那些人們無法解決的社會弊病,讓人類就此走出如今這種非理性的黑暗,讓理性帶來光明。支持者謳歌 AI 的潛力,認為 AI 能讓人類親手將決策交給電腦。

但也有一批反對聲浪同樣強大的情感主義者,認為人類已經太過理性,太過依賴資料以及冷酷無情的分析。他們相信,人類的核心問題絕不是情感太過,反而是情感不足;人類之所以覺得不快樂,是因為並未充分依賴自己的直覺與本能。情感主義者希望能找到志同道合的一群人,建立共同連結,而且清楚劃分「自己人」與「外人」的界限。像這樣的情感尋根,彷彿是在呼籲要接受「非理性」本來就是人性核心的一部分。

我們可以看到,無論左翼右翼、工業化的民主國家或發

展中國家，都出現了這些現象。一方面，右翼平民主義是一大推手，他們比較喜歡看到政府強力出擊，而不是老說還在評估證據。這種情況下，治理靠的是感覺，領導靠的是情緒，各種決策也是出於自身相信什麼叫做正確。另一方面，就算是在左翼的社會裡，如果行動主義者想讓批評他們世界觀的人閉嘴，或是要讓異議份子失去合法性，也會出現訴諸情感的說法。

我們確實是到了最近，才面臨 AI 功能日益強大的景況；但背後根本的問題已有數百年之久。理性與感性、人為與自然、深思與直覺，這些兩端之間的拉扯早已形塑了我們的生活、我們的社會。

在十七世紀，法國哲學家暨數學家笛卡兒呼籲我們：該過著講求理性、秩序與證據的人生。巴黎許多公園的設計呈現完美對稱，足以讓我們見識到笛卡兒的影響力。

而在一個世紀後，哲學家兼政治評論家盧梭則是提出另一種呼籲：相信自己的感覺和直覺，要向內心的自己尋求答案。盧梭寫道：「我這輩子做過的所有壞事，都是思考下的結果；而那少數我做過的好事，則是衝動下的成就。」這個世界就是充滿著各種模糊感受、激情與食慾；偶爾噴發的暴怒正是人性的展現，情有可原。英美兩國許多都市裡的公園，都把景觀刻意設計得像是一片蔓生的自然狀態，恰恰在無意間附和了盧梭的觀點。

到了二十世紀的企業，也可以看到同樣的二分法。美國管理學家泰勒（Frederick Taylor）提出了深具影響力的科學管理理論，目標正是要把企業營運的各方各面都加以量化。管理人員配備著馬表和記事板，在工廠廠區四處走動，確保生產力維持高檔。但到了二十世紀末，奇異公司（GE）的執行長威爾許（Jack Welch）能言善道，成就有目共睹，而他的商業自傳英文書名一語道破，說他就是「出於直覺」（*Straight from the Gut*）。

AI 沒有提出思考架構的能力

要我們在做決策的時候，否定那些線性、充滿事實的理性，而訴諸歡樂與人性的情感，這種做法其實也有幾分道理。畢竟，並不是所有的事都能簡化成數據或是有邏輯的公式。然而這種想法並無法解決問題，只能美化問題；這種想法能夠拆解、卻無法構建。在過去半個世紀，心理學家與行為經濟學家已經蒐集了大量的實驗證據，指出在大部分情況下，靠直覺做決定的結果就是比較差。順著直覺走、做著自己覺得對的事，確實或許可以給心裡帶來一絲溫暖，但卻無法有可行的策略來解決眼前的挑戰。

同時，雖然 AI 似乎可能做出比人類更好的決策、偷走人類的工作，但電腦和演算法並沒有提出思考架構的能力。

AI 很懂得如何回答別人提出的問題；但是造局者（建立思考架構的能手）則是懂得如何提出前所未見的問題。電腦只能在實際的世界運作；但人類能夠生活在架構擬想出來的世界當中。

以棋類遊戲為例，電腦在這個領域表現優異，深受讚許，但即使如此，也仍有不足之處。就連熟悉來龍去脈的人，也可能會抓錯整件事的重點。

2018 年，谷歌 DeepMind 推出了 AlphaZero 系統。這套系統學習西洋棋、圍棋和將棋的時候，人類教它的只有規則，其他完全只靠著與自己對弈。AlphaZero 僅僅花了短短九小時，和自己下了四千四百萬盤西洋棋，便擊敗了當時全世界最優秀的西洋棋程式 Stockfish。而在各棋類大師和 AlphaZero 下棋的時候，也為 AlphaZero 怪招百出的走法大感讚嘆。超過一世紀以來，西洋棋界對於西洋棋的基本概念和策略（像是各棋子的價值與陣型）其實已有大略的共識，而 AlphaZero 則會走出各種極端走法，會為了機動性而放棄陣型，而且棄子簡直毫無猶豫。AlphaZero 就像是為西洋棋想出了一套全新的策略。

只不過，事實並非如此。

AI 系統無法自己「想」出任何事，既無法構想出心智模型，也不懂類推、不會解釋。無論對我們、或是對 AlphaZero 自己而言，AI 都是一個黑箱。真正能研究這些走

法，說這是什麼陣型、那又是為何棄子的，其實都是人，不是 AI。是人類為 AlphaZero 的舉動構思出了思考架構，讓我們得以解釋這些舉動，進而擴大應用到其他層面。因為我們能夠把 AI 做得好的事，轉成種種抽象概念，也就能讓人類變得更聰明。但說到要欣賞這些教訓、應用這些教訓，AI 自己絕對無法做到。

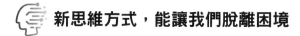 新思維方式，能讓我們脫離困境

　　不論是超理性主義者或是情感主義者，其實都是看見了人類認知的某種獨特之處，只不過，單看任何一種，都只會把我們帶進死巷，無法為目前文明所遇上的挑戰提出適當的解答。而就算想整合這兩者，前景也並不看好；這兩種想法的基礎都不穩固，所以就算結合起來，充其量也就是勉力維持，無法帶來希望或真正的進步。

　　真正重要的洞見是：我們的選擇並不是只有兩種。並不是只有「不帶人性的奇異點」或「民粹恐慌的浪潮」二選一，也沒有必要嘗試將兩者結合，而成為單純妥協下的二流產物。我們還有另一種更佳的策略，一種迄今遭到忽略的珍貴人類能力：思考架構。人類這種應用、磨練與重塑心智模型的能力，能讓我們有辦法既解決問題，又不用臣服於機器、或是順從於暴民。

　　這讓我們再次回到巴茲萊的觀點。我們正處在十字路口，巨大的挑戰就在眼前。例如抗生素的問題，人類許多弱點都是自找的，是自食惡果，是出於我們自己的疏忽、出於我們未能跨出的腳步。是我們讓自己落入了當前的困境！

　　但好消息是，我們能把自己救出這場困境。只不過，這需要新的思維方式。

現在缺少什麼，就從內心開始補足

　　牛津大學研究團隊有一個名為「用資料看世界」（Our World in Data）的計畫網站，正如其名，是從資料數據的角度來看生活的各方各面。想知道嬰兒死亡率的統計數據？網站為您提供。想瞭解全球各地的國內生產毛額（GDP）？網站為您呈現。比爾・蓋茲深愛這項計畫，有時候還會在推特上轉發網站的圖表，而且蓋茲基金會也為這項計畫提供資金。

　　如果你看著網站上五彩繽紛的折線圖和長條圖，會覺得人類彷彿正處在史上最幸福的年代。確實，幾乎從任何指標看來，世界都是愈變愈好，勢不可擋。戰爭減少了，疾病減少了，識字率提升了，水更乾淨了，國家更富裕了，人民更幸福了，壽命也更長了。即使是新冠肺炎，雖然確實讓部分趨勢遭到重挫，但這只會是暫時的；把目光投向更遙遠的未

來，隨著時間進展、腳步向前，跌勢也必然趨緩。

　　而在這一切的改善之中，關鍵都必然牽扯到人類思維方式的演變。早在實際的改變發生之前，就必然有思維的改變。看到現在有什麼缺少的，就從內心開始去補足。是人類，在心中不斷為世界建立思考架構、另啟思考架構，才讓文明不斷進步。

　　但如果就抱著這種一片樂觀的看法，也可能是太有信心了。抱持這種看法的人，會推想未來的發展，但他們的分析卻可能掩蓋掉種種問題。人類的進步有一種毛病：各種創意的成果，卻也可能是造成人類滅絕的根源。無論是面對高科技軍備競賽、日益炎熱的氣候、或是世界各地不斷增加的下層階級，我們都需要更懂得如何建立思考架構，才能回應。

　　我們的書架上，現在塞滿了讚頌人類進步的書籍。但是，哈拉瑞（Yuval Noah Harari）《人類大命運：從智人到神人》書中憂心預測的那種富裕而永生不死的腦力工作者，最後終會遭到奚落，就如同福山（Francis Fukuyama）《歷史之終結與最後一人》那個富裕、安全、快樂的「最後一人」。如果用更清晰、更負責的觀點來看世界，會發現情況並不是愈來愈改善，反而是愈來愈嚴峻。人類最艱難的挑戰並未過去，而是還在眼前。

　　過去，人類面臨的多半只是個人或社群的生存問題，而不是整個地球的生存問題。而許多挑戰也都有明顯的解決方

案。為了避免飢餓，人類開始狩獵、群聚。為了遮風避雨，人類開始建造家園。為了抵禦戰爭，人類開始供養軍隊。一般而言，我們都已經有了既定的思考架構，可以信手捻來。

但是，思考架構雖然能提升我們的決策能力，過去的成功卻也會給自己造成弱點，那就是太過相信真理只有一種思考架構。從西班牙的宗教裁判所、到蘇聯的集體主義，史上已有無數案例，讓我們看到人類會如何創造並執行這樣的思考架構。而且，我們從過去失敗學到的教訓少得不可思議。至今，人類仍然容易落入單一的思維方式，不斷想說服自己，過去的單一思考架構之所以會失敗，問題都是出於那個思考架構本身，而不是出在「單一」這件事情上。

站在歷史的此時此刻，這問題竟然讓我們的情勢變得如此危險。人類的命運端賴我們能否學會重新認識眼前的挑戰。想處理大自然的危機（從氣候變遷到全球疫情肆虐）、人類的危機（從新形態的部落主義到暴力的壓迫），需要的並不是在認知方面出現什麼不可思議的進步，而是該加倍做好一件人類向來擅長的事：在種種限制下發揮想像力，找出創新的解決方案，以享受之後長期的豐碩成果。

我們需要「認知自由」

這個時代充滿著矛盾與分裂：有大型慈善事業、也有暴

政肆虐，有科學、也有反科學，有事實、也有假新聞。抬頭可以看到國際太空站，卻身處貧民窟；有人想搭火箭殖民外星，但也有移民兒童身陷囚籠。有人還是原始人類，也有人已經準備成為超人類；有人活在底層，有人意圖成神。

一般而言，物種是因為無法適應環境而面臨滅絕。人類可能是史上第一個擁有一切適應所需、卻仍然滅絕的物種，並不是別無選擇，而是因為做錯了選擇。

「建立思考架構」可以為我們找到一條出路。我們可以運用認知能力建立心智模型，讓自己更能預見後果，選擇更好的替代方案，創造更好的局勢。但這需要一定程度的認知自由，從各種方面加以篩選。我們必須意識到，自己手中就握有了蓬勃發展所需要的一切條件，但前提是我們願意抓緊這份責任、勇氣與想像力，承擔起建立並運用思考架構的角色。

第 2 章

建立思考架構

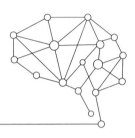

身而為人，不可能不建立思考架構。

因為這種機制無法關閉，

我們隨時都在建立思考架構。

我們唯一能選擇的，只是該用什麼思考架構，

再看看我們究竟運用得如何。

MeToo 運動

　　2017 年 10 月 15 日是星期天，好萊塢女星米蘭諾（Alyssa Milano）在洛杉磯自家裡，躺在床上看新聞。那天的網路爆料滿天飛，主角都是電影製片溫斯坦（Harvey Weinstein）。米蘭諾在 1980 年代以情境喜劇童星出道，這年已經四十好幾，而那些新聞裡的人物她全部都知道。在好萊塢，幾乎不可能沒聽過性騷擾的傳言（為了通過選角而陪睡，就是眾所周知的陋習之一）。但這次的事件感覺不太一樣。這已經不只是毛手毛腳，而是身體上的侵犯，受害者多達數十人，並且這些情節不只是遭到忽視，更是刻意被掩蓋，時間足足可追溯幾十年之久。

　　米蘭諾的手機上跳出一位朋友的訊息，認為如果女性在推特上發聲，或許能讓全世界看到這項問題有多嚴重。米蘭諾心有同感，她一直是個道德感強烈的人，在她還是十五歲童星的時候，就曾經在電視談話節目上親吻一位 HIV 陽性的男孩，希望讓觀眾瞭解：和 AIDS 病人的日常接觸並不會有任何危險。而在 2013 年，她也曾「不小心外流」自己和丈夫的性愛影片，但影片焦點並不是那些活色生香的部分，而是一則大約兩分鐘的新聞，解釋了敘利亞境內的衝突。這一切就是刻意的設計，希望讓民眾瞭解這項人道議題。

　　用推特這招其實很有道理。米蘭諾回憶當時收到朋友訊

息的想法，表示：「透過這種方式，很能夠讓大眾瞭解事情的規模有多龐大，」而且這樣一來，「不會把焦點放在那些可惡的男性，而是拉回到那些受害者與倖存者。」米蘭諾自己也曾經在大約二十五年前，在片場遭到侵犯，但她過去從未公開提過這件事。這次，她開了推特，寫下：「如果你曾經受到性騷擾或性侵，請在這篇推文下方回應『me too』（我也是）。」她接著關了推特，看看自己好夢當中的三歲女兒，然後自己也上了床。

等她醒來，那篇推文的回應已有高達三萬五千則，而且還在不斷增加，遠遠超出她意料之外。一瞬間，這篇推文就傳到了全世界，等到當天結束，已有超過一千兩百萬則貼文加上了 #MeToo 這個主題標籤。記者開始打起了電話，MeToo 掀起全球波瀾。

MeToo 運動雖然可以分成許多層面，但或許最重要的一點，就在於這是一個不同的思考架構。MeToo 運動改變了眾人對性侵的看法，不再羞於見人，而是能夠公開於世。在推特上的宣言，成了為眾人賦權、解放的泉源。MeToo 運動扭轉了遭到性侵這件事的汙名：女性不再需要為此感到羞恥，而是讓那些性侵她們的男性感受恥辱。

在 MeToo 運動之前，如果有女性談到性侵這件事，一般可能不會認為她是受害者，反而會認為是在自鳴得意、居心不良，甚至是罪有應得。（妳為什麼要去他家？為什麼穿

那麼騷？）而在有了 MeToo 這個新的思考架構之後，女性再說出自己的經歷時，會知道自己並不孤單，全球有一大票人做自己的後盾。

　　這一套新的思考架構，不但能讓人用另一種方法來看性侵問題，更為後續的決策與行動，開闢新的可能。

思考架構是創造力背後的推手

　　不論今天要談的是女性如何應對性騷擾、或是科學家如何思考抗生素的分子結構，思考架構都會讓我們更容易理解這個複雜無比的世界。我們心中，本來就有各式各樣的思考架構，我們思考的方式就是如此。這些思考架構有的簡單、有的複雜，有的精確、有的粗略，有的美麗、也有的邪惡。但不論如何，都會呈現現實的某些面向，協助我們提出解釋、抓住重點，做出決定。

　　例如，民主制度是一種思考架構，而君主制度也是一種思考架構。在商業產業上，精實生產（lean manufacturing）是一種思考架構，OKR（objectives and key results，即「目標與關鍵結果」，因英特爾與谷歌的先後採用而聲名大噪）也是一種思考架構。宗教是一種思考架構，世俗人文主義（也就是不信神的道德觀）也是一種思考架構。法治是一種思考架構，「強權即公理」也是一種思考架構。種族平等是一種思

考架構，種族主義也是一種思考架構。

　　在我們的種種推理上，思考架構不但是重要基礎，而且應用極為廣泛。近幾十年間，從哲學到神經科學，各式各樣的領域都曾研究人類的思考架構，只是用來描述的術語有所不同，包括：模板、抽象概念、再現（representation）、基模等等。

　　時至今日，不論是硬科學或社會科學領域，多半都已經接受「人類透過心智模型來思考」的概念。只不過，這其實是相對晚近的概念。在二十世紀初，多半還只有哲學家在思考「人類如何思考」的問題。佛洛伊德對大腦的奧祕深感興趣，但他是當時的例外，而非常態。到了兩次世界大戰之間，像是卡西勒和維根斯坦等哲學家，則是以心智所操縱的符號與語詞為基礎，以此來認識心智。這確實是邁出了一步，讓人以更理性的方式來瞭解「認知」，但一切仍然只是理論，沒有實證。

　　等到第二次世界大戰之後，開始有實證科學家研究人類的心智——心理學家接手哲學家的研究，特別是開始思考大腦內部的認知過程。一開始，學者認為認知過程就像是嚴格的邏輯運算，但實證研究並無法支持這種論點。大約在1970 年代，「心智模型」的概念開始流行，眾人也開始認為人類的推理並非邏輯形式的運作，而更像是在**模擬現實**：我們評估各種選項的方式，是去想像可能發生的種種情況。

　　如今，這種觀點已經由許多心理學家與認知科學家經過眾多實驗得到證明。近年來，由於功能性磁振造影（fMRI）能夠即時視覺化呈現受試者的腦部活動，連帶讓神經科學也踏入了這項研究領域。舉例來說，研究顯示，人類構思未來的時候，會啟動那些和空間認知與 3D 思考相關的大腦區域。可以說，其實就是在有目的、刻意的做夢。

　　這項研究成果，讓我們對人類如何思考的理解，開始默默改變，瞭解了心智模型是人類認知的基本構件。不論我們任何的所見、所知、所感、所信，都始於我們對宇宙萬物的思考方式。我們如何理解世界，會受到我們「相信」世界如何運作所影響，包括：事情為何會發生、未來會如何發展，以及如果我們採取行動之後又會如何。

　　思考架構並不等於想像力或創造力，而是想像力或創造力背後的強大推手。

思考架構等於某種地圖

　　大多數人在做決定的時候，可能並不會太在意自己的心智狀態。這是因為我們常常只是做著瑣碎的決定：要穿哪件衣服、沙拉要搭什麼醬之類。但如果要做出比較重大的決定，就會受到心智模型的影響。有許多人正是因為感受到這點，而刻意思考自己運用了什麼思考架構，於是成就斐然。

　　思考架構最重要的一點，並不在於本質為何，而是能夠促成什麼。思考架構之所以能給我們帶來力量，是因為這能讓我們的心思聚焦。有適當的架構，就能更凸顯重點，並讓我們無視那些旁枝末節。這可是一項重點特色，而不是程式的臭蟲（如果用程式設計師的行話來說的話）。思考架構就是各種巨大、有效的認知捷徑，形塑了我們做出各種決定時的思維空間，能讓我們更快、更容易看到各種選項，同時將我們對世界的想法加以簡化、強化與放大，好讓我們能有所行動。

　　思考架構也能讓我們更自由：因為我們可以根據自己想強調哪方面的現實，選擇要使用哪種思考架構。而如果能有意的嘗試其他思考架構，也就能讓我們跳出限制，不再聽命於只要我們順從直覺的動物本能，或是變成只會遵守指令的機器。能夠從不同角度看世界，就能讓思考更豐富，並想出更好的解決方案。要選擇思考架構的時候，我們會選擇一條最後會達成決策的路徑。這件事的實際意義，且讓我們用地圖為例來說明。

　　地圖就是心智模型的一種實體呈現，既描繪了空間，也點出了位置。而地圖也像思考架構一樣，會有不同的用途。我們挑選思考架構的時候，要考慮當時的需求與必須做的決定；我們挑選地圖的時候，也是經過一番深思熟慮，會影響我們對世界有何理解、又要如何行動。而且，選定之後，思

考架構或地圖也都會影響我們透過它們所得到的感知。

　　我們最熟悉的一種地圖,用的是笛卡兒直角坐標圖,有互相垂直的 X 軸與 Y 軸。這種地圖的優點在於表面上的客觀性:所有距離相對正確,每個地點也都有獨特的位置。使用直角坐標圖,能讓我們感受自己身在何處,也能把自己投射到任何位置,想像在那個地方的世界會是什麼樣貌。然而,直角坐標圖也省略了許多其他重點。我們提一點就好:直角坐標圖通常只能呈現平面,無法反映出高度(為此我們就需要用等高線或不同顏色,來加以標示)。於是,直角坐標圖能告訴你山頂的方向,但可沒辦法告訴你得爬多久。

　　不同的地圖就像是不同的思考架構,各有適用的情境,而不是一體適用。例如,假設你在倫敦或東京之類的大城市,想從某個地方到另一個地方,直角坐標圖不見得好用,大眾運輸路線圖會是更好的選擇。這些路線圖把整座城市的地景地貌簡化成不同的大眾運輸路線及車站,再用不同的顏色來區分,讓人很輕鬆就能看出各種公車或捷運路線如何交會。大眾運輸路線圖的精妙之處,正在於撤除了許多資訊,方便讓人選擇最簡單的路線。然而如果是想用大眾運輸路線圖在城市裡散步找路,那可就是自找苦吃了。

　　讓我們以倫敦的地鐵圖為例,為了方便閱讀,呈現時會刻意無視實際距離:在地鐵圖上看起來就在隔壁的兩站,實際上可能有超過一英里遠。此外,多數的大眾運輸路線圖並

無法用來判斷車程長短，原因就在於站點之間的線段長度多半不合比例。大眾運輸路線圖沒把重點放在距離，而是把重點放在清楚易讀。

就算是地球的地圖投影，也會因為將球體投影成二維平面的方式各有不同，而有許多不同的地圖畫法，各有其優缺點。舉例來說，有些地圖的經緯線會垂直相交（例如使用常見的麥卡托投影），這時只要離中心愈遠，變形的情況也就會愈嚴重。像是阿拉斯加，即使它的面積其實不到澳洲的四分之一，在麥卡托投影的地圖上卻比澳洲還大。也有些其他的地圖投影方式，雖然能夠呈現正確的面積，但形狀卻會失真。這永遠都需要有所妥協。

所以，「哪種地圖最好？」這個問題本身並沒有意義，而會因為使用的情境與目的，而有不同的答案。至於思考架構也是如此，並沒有什麼「最正確的」思考架構，都是看情況、看目的而定。只要選定並應用某種思考架構，就會帶來種種可能選項。若不選定及應用思考架構，我們可能只會流於喋喋不休的爭論，而且光說不練。

讓自己成為「建立思考架構的能手」（framer，造局者），懂得如何選擇並應用思考架構，會是各種決定與行動的基礎。

聯邦制或邦聯制？

對美國人來說，framer 一詞並不陌生，歷史課就會教到，指的是起草憲法的那群人；他們建立了「聯邦政府的架構」。framer 這個詞可說是經過精挑細選，因為美國憲法確實就是一個思考架構，定義並界定了聯邦政府的職權及程序。那是在 1787 年夏天，兩大陣營針對不同治理模式進行激辯之後的成果，過程足足有數月之久。

當時一方是聯邦主義者，認為應該要有強大的中央集權政府，具備大權在握的中央領導者、堅定的法治制度，而各州的權利則相對限縮。這種聯邦政府架構的重點是希望建立強大的國族國家，有可能崛起成為新強權。這種所謂的「聯邦制」，權力是由上而下；至於另一種「邦聯制」，權力則是由下而上。邦聯制主張採取弱中心、分散式的治理形式，更能保障個人權利，也能採取更直接的民主。這種邦聯政府架構重視的是建立強大的地方民主政體，讓各政體能夠互相聯合、共同防禦，抵抗外部威脅。

正如前面所舉地圖的例子，這兩種政府架構本身都各有優缺點，各自適合不同的情境。時至今日，講到各個民主共和國究竟該採用哪種治理模式，這兩種截然不同的心智模型仍然是討論的重點。雖然距離美國立憲已經過了兩個多世紀，在大西洋彼岸，歐洲各國討論歐盟體制的時候，用的

仍然是類似的架構，思考歐盟究竟該是單民體制（demos，單一人民群體、強大的政治決策中心），或是多民體制（demoi，有許多不同的人民群體，希望有去中心化、更分散式的治理形式）。

當各種不同的架構互相競爭，就能引發重要的多方辯論，帶出各種不同的選項。然而，在適用的架構不只一個的時候（而且這種情況常常發生），要真正挑出「對」的架構就很困難，需要更仔細審視當時的目標與情境，而且這對未來的發展影響重大。

挑錯架構，誤入歧途

思考架構出了問題，就可能帶來災難。關於這點，讓我們以專家和決策者過去兩次如何面對流行病疫情為例，解釋挑對架構有多重要。

2014 年春天，伊波拉病毒在西非爆發，國際組織也立刻找來許多專家進行研究、全力圍堵。當時處理這項危機的兩大國際組織是聯合國的世界衛生組織（WHO）以及無國界醫師（MSF）這個國際援助組織。這兩個組織的專家都很清楚，這場戰鬥最重要的武器就是資訊。然而，雖然當時兩者手中的資料數據完全相同，得出的結論卻完全相反。這裡並不是他們的分析出了問題，而是因為用了不同的思考架

構，各自對疫情的背景環境與未來傳播規模，有不同的看法。

世界衛生組織的模型是從歷史的思考架構出發。2014年爆發的伊波拉案例相對並不多，因此世界衛生組織認為當時的疫情與過去類似，都僅限於當地。世衛組織因而預測疫情發展有限，認為國際間無須嚴格應對。但相對的，無國界醫師是從空間的思考架構來從評估疫情。當時病毒肆虐的幾個村莊相距甚遠，而且還跨了三個國家的邊界。因此，無國界醫師認為病毒真正擴散的程度必定已超過資料表面所見，呼籲立刻採取嚴格的措施。

就因為對這項危機的想法不同（究竟是集中或是散開了），讓雙方開始針鋒相對。畢竟，疫情有可能迅速升溫，形成全球災難。當時已有數百人死亡，但數以億計的人命也可能危在旦夕。一開始是世衛組織在辯論占了上風，因此只採取了地方性的應變措施。然而，伊波拉病毒開始迅速傳播，證實了無國界醫師原本似乎只是危言聳聽的觀點，後續也就引發了全球恐慌，有人稱之為「驚波拉」（Fearbola）。例如川普，當年還是一個從地產商轉行的實境秀明星，說歐巴馬總統不立刻取消來自西非的班機是「瘋了」（雖然美國當時根本沒有來自西非的直航班機），川普還發出推文，高喊：「不要讓它們進來！」當時，許多政府採取了必要手段，防堵伊波拉病毒進一步擴散；終於，危機慢慢退去。

接下來，時間快轉到 2020 年。2020 年初，許多國家的公衛部門開始得到新型冠狀病毒的警訊，但全球還不知道自己是面對哪種疾病的挑戰。當時已知有七種冠狀病毒會影響人類健康，感染率和致死率大不相同，有些冠狀病毒只會引發普通感冒，但也有像是 SARS（2002 年至 2004 年爆發於亞洲）和 MERS（2012 年爆發於中東）的病毒，引起的症狀更嚴重、潛伏期更長，致死率分別高達 10% 和 35%。然而，全球過去就經歷過冠狀病毒疫情爆發，而且也像伊波拉病毒一樣，最終得到抑制。

或許正因如此，雖然發現了 SARS-CoV-2 這種病毒，也瞭解它引起的嚴重特殊傳染性肺炎（Covid-19，新冠肺炎）這項疾病，各國卻不知道究竟要採取多激烈的應對措施。中國將武漢封城，這幾乎是只有極權政體才會做、才能做的手段。義大利則是根本還不知道發生了什麼事，就發現病例爆增。有一段時間，倫巴底的醫院已經完全不堪負荷，醫師不得不流著淚，為老年病人施打鎮靜劑，讓他們可以走得比較安寧，也能節省有限的醫療資源，保留給年輕的病人。

這次也像是 2014 年世衛組織和無國界醫師的情形，所有國家都取得同樣的資料數據，但因為對新冠肺炎的思考架構不同，就會定出不同選項、採取不同行動，而影響危機爆發後的結果。以英國與紐西蘭為例，就可以看出不同的思考架構會帶來怎樣不同的結果。

　　紐西蘭將新冠肺炎視同 SARS，採取的是加以「掃除」的態度。雖然紐西蘭並未經歷 SARS，但是該國衛生官員定期與臺灣及南韓等受害地區的官員聯繫，發展出健全的疾病監控系統與政策。因此，在新冠肺炎疫情爆發初期，紐西蘭衛生官員立刻進入災難應變狀態。紐西蘭總理阿爾登認為，反應過度總比反應不足來得好。她在 3 月向紐西蘭國民表示：「我們現在只有 102 例，但義大利也曾經只有 102 例。」於是，紐西蘭鎖國、關閉邊界，並且全力追蹤所有案例的接觸史。

　　與此同時，英國所採用的思考架構是認定新冠病毒類似於季節性流感，採取的是予以「減緩」的策略。英國衛生官員認為，新冠病毒總有一天會傳遍全國，最後達到群體免疫。於是，英國很早就放棄了做檢測與病例追蹤，也比歐盟會員國更晚讓學校停課、更晚禁止大型集會。一直要等到流行病學模型顯示，新冠病毒會造成英國的國民保健體系崩潰，官員才終於決定全國封城。到了 6 月初，阿爾登總理宣布紐西蘭已無新冠肺炎病人，但英國因新冠肺炎而喪命的人數達到五萬人，是全球前幾高。

　　兩個國家，同樣的資料，卻因為不同的思考架構，而有了不同的行動。而結果也全然不同。

　　思考架構能協助我們前往想抵達的地方，但我們得先選定方向。這一方面令人放心，知道自己仍然有所掌控，但同

時也令人想來害怕。思考架構雖然好用又強大，價值非凡、必不可少，但到頭來，還是得由我們來做出選擇。

🗣 預見新世界

　　有了思考架構，能讓我們預想出那些目前還不存在的事，這就是一種人人都有的超能力。出於許多原因，我們無法直接觀察某些事情，有可能是沒有時間或心力蒐集資訊，也有可能是根本無法取得某些資料。在這些時候，我們就能用心智模型來填補那些無法觀察到的空缺。心智模型能利用我們的想像力，讓我們不只看到眼前，而能掌握更抽象的大局，於是提升決策能力。這樣一來，也就能運用智力，達成原本只能夢想的目標。

　　談到如何用思考架構填補空缺，可以用人類登月為例。阿波羅十一號在 1969 年夏天登上月球表面，這是人類了不起的成就。然而，讓太空人登陸月球的，並不是隆隆作響的農神五號火箭，或是當時最新、但也還相當初階的數位電腦，而是運用了思考架構，「看見」了那些還不存在的事物。

　　從地球到月球的距離超過二十萬英里，沒人知道究竟該怎樣跨越這漫漫長途。美國航太總署（NASA）的專家只能靠想像，在腦海建立一套在太空航行的心智模型，再準備各種配套的工具。這裡說的，可不是只有「羅盤無效」這種問

題（在太空裡，連南北的概念都完全沒有意義）。同樣的，對於火箭引擎如何能在寒冷、真空的太空裡發動，只要按個鈕就能啟動或停機，工程師也都沒有這方面的經驗。一切都只能靠想像，想像著火箭引擎脫離了地球大氣層而來到太空之後要如何運作，用這套心智模型來打造合適的火箭引擎。當然，做測試會有幫助，但測試的目的多半都只是要驗證科學家早已想出的想法。

阿姆斯壯（Neil Armstrong）在月球表面踏上那「一小步」的時候，曾經因為地面竟如此堅硬而嚇了一跳；他原本以為自己會踩進地裡大概一英寸或兩英寸。透過無線電，這位三十八歲的指揮官告訴機組人員和地面管制中心：「地面沒問題，粉粉的，我大概只下陷了幾分之幾英寸，可能八分之一英寸左右。」

除此之外，對阿波羅十一號來說，大概也就沒什麼其他意外了。這在幾十萬英里外的其他人類，早在幾個月前或幾年前，就已經成功運用了思考架構，想出需要有哪些條件，才能讓太空人平安往返月球。

要想像出自己未曾經歷過的事物，並不是總能自然而然就做到。像在阿波羅十一號發射的隔天，《紐約時報》就刊出了或許是史上公認最出色的一則「勘誤」，距離原報導已有四十九年之久。《紐約時報》寫道，在 1920 年 1 月 13 日，該報曾有一篇報導「駁斥火箭能在真空中運作的想

法」。原報導還嘲弄了那些科學家，認為他們「似乎缺少了那些中學就會教的知識」。但現在《紐約時報》只能自嘲：「進一步的研究與實驗，證實了牛頓在十七世紀的發現。現在已經確定，火箭無論在真空或大氣當中，都能發揮作用。《紐約時報》對 1920 年的這項錯誤表達遺憾。」

　　科學領域常常都會用思考架構來尋找還不存在的東西。1846 年，法國學者就是根據對行星運行的模型，加上觀測鄰近的天王星所蒐集到的資料數據，預測到太陽系還有海王星這第八顆行星的存在。等到德國天文學家把望遠鏡朝向海王星理論上應該會存在的位置，果然就找到了它！一切正如心智模型所預料。

　　又以希格斯玻色子（Higgs boson）為例，這是一種極微小的基本粒子，物理學家早在 1960 年代，就已經根據量子力學與粒子物理學的思考架構，預測到這種粒子的存在，但是卻要到五十年之後，花了百億美元建造出大型強子對撞機，才終於蒐集到足夠的資料數據，證明他們預測不假。是因為他們的思考架構，才讓他們預見到之後所發現的東西。

　　時間到了 2020 年，科學家也是運用了愛因斯坦的相對論思考架構，預測到有個黑洞會隔著幾十億光年的距離，繞著另一個黑洞「跳舞」，幾乎每小時都發出相當於一兆顆太陽的熱量。思考架構就是能夠如此精確，描述出那些還沒有觀測到的事物。

即使是在其他領域，也能像這樣「看見還不存在的事物」。例如在管理領域就有所謂的「藍海策略」，講的是要找到未開發的市場空間（自己獨享一片大海），讓企業大展手腳。藍海策略正是運用了思考架構，協助管理者看到市場上的空白之處，設想在市場和產品上能夠推出哪些選擇與替代方案。這套由歐洲工商管理學院的金偉燦（W. Chan Kim）與莫伯尼（Renée Maubogne）所提出的策略，實用性也已得到證實。例如日本電玩公司任天堂，便用這套策略發現了還沒有人進占的市場與產品類別，於是推出了後來大獲成功的任天堂 DS 與 Wii。

思考架構能讓我們瞭解並解釋這個世界，看到還不存在的事物、引出各種選項，成為決策時的根據。這些思考架構就像是認知領域的瑞士小刀，是一種全面而多元的工具，能讓人類的成就無論在實際或比喻上都直達天際。然而，我們究竟該如何將思考架構應用到特定情境？心智模型又會如何化為決策？

創新案例：萊特兄弟的飛行

要好好應用思考架構並不容易，但倒也沒有火箭科學那麼困難，所需的是嚴謹的思維，再搭配一定的想像力。後面的章節，我們就會討論怎樣成功讓思考架構發揮作用。但現

在先談談思考架構有哪些關鍵特色、這些特色又會如何相輔相成。

我們用一項著名的重要創新來舉例：飛行。

1903 年 12 月 17 日，寒風凜冽的早晨，在北卡羅萊納州小鷹鎮的海灘上，歐維・萊特（Orville Wright）和威爾伯・萊特（Wilbur Wright）兩兄弟輪流趴在他們的雙翼機上，駕機飛上天空。這架飛機用雲杉板、平紋細布和自行車零件組成，幾次試飛的距離最遠還不到三百公尺、在天空中也只待了僅僅五十九秒。然而，他們已經掀起了一場革命。等到 1909 年，已經有飛機飛越了寬二十一英里的英吉利海峽。而在萊特兄弟飛上天空的一個世紀之後，在新冠肺炎令航空業遭到重創之前，每年都有四十五億人次飛上天空。

多年來，萊特兄弟一直滿心想著飛行。他們在俄亥俄州的戴頓市開自行車店，從未接受物理學的正式教育。然而，物理就是一個有條理、有架構的學門，萊特兄弟找到什麼技術論文都讀，也仔細研究鳥類的飛行方式，瞭解空氣動力學形成升力的基本模型，再應用來製作滑翔機，並成功完成滑翔。萊特兄弟做了詳細的筆記，記錄不同的設計對他們的飛行有何影響。而在發現德國航空先驅李林塔爾（Otto Lilienthal）的測量數據不準確之後，萊特兄弟還自己建了一座風洞，重做性能測試。嚴格遵循空氣動力學的架構，讓他們很早就瞭解了兩件重要的事。

第一，飛行的重點不在於穩定，而在於控制。畢竟，萊特兄弟可是自行車專家。就像是自行車，雖然本身並不穩定，在動起來之後，卻能由車手加以平衡及掌控，因此飛機也是一樣，重點是要能在飛行時由飛行員來控制及平衡。

第二點也是由此延伸而來：當時飛行員為了想要得到向上的升力，會選擇衝下斜坡、或是從懸崖邊起飛。像是他們的競爭對手蘭利（Samuel Langley）製造的「大飛行場號」（Great Aerodrome）就需要從船屋，用彈射器發射來起飛。然而，都還是很難得到足夠的升力。於是，萊特兄弟另闢蹊徑，決定要找個風夠大的地方來起飛。1900 年，他們查了美國國家氣象局各地的風速資料，最後選定了風速穩定在每小時十五英里到二十英里的小鷹鎮。

這套空氣動力學的思考架構，對萊特兄弟的每一步都大有幫助，包括機翼的剖面弧度要怎樣才能產生升力，以及他們根據對鳥類的觀察而設計的轉向機制——名為「翹曲機翼」（但後來被更好的技術淘汰）。而萊特兄弟成功的關鍵，在於第三個重要的洞見：螺旋槳。

在萊特兄弟之前的飛機設計，所用的螺旋槳都是基於船用螺旋槳的設計。然而，水的密度比空氣高了一百萬倍。船用螺旋槳是因為和水形成強大的摩擦，於是產生動力。但空氣不一樣，萊特兄弟意識到，需要重新思考飛機的螺旋槳該如何運作。靠著空氣動力學的思考架構，讓萊特兄弟找到了

答案。歐維・萊特後來是這麼說的:「顯然,螺旋槳就是像飛機〔的機翼〕順著螺旋的路徑在前進。」這些槳葉需要像機翼一樣有拱面的設計,以產生升力。

現代研究顯示,萊特兄弟螺旋槳的效率超過 80%,比對手高了許多倍。萊特兄弟瞭解到,如果想進行動力飛行,就必須將引擎的馬力轉為向前的動力,確保空氣會以足夠的速度通過機翼,形成升力,讓飛機在天空飛翔。這就是一連串的因果鏈。其他設計者一心只想要設計出最有力、效率最高的引擎,而萊特兄弟則明白,真正的因果鏈不僅如此,引擎只是其中一個要素而已。

萊特兄弟還意識到,螺旋槳其實可以有許多不同樣貌,在長度、厚度、傾斜角度或形狀,都各有不同。飛機用的螺旋槳,不一定需要和船用螺旋槳有相同的樣貌。重點是必須讓心靈擺脫過去那些先入為主、造成限制的想法。如果好好發揮想像力,就會大幅增加選項的數量,也就更有可能找出真正優秀的解決方案。

然而,想像力太過豐富也有缺點。正因為可能的設計方案太多,萊特兄弟有可能得花上大把時間,才能測試完所有的可能方案。所以除了要拓展探索的空間,還得想辦法讓自己能以更有效率的方式,聚焦在真正有意義的選項。萊特兄弟正是如此,他們從自己那些天馬行空的初始方案裡,挑出了幾種看起來最有成功機會的螺旋槳,仔細檢查及測試。

　　萊特兄弟運用自己的思考架構,先找出許多或許能帶來預期效果的選項,再去蕪存菁。他們做這些事的流程非常有效率,讓他們在全球首次動力飛行的競爭中勝出。萊特兄弟的突破,並不是因為想出了什麼徹底創新的事物,而是因為善用了最適合這件事的思考架構。萊特兄弟並非天才,只是很懂得運用思考架構。萊特兄弟致勝的方式,就是想清楚因果關係,想像出平行現實,以及運用物理學定律訂定適合的限制條件。這三項特色(因果關係、反事實、限制條件)正是應用思考架構時的要素。

　　萊特兄弟的故事也點出,思考架構本身並非解決方案,而只是尋找解決方案的工具。應用思考架構並不只是本能直覺,而是經過深思熟慮;這也不像是打開開關那樣立刻自動生效,而是需要一些時間與決心。建立思考架構是一個**過程**;遵循這套步驟,就能引導我們的心智來理解、想像與評估各種選項。

思考架構與價值觀互為因果

　　思考架構也能幫助我們將各種價值觀「操作化」。因為思考架構會讓我們評估選項優劣,所以更能看清好壞。要根據目標來限制想像力的時候,就需要用價值觀來進行判斷。當然,思考架構並不能代替價值觀,它只是能告訴我們哪些

事物符合我們的需求。思考架構其實是一個讓我們衡量不同選項的機制。要是少了思考架構，我們就很難清楚的將自己的目標與價值觀，連結到可能的行動方案。

　　思考架構不但能引導我們實現目標，還能為我們塑造更寬廣的世界觀。如果都用某種認知觀點來看世界，這種觀點就有可能逐漸成為自己推論時慣常的大方向。2010 年在衣索比亞有一場實驗，研究人員改變了受試者的觀點，讓受試者知道自己可以改變未來、未來就握在自己手中。結果是這些受試者開始有了更多儲蓄，為兒女的教育有更多投資。由此可見，改變思考架構確實能帶來實質的好處，心智模型能夠對經濟發展有強大的影響。而相對的，如果有人一心堅信地球是平的，則是會三不五時和各種科學思考架構有所衝突，總有一天得放棄「地平說」這套思考架構（又或是變得對各種科學基本原理都產生懷疑）。

　　我們還可以再更進一步推論：思考架構既然能塑造我們的世界觀，也就能塑造世界。金融市場的選擇權訂價就是一個很好的例子。在選擇權訂價的時候，許多人都會使用布雷克─休斯理論（Black-Scholes theory）這套數學思考架構。這樣一來，這套架構就會把選擇權的價格推向理論預期的價格，也讓金融機構更願意使用這套架構，於是價格又更接近理論的預測了。這件事會帶有一種自我實現的感覺：這套思考架構使用的次數愈多，就愈會讓人覺得使用它很有道理

062 超越 AI 的思考架構

（但也只是到一定程度）。

　　這種情況不只出現在金融市場。我們只要愈堅持某套思考架構，就會覺得這套架構愈具有正當性，不論是人權、慈善、金本位，或是令人驚恐的種族主義觀點。舉例來說，種族主義思考架構正是認為黑人和白人有所不同，才會出現「隔離但平等」的原則與種族隔離法律；而帶著偏見的 AI 系統還會再進一步強化這套思考架構。同樣的，人權思考架構讓各國開始設立人權法院，並讓人權成了學校教育的內容，這些做法也會進一步強化這套思考架構。再者，環保意識推動了反汙染立法、再生能源補貼，回過頭來也會讓環保思維更加深化。

　　無論某些案例看來多麼可怕，都展現了人類建立思考架構的能力。但這也讓我們看到，一旦社會接受了某些思考架構，要再擺脫是多麼困難。

　　思考架構不僅能提高我們的決策能力，也能讓我們依據自己的價值觀來做出選擇。而回過頭來，思考架構也會影響我們的世界觀，甚至是塑造現實。所以很顯然，面對各種情境究竟選了什麼思考架構，造成的影響實在不容小覷。

該如何選擇思考架構？

　　思考架構的「應用」是個頗具條理的過程，有因果關

係、反事實與限制條件等要素可做為引導。相較之下，思考架構的「選擇」就困難得多。

　　我們可以想像每個人都有自己的思考架構庫。庫存豐富，就容易為特定情境找到適合的架構；庫存太少、或是相似度過高，找起來就比較困難。打個比方，例如某位樂手只擅長鄉村音樂，結果就是不管面對什麼情境，直覺都只想奏出鄉村音樂的調調。樂手如果擅長的音樂類型更豐富，便更有可能為當下情境找到適合的樂曲。

　　然而，光有豐富的架構庫還不夠。我們還需要瞭解各個架構品質如何、有何優劣之處，否則就很難依據當下的目標和情境判斷出該做何選擇。

　　再以優秀的演講者為例，除了能用不同的方式來表達思想和情感，更能精準掌握不同情境下最適當的選擇。像是林肯的蓋茨堡宣言、邱吉爾向戰時驚惶的英國國民所發表的〈熱血、辛勞、眼淚與汗水〉，以及金恩博士的〈我有一個夢〉，這些話語之所以在我們腦海迴盪不去，正是因為演講者打到了對的點，在對的時刻、說了對的話。

　　思考架構其實也非常類似：如果你能夠更瞭解每種思考架構的特質，就更能發揮每種思考架構的威力。

　　然而，要選擇正確的思考架構，第一個遇上的阻礙便在於：我們都習慣使用之前用過的思考架構。我們就像那個著名俗諺裡的工匠，只要拿著鎚子，眼裡所見都成了釘子。堅

守之前用過的熟悉架構，並不一定是件壞事；事實上，如果某種架構在之前確實有效，繼續沿用其實是很明智的做法，能夠既減輕思考負擔，又仍可得到良好的成果。而且，不斷應用同樣的架構，也會愈來愈熟練，得到更好的結果。

　　但是，堅守自己熟悉的思考架構，也會讓我們難以切換到其他思考架構、改變觀點。知名創投業者克萊納（Eugene Kleiner）就曾說：「自己還在畫框裡的時候，很難看到畫的全貌。」有可能情況已經不同了、目標已經改變了，又或是情況乍看之下與過去相同、實則不然，在這些時候，那些經過時間焠煉而深受我們信任的思考架構，有可能並不是最好的選擇。此時就該抓住時機，進行全面的檢視，找出更好的思考架構。

　　有時候，只要我們願意花點時間、用點心力、看得夠仔細，就會發現所需要的思考架構早已經存在我們的架構庫中。也有時候，需要我們把眼光放得更遠。

　　選用新思考架構既費心神、又花時間，應該保留到必要時才這麼做。雪上加霜的是，這件事做再多次也不會變得熟練多少，原因是：重點不在於做了幾次，而在於要有不同的方式。只不過，如果成功找到更好的思考架構，一定能夠值回票價——雖然需要投入大量認知心力，而且還有失敗的風險，但成功的獎賞不僅豐碩，而且持久。

架構案例：朗讀和默讀

　　讓我們以「閱讀」這件人人熟悉、再普通不過的事為例。表面上看來，閱讀只是一種技能，是要提取儲存在字詞中的資訊。但如果再看細一點，就會發現閱讀方式也會影響閱讀的成果。以朗讀和默讀做比較，情況便會非常明顯；這就是針對同樣的內容有兩種不同的閱讀架構，因此有不同的目標。

　　大約在西元十一世紀以前，歐洲多半只在教堂與修道院會有閱讀行為，而且是以集體朗誦的方式進行，主要目的是讓人參與讚頌神的集體活動。而等到十一世紀以後，開始出現了另一種閱讀架構：默讀。默讀的形式推動了另一種目標：不再是集體的體驗，而是一種個人的經歷。到這個時候，讀者完全可以控制自己要讀快一點、或是慢一些，可以重複閱讀某些篇章，也可以停下來沉思某個概念。個人的默讀完全不同於過去的集體朗讀，默讀能讓人在心中細細思索書中的內容，刺激心靈、協助獨立思考，並鼓勵找出新的點子。

　　默讀並未在一夜之間就取代朗讀。有長達幾世紀的時間，兩個架構同時並存，而原因很大部分是書寫的體例所致。

　　在早期的書籍與手稿中，句末常常沒有標點符號，字與

字之間也沒有空格，就像是一連串的字母不斷延續。在這種情況，光是閱讀就已經非常困難，想要默讀更幾乎是不可能的任務。這種時候，集體共同朗讀這些文本，會是比較簡單的做法，因為一群人裡，可能總有某個人過去讀過這篇文本，還記得某些字該怎麼唸，能帶領大家一起朗讀下去。基於當時書籍的書寫方式所創造的情境，也跟著影響了讀者會選擇哪一種閱讀架構，多半也就是採用朗讀。

　　約在十一世紀左右，出現了一項創新。從這時開始，書籍的字裡行間開始有了空格與簡單的標點符號，更有利於閱讀，而且特別有利於默讀。現在不再需要有人帶領，也可以自己獨自閱讀一本書。於是，讀者也就可以切換為另一種閱讀架構了。這件事的影響，既深且遠。

　　後來，馬丁路德在十六世紀把《聖經》從幾乎沒人懂的拉丁文譯成普羅大眾用的德文，並鼓吹要打造一種新的基督教傳統，也就是人人都可以讀《聖經》、可以自己思索裡面的意義。這也讓默讀又有了另一個新的目的：透過這項工具，讓信徒可以自己接觸這份神聖典籍。在不斷成長的閱讀需求刺激下，古騰堡的印刷機印出了幾百萬本使用平民語言的《聖經》，裡面有空格、有標點，能讓一整個新世代的讀者自行默讀。

　　隨著情境與目標有所改變，架構也變得有所不同。默讀的架構，成了更適合歐洲社會的選項，有助於個人的思索及

原創性，也讓世界從此改頭換面。

　　並不是每次的架構轉變都是如此意義重大，但幾乎總是會有自己的獨特之處。畢竟這不是什麼不經意的事，而是要我們放棄過去已知、深受信賴的心智模型。我們的本能反應，就是會要我們抵抗這種想法、先別衝動，只有在極少數的情況下，我們才會勇敢向前。

人類能做到、機器卻做不到的事

　　建立思考架構是人類的一種核心能力，機器無法模仿。我們很早就知道電腦與演算法並無法建立思考架構。早在 1969 年，史丹佛大學的麥卡錫（John McCarthy）這位 AI 研究先驅，便和其他學者合著了一篇論文，論文名稱很謙遜的定為〈從人工智慧的角度看一些哲學問題〉。AI 當時是個相對較新的領域，而在諸多小問題當中，就有一個被麥卡錫稱為「架構問題」。

　　雖然麥卡錫所說的「架構」定義與本書不同，但兩者概念有關聯。麥卡錫要說的，是該如何以數學、邏輯與電腦程式碼來表達特定時間點上「知識的狀態」。從 1970 年代到 1990 年代，諸多著作、研討會與博士論文，都在探究這項架構問題。

　　在麥卡錫的這篇論文發表十五年之後，哲學家暨認知科

學家丹尼特（Daniel Dennett）談的「認知架構」概念則更為廣泛，也和決策科學及本書的架構概念更為接近。在一篇名為〈認知的輪子〉的文章裡，丹尼特使用三個生動的場景來討論架構的概念。

文章中，丹尼特請讀者想像有個機器人，收到唯一的指示就是要把自己照顧好。機器人發現，自己的備用電池放在一個房間裡，而房間有個炸彈即將爆炸。機器人找到了這個房間，發現電池放在一臺小推車上。它想出的計畫，是把小推車拉到房間外面，就能拿到電池。機器人這麼做了，但結果是「碰！」

炸彈裝在推車上。機器人知道這一點，但是並沒想到「把推車拉出來」同時代表著「也把炸彈給拉出來了」。丹尼特寫道：「讓我們再來一次。」

他筆下的機器人設計師說：「解決方案很清楚，我們製造下一具機器人的時候，除了要讓它瞭解自己種種行為希望達成的效果，也要能瞭解這些行為的副作用。方法是在接收情境描述而安排計畫的時候，就要推論出各種行動會有何影響。」於是我們來到第二個場景，這次的第二代機器人一樣找到了電池和推車，接著停下來，開始推論自己的各種計畫會有怎樣的影響。機器人推論發現，移動推車並不會改變房間的顏色、移動推車會造成車輪轉動、移動推車會……「碰！」

　　丹尼特寫道：「設計師又說了：『我們必須讓機器人能夠區分有哪些影響很重要、又有哪些並不重要，再教它如何忽視那些不重要的影響。』」這一次，第三代機器人來到房間外面，開始像哈姆雷特一樣沉思凝視。大家對它大叫：「不要發呆啊！」機器人回應：「我有在做事啊，我正忙著忽略那幾千種我判斷不重要的影響。只要我發現某種影響不重要，我就會把它列到必須忽視的列表裡，然後……」又是一聲「碰！」

　　丹尼特提出的三個場景，正掌握了思考架構的關鍵要素。在第一個場景，是機器人沒看到基本的因果關係。在第二個場景，是機器人沒辦法迅速想出相關的反事實。而在第三個場景，則是機器人給自己加了太多限制條件而導致癱瘓。正如丹尼特所言，機器確實能運用大量的形式邏輯進行大量計算，處理大批的資料數據，但它就是無法自己建立思考架構。

　　自從丹尼特寫下這三個場景以來，人工智慧領域已經有了許多改變，不再需要依賴人類為機器提供各種抽象的規則。如今最流行的方式（像是機器學習與深度學習），其實是讓 AI 系統運用大量的資料數據，進行一定程度的自我改善。然而，雖然過程不同，這件事的難度仍然存在。不管訓練用的資料再多，一旦機器人遇到全新的情境（像是有炸彈正在倒數），也會不知所措。

　　建立思考架構也就是透過心智模型，抓住現實當中的某些重點，據以設計出有效的行動。這就是一件人類能做到、而機器做不到的事。

 ## 別跳出框框！

　　自我成長的書籍講到要讓思考有創意、不要自我設限，常常會請讀者「跳出框框」。結果就是讓這種說法成了陳腔爛調，特別是在商管領域。這句表達源自商業心理學上的「九點測驗」，這套測驗是在 1960 年代由英國管理學者艾達爾（John Adair）發揚光大，但實際起源要早得多，早在 1914 年美國出版的《趣題大全》（Cyclopedia of Puzzles）就有收錄，也在 1930 年代用於有關創造力的心理實驗。迪士尼公司也曾以九點測驗做為內部管理技巧的一部分。直至今日，仍然常常有與九點測驗相關的學術論文發表。

　　九點測驗的內容，是紙上共有三排各三個點，而要求用一筆劃，在四條直線以內把這九個點連起來。我們的心智會想像這九點形成一個正方形，但如果要完成一筆劃，就必須打破這個想像的邊界，所以才會說要人「跳出框框」來思考。這件事的啟示大致是：如果我們跳出現有的心智模型，就能更容易發現解決方案。

　　九點測驗或許有助於讓人看到那些自己還沒意識到的選

項，但做為一個比喻而言，要人「跳出框框」有個本質上的問題：身而為人，不可能不建立思考架構。因為這種機制無法關閉，我們隨時都在建立思考架構。我們唯一能選擇的，只是該用什麼思考架構，再看看我們究竟運用得如何。而且，就算我們確實能「跳出框框」來思考，這件事的價值也值得商榷。因為架構也就是界限，如果沒有界限，我們可能提出天馬行空的胡思亂想，很可能完全找不到真正有效的選項。例如丹尼特的機器人遇上定時炸彈那種情況，或許我們會希望有神靈出面協助，或是希望拆彈專家忽然出現，又或者希望自己有能力讓炸彈聽話、不要爆炸。所有這些選項都是「跳出框框」的結果，但效果都很差。

　　人類所建立的思考架構之所以有用，正是因為能讓我們的心智運作仍然有架構、有目的、有限度。可以說這個「框框」正是祕訣所在。

　　話說回來，九點測驗本身就極具意義。事實上，可能的解法還不只一種：你可以把紙捲成捲筒狀、或摺起來、又或是切成好幾片。再不然，也可以想像用四維空間來解決這個問題。不能這樣？誰說的？每次多加一條限制，其實就是多加了一個框框，而過去不是老早有人說了，應該要刻意再跳出去。不論任何測驗，我們一定都能想像出某種瘋狂的解決方案，完全跳出現有的心智框框。但這並不能解決問題──既得不到可行的選項，也提不出有效的解答。

　　想要得到有效的選項與解答，就不能讓想像力真的是在胡思亂想。要想在做九點測驗時能夠靈光一現、讓線超出我們所想像的框框，就需要我們先把思考範圍限制與聚焦在平面的紙張上，而不去考慮把紙摺起來或剪開之類的事。想解開九點測驗，需要有所限制。九點測驗其實不是一個如何「跳出框框」來思考的例子，而是人類如何建立思考架構的例子，讓我們看到就是：你得先選擇心智模型、選擇要有哪些限制，再用來思考各種反事實。九點測驗可以提醒我們，選擇適當的思考架構、在適當的限制條件下想像，是多麼重要的事。

　　在實際生活中，我們總覺得自己被架構所束縛，但也正因如此，就更需要用架構來找出新的可能。像是有一個著名的例子，在 2008 年全球金融危機正熾的時候，因為不同的思考架構而影響了美國的應對方式。美國十分幸運，當時的那位經濟政策首長幾乎整個專業生涯都在準備應付這樣的大災難。但在這個決定性的時刻，他其實是在一個非傳統的框框裡思考──而且充滿各種疑慮。

因果關係

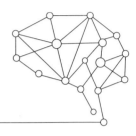

生物如果比較瞭解自己環境中的因果關係，

並且充分反應在自己選擇的行動上，

那麼比起那些比較抓不住因果關係的生物，

通常就能過上更好的生活。

從直升機上撒錢

　　柏南奇（Ben Bernanke）還記得，當時自己想著「我還能阻止這種情況」。2008 年 9 月 16 日，那是個星期二的晚上，他在美國聯準會（聯邦準備理事會）自己的辦公室裡踱著步，然後停在一扇大窗前，低頭望向憲法大道川流不息的車潮，以及國家廣場榆樹黑色的剪影輪廓。前幾天的局面已經夠緊張了，但他能感覺到，情況還會更加惡化。

　　柏南奇當時擔任聯準會主席已有兩年，此時身陷重大危機。就在一天前，由於次級房貸這種金融資產價值大量下跌而成為有毒資產，大型投資銀行雷曼兄弟宣布破產，市場陷入一片混亂。然而，當晚可以感受到更大的威脅已經隱然出現在眼前。

　　保險業者 AIG 由於承保了華爾街的次貸債券，此時也面臨破產。次貸的泥淖就這樣逐漸侵吞各個領域。柏南奇已經花了一整天，向美國總統小布希和國會解釋為什麼必須拯救 AIG：目的並不是救 AIG 這家公司，而是要救經濟。而此時他看向窗外，靜下心來，重新思考自己要將聯準會機制直接帶進市場的決定。

　　我們對經濟的認識，長期以來就是從因果關係來切入。然而相關的某些思考架構卻常常不合適。像是在十七世紀晚期，曾有人拿牛頓的慣性定律和重力原理來解釋市場競爭。

而到了十八世紀中期，法國有一群原本學醫（physician）的人轉作了經濟學者，自稱為 physiocrat（重農主義者，physio 原意為「身體」，cracy 原意為「治理」）。在他們看來，金錢在經濟體裡流動，就像是血液在循環系統裡流動一樣。這兩種思考架構都並未真正掌握經濟的複雜程度，但也都曾經起過一定的作用。

到了二十世紀，開始有新一代學者以機械工程學搭配數學模型，來思考經濟的運作。柏南奇正是其中之一，他把自己的專業研究都投入研究金融危機與市場恐慌，但當時這在學術上還是個冷門到不行的主題。

柏南奇的主要發現之一，就是 1929 年的市場崩盤之所以演變為大蕭條，並非因為崩盤本身，而是因為中央銀行體系的反應。當時央行緊縮貨幣供給，於是讓物價大跌，造成通貨緊縮，導致全美有成千上萬的小型銀行倒閉，人民的儲蓄一夕化為烏有。原本可能只是稍有經濟衰退，最後卻成了長達十年的經濟蕭條。柏南奇意識到，美國需要採取完全相反的行動：向市場注入大量資金。在 2002 年的演講中，柏南奇打了一個可愛的比方：從直升機上撒錢。這個意象深植人心，讓他有了「直升機班恩」（Helicopter Ben）這個綽號。

而在 2008 年 9 月那個晚上，柏南奇望著辦公室窗外的夜景，清楚瞭解自己的擔心與周遭那些政治人物有所不同。那些人是擔心個別企業對這項措施做何看法；他們害怕一旦對

某家公司提供紓困，等於是鼓勵整個業界去冒更大的風險。但柏南奇的想法不同，他的心智模型把焦點放在一連串的因果關係，從能否取得資金、到系統中是否存在信任，再到整體經濟的健全。相較於整個金融市場，銀行在抵押貸款上的損失簡直不足為道：就算損失了幾千億美元，對華爾街來說，也就像是某個營業日的表現差強人意罷了。柏南奇知道，真正會受創的是對系統的信心；一旦缺乏信心，銀行就不願再彼此提供信貸，而這可能會造成真正的大混亂。

柏南奇所擔心的，是銀行之間神祕又微妙的同業拆借制度，而若是銀行間失去信心，影響層面也終將波及平民與企業。而且當時已經開始看到崩潰的跡象：由於銀行不願意提供基本信貸，甚至是全美規模數一數二的連鎖集團麥當勞，也擔心將發不出月薪。銀行的自動提款機會不會再也吐不出鈔票，成了柏南奇必須顧慮的嚴重問題。

柏南奇回想自己的研究，認為重點在於整個經濟體出現了信貸緊縮，而不是單一公司破產的問題。這套思考架構讓他靈光一現，決定讓聯準會向各家銀行購買有毒資產，讓銀行得以將這些資產從資產負債表上剔除。而銀行從聯準會得到這些新鮮、乾淨的美元之後，就能從事放貸，將資金注入經濟體系。結果從 2008 年到 2015 年，聯準會的資產從原本的九千億美元、多半為高品質的美國公債，飆升為四兆五千億美元，而且多半為高風險資產。

　　這套做法成功了。雖然金融危機確實造成痛苦，但美國的經濟並未崩潰。根據對因果關係的瞭解，柏南奇建立起自己的思考架構，也就能用與旁人不同的觀點來看經濟。

　　即使在市場充滿不確定的時候，人類也能用自己的推論來理解，用自己的遠見來預測，並用自己的雙手來控制。有些時候，這雙手會從直升機上撒出一疊又一疊的鈔票。

處處都有因果關係

　　人類會把因果關係套在這個世界上，預測未來的發展，讓人對於事情的運作及下一刻的發展充滿信心。人類因此懂得計畫，得以狩獵捕食、爬樹、丟石頭、建橋、過馬路，又或是寫出一部憲法。早在嬰兒時期，我們學會的第一件事就是因果關係；正是得知因果關係，讓我們得以生存。

　　因果關係處處可見。但有些時候並不真正存在，像是有人會誤信股價與太陽風暴有關，又或者以為喝清潔劑就能治癒新冠肺炎。然而，如果沒能好好思考行動與結果之間可能存在的關係，並找出這些關係可能的解釋，就會讓人難以掌握在這世界上究竟該如何生存。是因果關係讓我們得以理解現實，預測各種決定的後果。這也正是建立思考架構時的基本要素。

　　所有生物體內都帶著因果關係。以眼蟲（Euglena）為

例，這是一種活在池塘裡的單細胞微生物，有很原始的光感受器。只要光子撞擊到感受器，便會引發訊號，讓眼蟲往光的方向移動。這並非眼蟲有意識的決定，而是鑴刻在眼蟲的 DNA 裡，不由自主就會趨光行動。但毫無疑問的是，眼蟲和其他生物一樣，會對周遭環境的刺激做出反應，而讓刺激與反應形成因果關係。

哺乳動物也是如此，會不自覺的對刺激有所反應。例如在實驗室出生的猴子，就算從來沒遇過活生生的爬蟲類，看到假的黑色橡膠蛇還是會露出害怕的神情，而且在看圖片的時候，辨識蛇的速度也比辨識其他不造成威脅的物品來得更快。學齡前兒童也有相同的情形。人類天生就有幾套這種因果心智模型。就算只是嬰兒，也會覺得東西掉落時應該是垂直下降。

比較複雜的生物多會有學習能力，對於某些刺激不一定只能有本能反應。像是小狗，能夠學會握手能拿到點心吃，結果就是在想吃點心的時候，會舉起牠的前腳。由於小狗覺得握手和點心之間可能有因果關係，也就影響了牠的行為，形塑了牠要行動的決定。

人類也會憑經驗來找出因果關係，無須思考太多，就隨時隨地都在進行。不管是聽到獅子的吼聲、看到木柴即將燃盡、又或是聽到另一半的讚美，我們心中自有一套因果推論，讓我們據以做出回應。注意因果關係是相當聰明的選

擇，有助於覓食、避開掠食者，以及尋找交配的對象。

正因如此，生物普遍能感受到因果關係，從沼澤裡的微小眼蟲，到塞倫蓋蒂大草原上的瞪羚，再到那些辛苦準備考試的學童（當然也可以無視因果關係，但到時候可得受點皮肉痛了）。生物如果比較瞭解自己環境中的因果關係，並且充分反應在自己選擇的行動上，那麼比起那些比較抓不住因果關係的生物，通常就能過上更好的生活。

同樣的，柏南奇也是基於因果而加以推理。然而，柏南奇的這套思考架構，與大多數生物對因果關係的反應有一項根本上的差異。對大多數動物而言（甚至是和人類最相似的黑猩猩），都會把重點放在能夠直接觀察到的因果關係上，而難以想像那些比較不明顯的間接因果關係。像是小狗，雖然能夠瞭解握手能拿到點心，卻很難推論其他高興的動作（像是轉圈圈）也可能讓牠拿到點心。牠們必須透過直接的體驗，不斷重複經驗，最後才能學會。狗其實就和黑猩猩一樣，並無法建立抽象的思考架構，也就不知道自己之所以能吃到點心，是因為自己表現得很友善，而不見得是因為會握手。

人類特具抽象推理傳達能力

相對的，人類則有產生抽象概念的能力，也能將自己的

因果推論轉為思考架構。重複應用這些心智模型，就能讓我們掌握這個世界的因果關係。於是，在我們知道去摸燒紅的木炭會造成嚴重燒傷之後，就能進一步類推學習，知道別去摸那些炙熱物品，不管是燒得赤紅、燒得發白、又或是任何在兩者之間的顏色，都能讓我們心生警惕。

　　能把當下的情境轉為對整體適用的抽象概念，會給人帶來極大的優勢。這種心智模型的用途相當廣泛，不僅可以靈活使用，還能互相替換，應用到各種新情境上。實際上，人類還能夠運用推論，掌握自己從未見過的因果關係，像是從「奶油會在熱鍋裡融化」，而推論「鋅應該會在熔爐中熔化」。

　　掌握了因果關係模式，彷彿得到一項工具，而後發現運用的方式千變萬化。每次環境有所改變、或是我們面對新的情境，要是沒有這些因果關係模式可以套用，就得一切從頭開始，重新推論因果再做出預測。而如果手頭上有這些因果關係模式，只需要稍微調整即可，或許不會那麼完美，但肯定是比從頭開始來得方便許多。

　　由於這些因果關係模式能夠讓我們學得更快，所以我們能省下寶貴的時間，特別是遇上需要迅速做出決定的某些情境。要是沒有這些模式，我們就不得不浪費寶貴的時間，慢慢一步一步尋找可能的選項；好比前一章提到丹尼特筆下的機器人，因為無法類推應用自己得到的知識，於是得要計算所有可能的因果關係，最後卡在那裡，無法繼續動作。

　　總之，由於因果關係模式方便調整使用，又能讓學習速度更快，也就為我們提供了萬用的功能及強大的效率。但最重要的一項好處，則是能夠形成抽象概念，讓我們不再只是像植物或其他動物一樣，只能做到低階的因果反應，因而永遠只能被局限在當下。相反的，我們可以超越當下。抽象概念讓我們在認知能力上能有重大的飛越，不再只能從具體、有情境、可觀察的事物當中推論因果。靠著思考架構，便無須在每次面對新情境的時候不斷一再嘗試、從錯誤中學習。

　　人類的祖先從因果關係模式受益匪淺，他們瞭解到狩獵某種動物的方式或許也適用於狩獵其他動物，於是愈來愈懂得如何狩獵，以及避免丟掉小命。而在某些人類祖先培養出這種能力之後，又會透過天擇與文化交流而繼續流傳下去。於是，因果推理能力成為所有人類共同的特質。

　　推理能力並非人類所獨有。研究顯示，還有少數其他動物也具備一定的抽象因果推理能力。其中最知名的就是烏鴉，懂得計畫與交易，例如《伊索寓言》就有一則知名的故事，說到烏鴉懂得把石頭丟到水罐裡，使水位提升，好讓牠們喝得到水。正是因為烏鴉有這點與眾不同的本事，才讓牠們能夠登上許多學術期刊，成為封面故事，而其他鳥類只能登上人類的餐盤，成為佳餚。

　　然而，人類看到因果關係、進行歸納類推、再把抽象概念傳達給別人的能力，仍然在動物界無出其右。早期人類只

能蓋出小型的住處，現代人類已經能蓋起高樓大廈。相較之下，早期的海狸能用木頭做出水壩，但現在已經過了幾千年，牠們並沒有再學會蓋出什麼城堡，更沒有蓋出什麼紀念碑，來紀念某些偉大的海狸祖先。

　　如果拿掉人類歸納類推的能力，使得人們不再能夠以愈來愈高的抽象層次來思考，人們也就不再會有任何抱負，也無法再做到任何的超越。我們會像海狸一樣困在當下的程度，只會做自己已經知道怎麼做的事，不會去努力、不會去嘗試，也不會再將已有的知識發展到新的思想層次。人類的生命將會變得靜態，既沒有歷史，也沒有對未來的願景。

平克主張「認知利基」

　　總之，人類能看到因果、懂得類推，還能再把抽象概念傳達給他人。但這項重要的演化優勢，究竟是如何產生的？畢竟，人類的大腦並不是所有動物最大的，神經元也和其他哺乳動物沒有太大不同。答案就在於人類的認知，也就是思想的過程。

　　人腦很擅長找出各種模式，特別是對視覺而言。而辨別模式的關鍵，便是要將種種細節加以歸納類推。之所以會有格言提到「見樹又見林」，是因為大腦接受到大量視覺刺激時，就是會這樣，在腦海中建構出一個大於我們真正所見的

現實。

　　這種類推能力原本只應用在感官上，雖然實用，但也狹隘。但在人類遙遠的歷史上，必然有某些祖先學會了改變這種能力的用途，使其能夠應用到更廣、更概念性的層面，於是開始有能力製造出更多樣、更全面的工具，也能適應更多元的居住地。而且，這也有助於人類溝通交流的發展。就我們所知，許多動物彼此的溝通完全只會談當下，例如眼前有什麼威脅、哪裡有食物之類。然而人類有建立抽象概念的能力，於是發展出了具備文法的語言，再反過來讓人類得以超越時空、超越親屬，建立合作關係。

　　近年有些突破性的研究，讓人清楚看見思考架構成功背後的因素。特別是有兩位教授的研究，點出了這些因素扮演的角色。一位是博學多聞的哈佛大學神經科學家平克（Steven Pinker），他的想法有如他那頭飄逸狂放的銀髮，同樣別具特色。另一位則是來自佛羅里達、任教於杜克大學的托馬塞羅（Michael Tomasello），他的灰髮倒是整齊俐落。

　　在平克看來，最重要的幾項因素包括：我們具備抽象思考的認知技能，發展出了有文法的語言，以及人類的社交傾向就是喜歡分享想法。平克特別強調隱喻對於理解、記憶及表達抽象解釋的作用。在 2010 年一篇名為〈認知利基〉（The Cognitive Niche）的學術論文裡，他指出隱喻「反映了人類心智有能力將抽象概念與實體情境，輕易連結起來。」

我們可以把隱喻看作是人類思考架構的一種表現方式。隱喻
所反映的因果關係，是先抓住某種實際的情境，再抽象應用
到其他領域。用隱喻來思考與溝通，其實能讓我們在建立思
考架構時更為熟練，反之亦然。

托馬塞羅主張「文化利基」

托馬塞羅的想法與平克不同，強調的是「文化利基」
（culture niche）的重要性。在托馬塞羅看來，人類是因為必
須合作得更有效率，於是發展出了精妙、高層次的因果思
維。幾千年前，生態壓力逼得人類祖先必須發展出一種獨有
的合作方式。要達到這種合作方式，需要能夠將複雜的社會
互動，以抽象方式表達出來，好讓團隊裡的每個成員能夠協
調行動，朝共同目標邁進。

換句話說，也就是我們必須能夠瞭解彼此在想什麼，而
且更重要的是，也要知道他人對自己有何期許；這樣一來，
我們才能攜手合作，並向彼此學習。於是，人類發明了語言
與文字，或許後來也就演變出學校教育和學徒制度。發展出
表達抽象關係的能力之後，這種能力便成為人類因果思考架
構的核心。

托馬塞羅研究了兒童、黑猩猩和大猩猩，希望瞭解人類
究竟有何獨特之處。在一系列研究中，他比較了黑猩猩和大

約一兩歲的人類幼童。雖然有些幼童能做的，黑猩猩也做得到，但有一件事不行：社會協調（social coordination）。

托馬塞羅各給幼童和黑猩猩一根管子，這根管子必須同時往兩邊拉，才能拿到裡面的獎勵。只有十八個月大的幼童，就已經知道必須和他人合作，才能取得獎勵，而且實驗時安排了一位假裝不知道該做什麼的旁人，幼童也懂得如何引起這個人的注意，讓他過來和自己合作。黑猩猩做不到這點，即使牠們可能已經瞭解了這套因果關係，卻無法表達成抽象的因果概念。也就是說，牠們無法站在另一隻黑猩猩的角度來思考。托馬塞羅認為，人類是因為身為社會的一份子，才發展出了表達因的能力。

兩種利基相輔相成

然而最新研究顯示，人類的科技在過去兩個世紀快速改變，既不只是因為個人將實際情境與抽象原則連結的能力（平克主張的認知利基），也不只是因為具備了分享知識的社會能力（托馬塞羅主張的文化利基），而是因為結合了兩者的優勢。

車輪是人類歷史上的一項重要科技進展，而有一項實驗指出：人類需要連續幾個「世代」的時間來改善車輪的設計。在實驗裡，會讓車輪滾下一道斜坡，每位參與者都有幾

次機會，調整車輪輻條上砝碼的位置，看看能不能讓滾動的效率更佳。整個實驗過程中，參與者是輪流上場。經過五個「世代」，雖然參與者對背後的機制毫無所知，但車輪的設計就是會不斷改善，最後能達到最佳設計 71% 的效能。

　　這項發現所支持的論點認為：科技其實太過複雜，無法單靠某位天才就能發明，而需要長時間一點一滴的改進、一代傳一代（也就是托馬塞羅所說的文化利基）。這也就有助於解釋，為什麼一些原始、甚至完全不識字的社會，也能生產出複雜的工具。然而，文化透過反覆犯錯而學到教訓的速度實在太慢，不足以解釋為何過去兩世紀的科技發展如此神速。因此，還需要再搭配平克所提出的認知利基概念。

　　因果推論會影響人類如何尋找替代方案，有時候也能讓這個尋找過程更有效率。例如在車輪實驗裡，由於參與者懂得因果推論，因此能把注意力集中在最有可能的嘗試上，進而加速世代間的文化學習。要不是因為人類對這個現實世界已有各種思考架構與因果關係模式，絕不可能在短短六十年內，就從萊特兄弟首次飛行進展到了阿波羅登月計畫。

　　當然，我們並不知道人類一開始為什麼懂得要將認知利基與文化利基結合。但在大約一萬四千年前，人類祖先開始定居農耕的時候，就已經有了抽象的因果推論能力，知道不能把每季收成全部吃完，而得留下一些做為種子，等到下一季再種出新的穀物與蔬菜。懂得播種與收穫，除了象徵系統

性農耕的開始、游牧生活的結束，也顯示出當時人類已經發展出因果關係的模型。這些人不但開始懂得如何建立家園，也開始懂得如何建立思考架構。

從那時起，人類一直努力做著這件事。古代哲學、邏輯學的興起、理性時代、地理大發現、啟蒙運動、科學革命，以及二十世紀知識的大規模擴張，基礎都在於人類已經能夠很熟練的運用因果關係的思考架構。無論我們看什麼、做什麼、想什麼，都是因為有瞭解因果關係的心智模型協助，才得以完成。

「說得通」很重要

透過抽象的因果關係模式來看世界，最大的好處就是能讓這個世界「說得通」；只不過我們並不見得總能找到正確的解釋。

1840 年代，奧地利的維也納總醫院有一位名叫塞麥爾維斯（Ignaz Semmelweis）的年輕婦產科醫師，發現當時婦女生產有一種不尋常的情況。如果產婦由醫師接生，死於產褥熱的機率足足是由助產士接生的五倍。當時連孕婦也知道有這樣的不同，於是雖然理論上醫師更專業、懂得更多，但孕婦卻會極力懇求醫院的工作人員給自己派個助產士來。塞麥爾維斯完全不管這些，只想知道為什麼資料上會顯示這麼大

的差異。於是他試著找出兩者究竟有何不同，從中探究原因。

塞麥爾維斯先發現，助產士會讓產婦側躺分娩，而醫師則會讓產婦仰躺，於是他要求讓所有人都側躺，但事實證明並不會造成差異。塞麥爾維斯也曾經懷疑，是不是走廊上的神父在得知有人過世時，會敲響喪鈴，結果嚇壞了病房裡的其他病人。然而，停止這種做法之後，死亡率也沒有改變。接著有一天，塞麥爾維斯得知有位醫師在屍檢過程不小心刺破手指，後來死於產褥熱。在他看來這是個關鍵細節：代表產褥熱是會傳染的。只有醫師會做屍檢，助產士不會。而這也正是他想找到的兩者不同之處。

塞麥爾維斯推想，可能是因為醫師手上沾了「屍體顆粒」，再接觸到產婦，進而造成死亡。照這樣看來，解方就是醫師在接生之前應該先洗手。於是，醫師開始在接生前用漂白水洗手，產褥熱也不再是高發生率的疾病了。塞麥爾維斯提出的思考架構，讓人得以做出更好的決定，挽救無辜的生命。

就許多層面而言，這套思考架構都是關於因果關係。首先，塞麥爾維斯知道是這種病造成死亡，也知道這種病有傳染性。第二，他瞭解了洗手能減少產褥熱的發生。然而，他以為產褥熱是由「屍體顆粒」引起，這種推論不但模糊、更有缺陷。讓產婦生病的不是什麼屍體顆粒，而是產褥熱的細

菌留在醫師手上，傳染給了健康的產婦。雖然塞麥爾維斯提
出的「洗手」解法是對的，但他的因果架構其實大有問題。

　　雖然這套架構確實有效，卻沒能得到廣泛接受。塞麥爾
維斯無法說服同行，最後也是悲劇收場。他眼睜睜看著自己
的做法愈來愈有效，卻招來愈來愈多嘲笑，於是變得愈來愈
容易發怒。

　　1865 年，塞麥爾維斯精神崩潰了，身邊的人把他騙去
精神病院，他發現之後就想逃跑。但病院警衛遵守了當時的
標準照護程序：痛打一頓、穿上約束衣、丟進病房關起來。
短短兩星期後，塞麥爾維斯就因為掙扎造成的傷口感染而過
世，時年四十七。而在醫院裡，婦產科的繼任者廢除了當時
看來還不明所以的洗手規定，於是死亡人數再次飆升。

　　塞麥爾維斯被關進精神病院的同一年，當時法國的絲
綢產業因為一種神祕的蠶病大受影響，生物學家巴斯德
（Louis Pasteur）受邀調查病因，最後就發現了細菌，也得到
「細菌理論」這項新的思考架構。大約與此同時，英國紳士科
學家李斯特（Joseph Lister，身兼男爵、醫師、皇家學會會士
等身分，還留著連鬢鬍子）正進行實驗，把包紮傷口的繃帶
先消毒過，看看能否減少感染。兩年後，根據巴斯德的思考
架構，李斯特在醫學期刊《刺胳針》（The Lancet）發表長篇
系列文章，介紹如何成功消毒殺菌，並指示所有外科醫師應
該洗手。李斯特在醫療體系地位崇高，又在科學文獻上發表

了詳細的解釋，於是得到了塞麥爾維斯沒得到的成功。我們今天將李斯特視為「現代手術之父」，他的名字也鑲在漱口水大品牌「李施德霖」（Listerine）上，讓人永遠懷念。

塞麥爾維斯的悲劇告訴我們，光是有了能夠改善決策的思考架構還不夠，我們還必須提出有說服力的因果解釋，才能讓架構廣受接納，否則只會像他一樣失敗收場。塞麥爾維斯失敗的因素或許不止一項，可能是聽起來太激進，也可能是因為他還沒提出證明，不像巴斯德和李斯特遵守科學文獻的制度規則而有實據。又或者，可能是塞麥爾維斯的地位不夠，特別他來自匈牙利，身邊同行卻都是奧地利帝國的醫師精英。但不論種種原因及價值觀為何（我們自己身為制度的狂熱支持者，對塞麥爾維斯只能給予同情），這個案例凸顯了實在需要提出有說服力的解釋，才能讓人接受新的思考架構。

一套因果架構要得到眾人接受，具有說得通的解釋說法至關重要；這能讓我們的存在有意義、我們所體驗的一切有意義。如果我們懂了某種現象，覺得這世界有某個小部分變得可以理解，就能帶來極大的滿足感。

值得一提的是，不只是巴斯德和李斯特，其實塞麥爾維斯也發現該給自己的說法提出一套解釋。這種要創造因果解釋的衝動如此強烈，甚至會讓我們在有必要的時候，自己發明一套因果關係。神經科學家葛詹尼加（Michael Gazzaniga）

就有一項實驗，針對的是那些為了減輕嚴重癲癇，不得不切斷左右腦之間神經連結的病人。葛詹尼加會讓病人的右腦得到指示，例如「走起來」，但接著問病人為什麼起身行走，病人卻回答：「因為我想去拿一瓶可樂。」由於病人的左右腦沒有連結，左腦（負責理性思維）並不知道右腦得到了什麼指示，但知道自己做事必然有原因，於是這位葛詹尼加所謂的「左腦詮釋者」便很快補上這塊空白，發明出理由，希望能帶來秩序。

「解釋」帶來的好處

　　因果架構要求一切必須有說得通的解釋，這點除了讓我們得以歸納類推，也讓我們得以學習。這是一項重要特點，而且也是一項相對較新的發現。一般來說，學習是發生在得到資訊的時候 —— 聽到老師講課、看到書上的描述、或是學徒動手修修補補的時候。但在做因果解釋的時候，那位提供資訊和解釋的人其實也在學習。這項觀點是由普林斯頓大學心理學教授倫布羅佐（Tania Lombrozo）提出，她是這個學術領域的熠熠新星，引領著一套關於「解釋」機制的新科學。

　　倫布羅佐從大學時期開始，就發現不論在心理學、社會學、哲學，處處可見關於解釋的想法。雖然這似乎就明擺在

眼前,但事實證明,關於「解釋」這件事本身,科學界的研究都還不夠深入。舉例來說,為什麼我們會覺得某些事值得解釋、又有某些事不值得解釋?解釋能讓我們如何有所成就,或者如何讓人誤入歧途?倫布羅佐的研究從心理學和哲學出發,填補了一些我們關於解釋的知識空白。

倫布羅佐對於「透過解釋而學習」的研究,就是一個很好的例子。在實驗中,倫布羅佐請成年受試者看看兩群來自外星的機器人,分別名為 glorp 和 drent。兩群機器人各有不同的顏色、體型、腳部形狀的特徵,但受試者並不知道真正的重要區別是哪一項。實驗人員請一半的受試者去描述 glorp 和 drent 各有何特徵,而另一半則是要解釋 glorp 和 drent 各有何特徵。(兩群機器人都很可愛,但是真正區分的重點並不在於顏色或體型,而在於腳部的形狀。)

結果如何?比起那些只需要描述而不需要解釋的人,那些必須提出解釋的受試者,在找出真正區別之處的表現,明顯高出一截。倫布羅佐做了很多次實驗,結果都類似。她甚至也對小孩做了實驗,結果一樣:如果要小孩提出因果解釋,他們的表現就會更棒。

讓我們把這點再拉回來討論思考架構:我們用因果架構來解釋這個世界的時候,其實就是在學習,因此我們會更瞭解這個世界,我們也能產生更深入、更準確的見解。而且,向別人解釋這個世界,也能讓自己更瞭解這個世界。這項發

現對教育和育兒來說，具有直接的意義：記得要小孩解釋他們推論的過程，而不只是要他們給答案。（這或許也有演化上的意義：比起其他不去解釋這個世界的動物，人類透過解釋的機制，也就學得更快、學得更多。）

這件事能帶來的好處，絕不只是知道怎麼區分 glorp 和 drent 而已。人類從最早的時候，就開始想像出各種秩序的概念，在群星當中勾勒眾神的身形，將各種物種加以分類。小孩會花上幾小時，分類排列著自己的小車車、小布偶、樂高積木，還有萬聖節糖果（直到爸媽半夜偷偷來吃掉）。這種分類和重新分類的動作，靠的便是我們取得抽象概念、進行歸納類推的能力。

要是少了取得抽象概念的能力，我們就會覺得自己碰到的一切都是完全陌生，沒有任何一般法則能夠告訴我們該怎麼做。

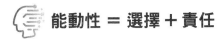 能動性 ＝ 選擇 ＋ 責任

然而，基於因果架構而想找出解釋，這件事的重要性絕不只是能為世界提供秩序而已，而是人類**能動性**（agency）、責任與控制的基礎。

說到人類的能動性，指的是人有能力去做選擇、也有能力執行這些選擇。我們是這個世界上的主體，而不是受體。

我們有採取行動的能力。而想要具備能動性，就需要具備建立因果架構的能力。這裡並不是要說「自由意志」是客觀存在的，也不是要說人類的選擇不受社會結構影響；而是要說：唯有在我們的行動會產生後果、我們能夠預測自己的選擇會如何形塑現實，我們才是真正在做選擇。

實驗顯示，因果和能動性有很密切的關係。1980 年代，東京駒澤大學的心理學教授小野浩一（Koichi Ono）做了一項實驗：有一部機器，裝了幾根拉桿，受試者可以自由拉動。受試者在過程中可能會得到獎勵，但他們不知道這些獎勵其實是完全隨機的，與拉桿無關。於是，這些受試者會開始想出各種複雜的解釋，說明自己的行為如何「引發」獎勵，接著就堅持那種行為，希望能再次得到獎勵。這項研究清楚證明，人類不只會有解釋因果關係的需求，而且這樣的解釋還會直接影響人類的行為與能動性。

思考架構賦予我們能動性的時候，也帶來了責任。因為我們能選擇自己的行動，既然我們下了決定，當然應該要為此負責。責任是隨著選擇而來：在槍口下被逼著交出錢來當然沒有罪，但自己去搶銀行就有罪了；夢遊闖紅燈不會受罰，但刻意撞倒路人就得受罰。能動性總伴隨著責任；要做選擇，就得負起責任。

然而，能動性與責任並非憑空而來。如果人能影響別人的決定，那便等於可以控制自己以外的對象。雖然以下說法

可能乍聽有悖常理，但如果想要控制他人，前提就是要讓這些人感受到他們自己有能動性（也因此得要負起責任）。

舉例來說，有些政府就設有各種「推動小組」，希望影響民眾的作為，例如：秀出住戶與鄰居相比的用電量，希望促使節約用電。正因為人類有能動性、責任心，他人方才得以發揮一點影響力。要是人類沒有能動性，去塑造他人的觀點就會變成一件沒有意義的事。

種種社會結構會塑造了個體的能動性，然而社會結構（本身就是一種人造產物）也是由能動性所塑造。因此，人的思考架構便會影響自己所身處其中的種種社會結構。這也解釋了為何思考架構如此重要，畢竟思考架構不僅影響我們如何瞭解世界，更影響我們如何瞭解自己。

我們經常倒果為因？

因果思維是人類進步的必要條件，能讓我們隨心所欲改變現實。然而，我們的因果思維很多時候錯得離譜，卻居然還能發揮價值，著實很令人意外。譬如我們小時候，爸媽總在冬天追在後頭，要我們戴上毛帽和小手套，免得感冒。然而光靠那些毛線，真的能抵抗季節流感病毒嗎？

不論是塞麥爾維斯、或是小野浩一拉桿實驗的受試者，都是因果思維出錯的受害者。而且，這種錯誤常常發生。有

些時候我們以為自己抓到了因果關係，其實只是看到了一項巧合。也有些時候，在我們認定的因果關係中，其實隱藏著其他的影響機制。有沒有可能，某些時候是我們倒果為因？

舉例來說，我們可能會注意到，清晨某隻公雞一叫，太陽就升起了。慢慢的，我們可能就會為某件事（公雞啼）賦予因果關係，認為可以從中找出一般法則（導致太陽升起）。就相關性而言，兩者確實相關。事實上，要是我們住在農場上，這種相關性便永遠不會出問題。但即使等到某個悲傷的日子，咱們的公雞撒手雞寰，離開這個滿天塵土的世界，前往天堂裡的大雞舍，隔天沒了雞鳴，太陽還是會繼續升起。顯然，一定還有某些其他因素的影響。

對於某些因果架構有缺陷，我們實在不該訝異。首先，我們本來就不可能無所不知，本來就摸不清所有的因果是如何相連。像是在 1820 年代首批蒸汽火車上路之前，專家還曾擔心「高達每小時二十五公里左右的時速」可能會讓乘客窒息，也害怕速度令景物看來模糊，會傷到眼睛。

據我們所知，乘客最後可都過得好好的。當時用來做出預測的因果模型實在太過原始，缺少科學知識，對人體調節能力的瞭解也不足。然而後來現實顯示了原本模型的缺陷，讓我們更瞭解空氣與人類的視力，也就能改用其他更適合的模型來評估速度的影響，好比從「公雞啼，太陽就升起」改成「隨著地球自轉，太陽每天都會升起」。人類需要不斷去

瞭解世界，進而調整自己的心智模型；這裡並不是要批評那些思考架構有多麼不堪，反而是要鼓勵我們不斷改善建立思考架構的能力。

我們的人生，有一大部分都在重寫那些以為自己知道、但其實不甚了了的事情。整套科學方法就預設了科學知識永無止境，也認為我們要不斷拋棄陳舊思維，改成更進步的想法。換言之，我們一直都在發現過去的因果架構還不夠完美。這件事有點令人沮喪：建立思考架構的造局者永遠沒有終點，沒辦法像職業運動員一樣，贏了某場比賽就能大開香檳。

由於因果架構注定會這樣不斷失敗、不斷重複，讓許多人開始認為又何必再白費力氣推論因果。例如休謨（David Hume）似乎就屬於這一派。這位十八世紀的蘇格蘭哲學家，清楚指出了因果思維的明顯缺陷。休謨是一位經驗主義者，相信所有知識都必須來自於經驗。在他看來，不能靠推論來判定因果，各種的歸納推理只會造成誤導：光是因為太陽總會升起，還不足以表示明天太陽還會升起。

同樣的，傳統統計學家出於善意的謹慎，也以各種方式避免大家從資料數據去做因果推論。他們長期堅稱，我們只能說這些事件是「彼此相關」、「同時發生」，也不斷高喊「相關性不是因果關係」，把這做為在上課第一天就得教給學生的金科玉律。可一旦說到因果關係，他們便保持沉默。

珀爾（Judea Pearl）這位現代電腦科學「因果革命」（causal revolution）之父就指出：「他們會說這些問題不在他們處理的範圍內。」

　　由休謨所代表的因果懷疑論，至少有部分其實是出於誤解。休謨根本並不反對我們所說的思考架構概念，而且出於明顯的務實理由，他很有可能還會是這個概念的擁護者：思考架構改善了人類的生活狀況，而且人類對此頗為擅長，繼續這麼做再合理不過。休謨想講的，只是說人性本來就會去做因果推論，而我們無法在自己的腦袋之外，客觀證明因果關係。新一代統計學家與量性研究的社會科學家，立場也正在軟化，願意在研究中接受珀爾的「因果革命」。

　　然而，還有另一種對因果關係的批評，反對的不是因果關係本身，而是認為不該由人類的思想做為判斷因果關係的主力。這種情況來自於我們在第 1 章〈決策〉所提到的兩種極端立場：一邊是極端情感主義者，另一邊則是極端理性主義者。

　　情感主義者會抗拒因果架構，覺得這很難說得準確、甚至根本沒有必要。在他們看來，真正的事情本身，其實比那些死腦筋的理性主義者以為的，簡單太多了。不用在那裡計較枝微末節、白費力氣，也能做出正確決定。一個人的觀點只要自己感覺對，就能帶來力量；那種堅定就是憑依。用大腦來想，只會覺得一片迷糊；順著直覺，便能找到真理。

　　這種說法也確實有幾番道理。出於本能的決定，結合了情感和直覺，在適當情境下也能發揮很好的用途。但對結果來說，這套情感主義的方法也只能走到這裡而已。如果一切依靠直覺和情感，便會讓人無法發揮因果架構的力量，彷彿有一輛跑車，流體力學設計精良，卻就是少了一部引擎。排斥因果關係、擁抱情感直覺，雖然可能讓人感覺良好，卻像是自斷手腳，放棄了人類最強大的認知能力。

 OpenAI 的幕後主使

　　而在另一個極端，超理性主義者以另一種方式放棄了因果思維。他們覺得這太重要了，實在不能交給人類來處理，畢竟人類過去的紀錄實在差強人意。於是在他們看來，答案就是該全盤交給機器來處理。這樣一來，便能把演算法應用到各種層面：警方用來安排巡邏；法院用來決定保釋金；監獄用來決定是否假釋；學校用來打成績；商人用來抓詐欺等等。而這一切背後的假設，就是認為 AI 比人類更能找出因果關係，可以從頭消除偏見。

　　表面上，似乎也有充分的證據證明 AI 能夠抓到因果關係，適切運用因果關係模式。以各種遊戲為例，先是像西洋棋或圍棋這種經典棋類遊戲，AI 已經擊敗了人類最強好手，讓自己聲名大振。現在這股風潮甚至也捲向了更複雜的

電子競技遊戲。

　　例如 Dota（Defense of the Ancients，又譯為刀塔或遺跡保衛戰），這是一種多人線上電玩遊戲，每隊五人，目標是摧毀對方基地裡的中心建築，一路上順便殘殺敵人成員。這套遊戲需要做出複雜的戰略決定、長期計畫，也需要同隊玩家密切合作。而且這套遊戲已掀起全球熱潮，不但有了國際賽事，甚至還有人討論該成為奧運的正式項目。頂尖戰隊每年得到的獎金總和，高達令人咋舌的四千萬美元。

　　2019 年，舊金山的 AI 研究組織 OpenAI，打造了一套系統，擊敗了人類最優秀的 Dota 2 戰隊，讓整個 Dota 宇宙為之震動。表面上看來，這套 AI 系統似乎能夠猜測因果關係，從經驗來歸納推論，再將得到的抽象因果概念應用到新的情境。但只要再看仔細一點，就會發現系統背後仍然有個真人，就像《綠野仙蹤》裡的奧茲巫師一樣，有個幕後主使。

　　這套系統用了「深度強化學習」，透過與自己進行數百萬次對戰、反覆嘗試錯誤，進一步找出最佳的操作手法，並給自己提供統計上的「獎勵」，以強化這種行為。然而講到究竟什麼算是「獎勵」，這個最關鍵的領域並非由 AI 系統自己學習而來，而是由人類手動設定。

　　舉例來說，OpenAI 的開發人員從 Dota 2 的狂熱玩家那裡瞭解到，玩家會分三階段來安排戰鬥，於是開發人員也就

這樣編寫程式，能在不同階段分別針對各種策略，調整獎勵的優先順序。接下來，開發人員又發現 AI 機器人通常作戰時只會顧自己，所以還得為它們建立「團隊合作精神」。靠著人工調整這種所謂的超參數（hyper-parameter），才讓機器人學會如何組成一支合作的團隊。經過這樣的調整，可以說 AI 系統確實威力驚人，把人類隊伍殺得落花流水。然而，就是得先靠人類在鍵盤上敲敲打打、輸入幾套因果架構，才能讓 AI 系統有這樣的發揮。

　　即使是吹捧著極端理性主義的人，也無法否定因果架構。即使他們打造出了效能超越人類的 AI 系統，也是因為先輸入了一些人類因果架構的因素，才讓這項科技得以運作。同樣的，那些呼籲要從極端情感面的觀點來看世界的人，其實也是限縮了自己選擇的彈性。事實上，我們有一條中庸之道可以走，就是在發展心智模型的時候，不要拋棄因果關係模式，而是讓它成為心智模型的一部分。

運用因果架構來思考

　　透過因果架構來解釋世界，等於是接受了太陽下有一股力量超越我們個人，統治著一切。這股力量有人會說就是神，而即使我們不這麼講，至少也可以說，就是某種遵守著物理學定律的事物。

　　與這種看法相對，則是認定宇宙中沒有固定的模式、也沒有意義，每一刻都只存在著完全隨機發生的事件，正如艾略特（T. S. Eliot）著名的詩作《荒原》所述，只能「以虛無連結虛無」。然而，這個宇宙的運作可不是這樣，它確實存在著原因、理解與凝聚。早期的天文學家看著頭上運行的天體，看出了其中的規律：kosmos（宇宙）一詞在古希臘語，指的就是「秩序」。

　　這樣說來，我們究竟該怎樣才能妥善運用因果架構來思考？答案有一部分是：至少要先感受到因果架構的存在，並且在思考問題的過程當中，積極加以控制。我們可以停下來問自己：「為什麼會發生這種情況？我現在有什麼預設的假設或解釋？這些假設或解釋正確嗎？」

　　這正是柏南奇在 2008 年 9 月 16 日晚上做的事，他待在辦公室窗前，反覆思索出了向市場傾注大筆資金的決定。這也是航太總署科學家做的事，他們根據物理學在地球上的因果架構，將火箭推進原理應用到了過去無人踏足的太空。

　　因果思維有時會出錯，甚至是錯得離譜。但是幾千年來，這種思考架構確實是相當優秀的理解與決策方式。要是我們刻意壓抑它，等於是褻瀆了讓我們身而為人的強大認知機制。

　　然而，為了想要發揮思考架構的潛力，還需要人類的另一項認知特色：想像出不同於現在的平行現實。這或許很難

想像，但現在最需要做到這一點的主題，就是我們該用哪些
思考架構來理解全球暖化。

第4章

4 反事實

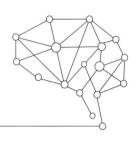

不論是在讀書、打電玩、

又或是一頭栽進白日夢裡，

這些心智活動並不是我們的認知在偷懶。

即使你是個愛窩在沙發看電視的「沙發馬鈴薯」，

也絕不只是真的像個馬鈴薯坐在那裡。

敲響全球暖化的警鐘

　　1856 年 8 月 23 日上午，在紐約州首府阿爾巴尼市，許多知名科學家齊聚一堂，參加美國科學促進會（AAAS）第八屆年會。各演講廳都在發表著當年美國聯邦三十一州最新的科學發現。當時最大的新聞，是附近的達德利天文臺（Dudley Observatory）正式啟用，準備將「時間服務」賣給各家銀行、企業與鐵路公司；畢竟對這些公司來說，掌握正確的時、分、秒非常重要。

　　然而，真正讓這場研討會成為歷史里程碑的是一篇論文——作者為女性，但只能由男性科學家代為發表。

　　來自史密松學會（Smithsonian Institution）的亨利（Joseph Henry）說道：「科學不分國家，也不分性別。女性的領域除了要探究美麗與實用，也要探究真理。」這則簡短的引言，雖然今日看來帶著可笑的性別歧視，但亨利當時懷著的是恭敬的心情。他接著開始報告芙特（Eunice Foote）的研究，名為〈影響太陽光之熱力的因素〉。

　　芙特比較了不同空氣中的溫度情況，像是溼空氣與乾空氣、在太陽下或是在遮蔭處。一如預期，潮溼的空氣升溫較快。但她又比較了「一般空氣」與「碳酸氣體」，得到驚人的結果：碳酸氣體的概念接近我們今天說的二氧化碳，這種氣體升溫更快，而降溫則需要更長的時間。論文結論認為：

「大氣如果充滿這種氣體，會讓地球溫度升高。」

　　當時還是工業革命期間，歐美各大城市籠罩著嗆人的工廠黑煙，而芙特已經為世人敲響了全球暖化的警鐘。

　　芙特的研究是十九世紀的科學典範，也是對因果關係的追求〔雖然科學史書多半認定是英國皇家學會的丁鐸爾（John Tyndall）率先指出二氧化碳和氣候變遷的關係，但芙特發表論文的時間比丁鐸爾早了好幾年〕。在那之後，對氣候的研究愈來愈完整，資料也愈來愈全面。但是為什麼到了二十一世紀，還會有人不相信氣候變遷？

　　原因在於：僅僅點出大氣含碳量與氣溫升高的因果關係還不夠，關鍵是人類到底該不該為此負責。就這點而言，資料幫上的忙其實不大，光看到顯示氣溫變化的那條「曲棍球棒形狀的曲線」，還不足以回答這項問題，我們還需要更多：一個充滿反事實的心智模型。

　　反事實的心智模型可以讓我們比較與現實相反的狀況：有人類的地球，以及沒有人類的星球。因為我們只有一個地球，無法進行控制對照的實驗，只能靠著想像。我們先建立起氣候運作的模型，再打造一個反事實的情境，並計算這個想像世界的氣溫。接著，我們就能將這套資料與自己手中的資訊做比較。

　　這個氣候建模的偉大時刻，發生在芙特沒能親自報告論文的一百三十二年後。時值夏日，就在美國參議院能源及

自然資源委員會的會議上。那天是 1988 年 6 月 23 日，華盛頓特區氣溫狂飆，超過攝氏 38 度；航太總署科學家漢森（James Hansen）提出了三種情境：溫室氣體濃度維持現狀、稍微增加，或是大幅增加。而這三種情境的結果都很駭人。

面對全場熱得難受、但全神貫注的參議員，漢森表示：「全球暖化的程度，已經大到我們足以有信心認定：與溫室效應有因果關係。電腦氣候模擬顯示，溫室效應已經大到開始影響極端天氣事件的可能性。」先前雖然也曾出現其他氣候模型，但都沒有這次如此縝密嚴謹，也沒有這次的影響力。相關新聞傳向世界各地。《紐約時報》通常態度保守，但這次的標題赤裸裸寫道〈全球暖化已經開始〉。

漢森的研究小組成員，有幾位全球最重要的氣候科學家與應用數學家。其中，負責關鍵建模的是馮又嫦（Inez Fung），她是數學奇才，也是那篇論文的第二作者。或許可以這麼說，馮又嫦在精神上繼承了芙特。

正如芙特，馮又嫦在這個領域似乎有點像是圈外人。畢竟她的專長不是氣象學，而是數學，而且她還是 1988 年氣候模型團隊唯一的女性。馮又嫦來自香港，說話時帶一點廣東腔。她面試麻省理工學院的時候，被問到為什麼她的在校成績不佳，她說自己覺得學校課程很無聊，而她也就這麼進了麻省理工。

1979 年，馮又嫦成為漢森團隊的一員，負責分析氣候

變遷，但她意識到光靠資料數據還不夠。當時需要的，是依據反事實所建的模型：不是討論世界當下如何，而是討論世界可能如何。

馮又嫦現在是加州大學柏克萊分校的氣候科學教授，在某次受訪時解釋道：「從氣溫和二氧化碳，並無法得出因果關係。」她開玩笑說：「像在紐約市，冰淇淋銷量和謀殺率在夏季都會增加，」由此點出這兩件事只是相關、而無因果關係。馮又嫦繼續解釋：「模型代表的是我們最逼近真實系統的狀態，讓我們得以找出負責任的做法，以及不負責任的做法。只有透過模型，才能預測二氧化碳排放趨勢改變的時候，會是怎樣的情況。」

透過建模，馮又嫦等人創造了一個想像的世界，和我們的世界幾乎相同、只是沒有人類。光靠著資料或科技，並無法讓我們直接「看到」這種平行世界；只有細心的想像力，才能做到。然而這樣的想像力是很強大的工具，讓我們得以計算氣候變化、進行比較。漢森就是用了馮又嫦的反事實模型，在 1988 年 6 月那個炎熱的日子，讓大家看到是人類的活動造成了全球暖化。

馮又嫦後來還繼續擴大研究範圍，研究突破性的碳匯（carbon sink）概念：海洋和陸地都能吸收大氣中的碳。同樣的，這也不能光靠現有資料，而是要建構反事實，才能發現這項研究結果。

反事實思維

　　在我們的腦海中，常常會跑過各種可能，想像著世界可能有何變化，希望能在生活賽局中掌握先機。反事實就是讓我們能夠看得比現實更遠的方式。要是無法想像「本來可能如何」、「現在已經如何」、「未來可能如何」，我們便會永遠受困在當下，只能討論「現在如何」。

　　建立思考架構的第二項要素，就是反事實思維。反事實思維並不等於隨心所欲做白日夢，也不是智識上的插科打諢、隨意搞笑。不同於讓意識隨意流動、自由聯想，要做到反事實的思考，需要專注、需要目標導向，反事實是要用來瞭解世界、做好行動的準備。而且，反事實也需要依賴在我們思考架構中對因果關係的理解，好讓我們能夠在想像中讓時間前進或後退，又或是取出某個情境發生的事，想像它發生在另一個情境時會如何。

　　一般說來，反事實的思考似乎就是自然而然會發生，但實際上這個過程很可能非常複雜。反事實的思考讓我們能夠填補起這個世界「有可能會如何」的空白；也就是說，在這個過程中，我們一面去理解現有的資訊，一面也會去想像那些我們所沒有的資訊。姑且用下面這兩個句子為例：「約翰想當上國王。他去買了一些砒霜。」乍看之下，兩個句子似乎沒什麼關聯。但我們接著就會運用反事實思維，補上兩者

間的連結。隨著心裡模擬著這個情境，臉上或許就會浮現一絲奸笑。

反事實讓我們能夠想像在不同的情況發展下，可能有什麼不同的變化。2018 年世界盃足球賽決賽，法國對上克羅埃西亞，在第十八分鐘進球。當時是法國前鋒格里茲曼（Antoine Griezmann）操刀一記二十七米的自由球，方向是直衝球門，但裁判並未判定是格里茲曼進球，反而在官方紀錄上記為克羅埃西亞後衛曼祖基奇（Mario Mandžuki）的烏龍球。當時，球擦到了曼祖基奇的頭頂，讓軌跡稍微往上飄，就這樣剛好超出了守門員的雙手阻攔範圍，衝進球網。

為了做出正確的判定，裁判必須想像一下，如果曼祖基奇的頭沒有碰到球會怎樣。於是，裁判在心裡想像出另一個軌跡，再根據自己對球速及旋轉會如何影響球路的一般因果知識，判斷可能的情況。而根據這條想像的軌跡，他預測克羅埃西亞的守門員肯定能接住球，因為這球再簡單不過。而如果相反的，裁判認為這球仍然能躲開守門員的攔阻，這球就會判為格里茲曼的進球。到頭來，記分表上會寫著誰的名字，是根據裁判的反事實思維；但曼祖基奇就不太高興了。

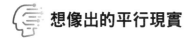 **想像出的平行現實**

我們很常用反事實思維來推斷因果。2017 年的一項實

驗中，來自麻省理工學院等機構的研究人員讓受試者觀看撞球的情況：有某顆球撞上另一顆球，而被撞的球可能進袋，也可能剛好撞到洞緣、沒能進袋。研究人員偵測受試者觀察撞球時的眼動情形，發現受試者的視覺會快速轉移焦點，想像撞球可能的軌跡。換句話說，受試者會運用反事實推理，預測可能發生什麼事。

讓我們再回想一下，雖然美國航太總署的工程師從未上過月球，卻幾乎能夠完整預測阿波羅十一號登月期間發生的一切。原因就在於，他們是跟隨著先前一代又一代科學家的腳步。大家都聽說過一個故事，說伽利略曾經從比薩斜塔上面丟下輕重兩顆鐵球，以推翻古希臘人認為重物掉落的速度會比輕物更快的理論。但今天的學者認為，伽利略其實從未真正做過自由落體實驗，只是運用反事實推論，在心裡做了這個實驗。

牛頓的蘋果、愛因斯坦的時鐘、薛丁格的貓……科學史冊充滿各種對平行現實的想像，讓科學家得以提出他們的見解，形塑我們對世界的觀點，從重力、相對論到量子理論。而且還不僅限於科學而已。

柏拉圖在《理想國》就想像了一座名為美善之城（Kallipolis）的城市，藉以想像及評估理想的司法制度會如何運作。肉眼只能看到當下，但是心靈的眼睛卻能想像出各種可能。另外還有一種「反事實歷史」的文類，探究如果歷

史走了另一個方向會如何，好讓我們更深入理解人類行為可能的影響。例如：假如日本沒有轟炸珍珠港；假如美國沒有丟下原子彈。這種文類有的會提出認真的見解，也有的只是純粹撰文取樂，歷史學家對其價值也是褒貶不一。但不論如何，想像各種平行現實，都能夠拓展我們的想像力，讓我們想像出與現在不同的情境。

構思反事實的平行現實，事實上是一件很認真的認知任務，需要許多不同的技能配合，也需要全神貫注。我們之所以知道這點，是因為相較於其他認知任務，如果患有腦部疾病（例如帕金森氏症），便更難進行反事實思維。雖然這些人可能還能說話，推理也沒問題，但就是很難想像出與現實不同的情境。

能夠想像平行現實，就能讓我們將因果推論化為行動。我們可以測試各種可能的原因，看看可能有怎樣的影響。而「反事實思維」與「因果推論」這兩項要素也能夠相輔相成。沒有因果關係，各種事件只會像汪洋大海淹沒我們，卻毫無意義；沒有反事實思維，則會讓我們受困在現實，無從選擇。

哈拉瑞在他的《人類大歷史》指出，人類擁有獨特的合作能力，也能夠交流像是宗教這種「互為主體性」的想法。哈拉瑞的說法令人印象深刻：「你永遠不可能說服一隻猴子把現在手上的香蕉交給你，只因為你向牠保證以後到了猴子

天堂，會有吃不完的香蕉。」

　　事情確實如此：只有人類能夠傳達「價值」的概念。但這裡還有一個更大、也更根本的重點：只有人類可以想像從未發生過的事物，不論講的是並不真實存在的香蕉天堂，或是尚未發生的猴子反應。而這就是反事實的力量。

玩著「假裝遊戲」的世界

　　我們從小就會想像各種平行現實。事實上，人類的兒童期比其他動物要長，心理學上也稱這是「受保護的不成熟期」，有可能就是為了讓人盡情想像著平行現實。但對這件事，我們通常使用一個相當不像術語的說法：「玩」。嬰幼兒會把大部分的時間用來探索世界，想搞清楚萬事萬物如何運作。

　　雖然其他動物在小時候也會玩，但動物的玩是在模仿成年動物的行為，是先在低風險的環境練習戰鬥、狩獵等活動。至於人類的嬰幼兒，雖然也會用玩耍來模仿成年後需要的技能，但人類的玩會遠遠超出現實，來到想像的世界。我們會用「假裝遊戲」（pretend play）來提升自己想像出平行現實的能力。

　　小小孩所表現的心理能力，不一定都會得到肯定。十八世紀中葉的盧梭，就曾說嬰兒是個「徹底的白痴」。而到了

十九世紀晚期，美國心理學家詹姆斯（William James）也說嬰兒的心理能力就是「一團充滿青春活力的迷惑混亂」。佛洛伊德相信幼兒就是沒道德、自私、無法分辨現實與想像；瑞士心理學家皮亞傑（Jean Piaget）則說幼兒還處於「因果前」（pre-causal）的階段。美國諷刺報《洋蔥報》2009 年有一則標題，精準呈現被搞瘋的爸媽心聲：〈新研究顯示，小孩都是不知悔悟的反社會份子〉。

　　過去幾十年來，我們對於嬰兒認知能力的理解已大不相同。據目前所知，兒童其實相當瞭解因果與反事實。加州大學柏克萊分校的心理學教授高普尼克（Alison Gopnik）就是全球在這個領域的頂尖專家。

　　就許多面向而言，高普尼克從未離開童年的世界。她是全家六個小孩的老大，從小生長在她所謂「博學的氛圍」當中，通常也是由她來照顧其他弟弟妹妹（後來他們也成了知名的作家及知識份子）。他們住在費城的國宅，爸媽都在學術圈工作，雖然家裡經濟困頓，但文學、音樂和藝術方面卻十分豐饒。還在幼兒園的年紀，她和弟弟亞當在萬聖夜討糖果的時候，扮的角色就已經是奧菲莉亞和哈姆雷特。十五歲的時候，她就已經開始讀研究所等級的大學課程。二十二歲時，她一邊讀著牛津大學的博士，肚子裡還有個寶寶。她的研究專長是發展心理學，而研究室裡就放著一個嬰兒圍欄。

　　今日，高普尼克是「理論理論」（theory theory）這個心

理學領域的領導者。這套理論認為，就算只是幼兒，也會運用因果及反事實推理，來發展出心智模型，和科學家做起實驗時的情形並無不同。換句話說，就是認為嬰兒也懂得怎樣有理論的進行思考。高普尼克說，科學家進行這般推理的時候，我們會說這是在「研究」；但幼兒這般推理的時候，我們則會說這是「什麼都想碰一下」。

高普尼克就因為嬰兒也懂得使用反事實和因果關係模式，而把嬰兒譽為「搖籃裡的科學家」，並認為「寶寶也是哲學家」（兩者都是她的暢銷書書名）。她的實驗室設計了幾項巧妙的實驗，顯示小到只有三歲的小孩，就已經能夠瞭解因果機制與平行現實了。實驗之一是贊多測試（zando test）；所謂的贊多，是一些顏色鮮豔、形狀可愛的物體，專為這項實驗而設計。

在贊多測試的第一階段，會讓孩子透過玩樂，學到一項因果關係：只要把贊多放到一臺機器上，就會放出生日快樂歌，為一隻叫做「猴猴」的玩偶慶祝生日。再等到實驗的關鍵階段，重點就是想看看孩子懂不懂「假裝」、能不能玩假裝遊戲。這時候，有個同事會走進房間，說她得借用一下機器和贊多，接著就把這些都帶走。高普尼克會表現出失望的神情，說她和孩子都還沒幫猴猴唱歌慶祝生日呢！但接著她就提出一個點子。

她會拿出一個盒子、還有兩塊不同顏色的積木，說道：

「我想，我們可以假裝這個盒子是我的機器，這塊積木是贊多，而另外那塊不是贊多。這樣的話，我們還是可以幫猴猴慶生！」

她會再接著問：「所以，我們要用哪塊積木來假裝讓機器開始唱歌？」之後，她還會翻轉那兩塊積木各自代表的意義，接著再問一次。

到這個時候，光是要把事情敘述得清楚，就已經不容易了，成年人可能都得好好想一下，才知道這項實驗到底在做什麼。但對於一個得到鼓勵要想像出平行現實的小孩來說，一切卻是再簡單不過。小孩就是運用這種能力，讓自己更懂得如何與周遭世界互動、如何形塑周遭世界——當然也不會漏了幫猴猴唱生日快樂歌。

這樣的假裝遊戲，能讓人培養反事實思維的能力。事實上，高普尼克在描述這項研究的時候，就說：「更會玩假裝遊戲的孩子，就能對反事實做出更好的推論。」部分出於玩笑話，她說嬰兒和幼兒就像人類社會的「研發」部門，至於成人則是那些比較單調無聊的「製造與行銷」部門。

在心裡進行種種預演

過了童年，我們還是擁有這種想像力，一輩子練習著如何建構反事實的現實。例如文學與藝術。每次聽到精采的故

事，不論是千鈞一髮的冒險、危險萬分的威脅、令人絕望的困境，總能讓我們深深入迷。這些故事可長可短、有喜有悲，可能是奇聞軼事，也可能是平淡的美好。但不論如何，我們就是愛講故事、愛聽故事。

在人類的演化上，故事發揮了很大的效果，能運用反事實來磨練我們的推理。故事彷彿是跳板，讓我們的思考更為生動、更有想像空間。各個文化和年代都會有史詩冒險故事，從許多宗教傳統的神聖經典，到讓無數麻瓜愛不釋手的《哈利波特》系列。鹽和糖用一種原始的方式點亮了人類的食慾；故事也以同樣的方式點亮了我們的心靈。故事就是一個平臺，讓人得以思考各種平行現實的情境，思考人類在這些情境中該有何作為。透過這種方式，故事幫助我們評估選項、做出抉擇，也拓展並改善了我們建立思考架構的技巧。

每次說出或聽到平行現實世界的故事，我們就會運用想像力讓故事在腦中真實上演，想像著某種情況接下來會怎樣、該做些什麼、又不該做什麼。每次說我們被故事吸引、彷彿身歷其境，這可不是隨便說說的話語；這時候，我們的心智會著迷於那個平行世界的景象，幾乎感覺那就是現實了。

有時候只要幾句話，就能在心中召喚出豐富的意象。讓我們看看從文學作品摘錄的一些片段。

徐四金（Patrick Süskind）小說《香水》的開場白，描述

十八世紀的法國：

在我們所說的這段時期，城市裡充斥一股惡臭，現代男女實在難以想像。街道上聞著的是馬糞味，前後院裡飄著尿味，樓梯間充斥木頭的霉味和鼠糞的嗆味，廚房則瀰漫著白菜的酸腐氣息和羊油臭……人人身上散發出汗酸和髒衣服的臭味，口裡也是一股爛牙的臭氣。

雷馬克（Erich Maria Remarque）的反戰小說《西線無戰事》，則講述了第一次世界大戰：

我們看到有些人還活著，但頭頂已經少了一塊；我們看到有士兵還在跑著，但兩隻腳都已經被槍炮射斷——他們就這樣用外露剩下的腿骨，衝向下一個散兵坑……我們看到有士兵已經沒了整張嘴，有人沒了下顎，也有人沒了整張臉；我們看到有人緊緊咬著自己手臂上的主動脈，一咬就是兩小時，以免失血而亡。

阿迪契（Chimamanda Ngozi Adichie）的小說《美國佬》，也有活色生香的一幕：

她俯身吻他。一開始他反應有點慢，但接著就拉起她的

上衣，推下她的胸罩，解放她那一對酥胸。她還很清楚他的擁抱多麼堅定，但這次兩人的結合又有了一絲新意，身體既有些記得，也有一些不復記憶……事後，她躺在他身邊，兩人都臉帶笑意，甚至偶爾還會笑出聲來。她的身體充滿平靜，讓她覺得「做愛」這個詞說得太貼切了。

　　意象的描述生動鮮活。而無論這些意象是在挑動嗅覺、戰爭的痛苦、或是性的慾望，更深一層的重點就在於：我們都陷入了作者所創造的世界。一旦進到那個世界，我們便會開始想像那個情境，賦予各種或許會發生的可能。

　　而相較於把故事拿來讀、拿來講，如果把故事拿來演，還會更有效。不論在各種社會中，都會有戲劇，而有一大部分的原因就在於：演出反事實、體驗他人生活的時候，可以讓我們彷彿身歷其境，刺激我們思考各種選項。像是在希臘戲劇中的歌隊，他們知道劇情將如何結尾，而會要求觀眾思考，如果採取什麼不同的行動，就能避免主角悲慘的命運。像是在《詩學》裡，亞里斯多德就宣告悲劇是為了讓情感潔淨，達成「精神淨化」。而我們讓自己進入劇中的角色，想像自己可能會做出什麼不同的選擇，這也等於是在與平行現實互相角力。

　　電影打從最早期開始，就是在呈現其他的世界。雖然史上一開始的幾部短片是在記錄「現實」（主要是一些日常生

活場景，可說是最早的紀錄片），但很快的，電影創作者便開始嘗試各種拍攝上的小技巧，能讓人現身或消失、肢體末梢延長，或是創造出其他「不真實的」情境。雖然剛開始一炮而紅，但這份新鮮感逐漸消失，接下來的電影也愈來愈像戲劇和文學那樣，就是在講故事。而顯然，這是提供了更全面、交織得更緊密、也更能夠延續的平行現實。

　　文學、繪畫、雕塑、戲劇、電影、廣播、電視，雖然都讓我們體驗到平行現實，但是也都沒讓我們有機會與這些平行現實進行實質的互動。我們可以讓這一切在腦海中上演，又或是透過角色扮演遊戲（RPG）、動漫 cosplay 角色扮演，與他人一起演出；但我們就是無法直接操縱這些平行現實。然而，另一種相對較新的媒體正在改變這種情況。

　　電玩設計師羅瑞爾（Brenda Laurel）1993 年的經典著作《電腦做為劇院》指出，電玩最重要的特質，就是讓使用者得以操弄平行現實。而電玩的發展一日千里，從瑪利歐踩蘑菇，到《魔獸世界》、《要塞英雄》、《太空狼人殺》，當然還有 Dota 玩家在砍殺著他們的朋友。這些遊戲借用了一些真實世界的要素，但也帶進了新奇而不一樣的要素。正是這樣子結合熟悉與新奇，再加上操縱運用得當，才讓這些遊戲如此叫人著迷。

　　《紀念碑谷》也是很好的例子。表面看來，遊戲的內容是操縱一個叫艾達的主角，穿越由各種立體幾何錯視形成的

世界，抵達某個特定的位置。但整個過程的操作大有玄機：
整個環境到底有哪些地方可以操控？又該怎樣操控？

　　這個想像而成的世界高雅無比，風格極簡、卻又精妙細
緻，看過或玩過的人必然為之著迷。只要一開始操作那些樓
梯、石塊、按鈕、轉盤和其他物件，就會發現那些形態的轉
變根本無法存在於現實空間，但在虛擬世界卻又如此合理。
《紀念碑谷》與我們所認知的現實大不相同，正是因為認知
上的矛盾，使得這個虛擬世界深具魅力。人類就是這樣難以
抗拒反事實的吸引。

哈佛案例教學法

　　不論是在讀書、打電玩、又或是一頭栽進白日夢裡，這
些心智活動並不是我們的認知在偷懶。即使你是個愛窩在沙
發看電視的「沙發馬鈴薯」，也絕不只是真的像個馬鈴薯坐
在那裡。我們每次體驗與操縱平行現實（或說是評估著心裡
建構出的反事實宇宙），都會考量不同的選項，我們的判斷
力或許也據此受到磨練。這不使訓練了心智，也砥礪了我們
建構思考架構的技能。

　　而在專業教育上，反事實思維也是很重要的基礎。像是
案例教學法（case method）就是很好的例子，最常用在商學
院，起源於哈佛（就像很多事情都說是來自哈佛，但也不

知道是真是假），但從名稱便可以猜到，原本是出自法律領域、而不是管理領域。1870 年，哈佛法學院新院長藍道爾（Christopher C. Langdell）對當時的法律教育很不滿。學生接受著填鴨式教育，一個極端是各種法規條文，另一個極端則是抽象至極的法律概念。這種教法不但讓學生學不好，對社會也不是好事。

藍道爾提出了創新解方：找出某個具代表性的法律情境，深入檢視，並讓學生討論其中的各種論點。這等於是大方邀請學生透過反事實來思考。於是有一天，他並未像平常那樣講課，而是堅持由學生來「陳述案例！」再接著拋出各種假設；藍道爾透過這些精心設計的平行現實，讓學生仔細討論各種「如果……」。

這是很不一樣的教學方式：案例教學法不是直接告訴學生法規條文，而是協助這些未來的法界新苗，如何以各種不同的方式來思考情境。這套做法成功了。哈佛課堂上開始響起充滿智慧的討論聲，學生會主動透過反事實，來評估各種法律論點及條文，而不只是被動接受教授所講的內容。這套做法席捲法律教育界，幾乎各地都採用了這種做法，也讓法律教育從此再也不同。

讓我們把時間快轉五十年。1919 年，唐漢（Wallace Donham）獲任命為哈佛商學院的第二任院長，該院於十一年前成立。唐漢畢業於法學院，十分熟悉案例教學法，這時

也想把這套教學法帶到商學院。然而，商學院不像法學院會有過去的案例判例，於是他委託一位教授，希望寫出一本短文集，書中描述各種經典的商業決策，也提供資料數據讓學生參考。兩年後，學生第一次拿到了一份案例，名為〈通用製鞋公司〉（The General Shoe Company）的案例，左上角還標著「機密」字樣。

在這種教學形式裡，學生手中擁有大量的資訊（而且正如現實世界，有些資訊根本不相關，而且也總是不完整），學生也扮演著高層主管的角色，必須解決問題。這會逼使學生想出各種選項，評估、決定、並提出解釋。公司究竟是該投資某項正在研發的全新產品，還是逐步改善現有產品、在行銷上多加把勁？如果直接把市場上最大的競爭對手買下來，而不要讓雙方爭個你死我活，情況會怎樣？某些產品是不是應該做成套組，而不要獨立販售？這種看似真實世界的情境會提供諸多限制，而教授也就引導著整場討論，讓學生提出各種反事實，互相挑戰（而且學生還得以盡量不起眼的方式，討教授歡心）。

案例教學法鼓勵學生積極用反事實來思考，如今已經有許多領域都採用了這樣的教學方法。在醫學院，會請這些未來的醫界新秀思考所謂的「鑑別診斷」（differential diagnosis）：蒐集各種可能的解釋（也就是各種可能的現實），再逐一刪去。而職業運動員則會進行「影片研究」：

回放過去賽場上的影片來研究，找出所有的可能，希望能給自己帶來優勢。美式足球聯盟著名的四分衛曼寧（Peyton Manning）就深信這項做法功效卓著。

只有人類，才會花時間進入這樣的平行世界。魚鷹不會去看歌劇，猴子不會去看電影。醫學院的學生上了一天課，回家打打 Dota 放鬆的時候，雖然上課和打電動乍看之下完全不是同一類的活動，但其實都是在心裡進行各種預演，嘗試各種可能。磨練這種專屬於人的技能，讓我們得以維持並提升自己建立思考架構的能力。

 ## 避免單軌思考

反事實除了能讓我們想像不存在的事，還有其他重要優點。

首先，反事實可以抗衡所謂的「因果決定論」（也就是認為只有唯一的既定道路可以走）。因果推論本來就是思考架構的一部分，讓我們注意到一些特定的因果關係。這是好事，有助於我們迅速掌握特定情境。像是如果我們本來特地留了最後一塊巧克力餅乾，現在卻發現餅乾罐子空了，整個因果推理引擎就會全速運轉，我們會把小孩叫來罵一頓。但要是我們搞錯了怎麼辦？說不定，是親愛的另一半忽然超想吃餅乾，慾望擋都擋不住？

　　這就是反事實璀璨登場的時候了。在我們提出各種平行現實的時候，其實也是在想像各種不同的原因。這樣一來，就能避免倉促做出特定的因果結論（親愛的孩子也就不會白白挨罵囉）。這能夠提醒我們，事情可能和我們一開始想的不一樣；這會讓我們心胸更開放，能看到第一印象因果假設以外的世界。

　　古巴危機正熾的時候，美國總統甘迺迪就是這樣讓反事實思維派上用場。1962 年 10 月 16 日上午，總統和顧問群眼前是幾張空拍照片，顯示蘇聯將核彈頭飛彈部署在古巴，距離佛羅里達州僅有九十英里。軍方立即建議進行大規模空襲，摧毀相關設施。然而甘迺迪拒絕了這項提議。畢竟，他以前就有一次慘痛教訓。一年半前（當時他總統上任才三個月），他曾同意一項祕密計畫：扶植古巴流亡份子入侵到豬玀灣，成立一個新政府。然而，事情慘敗收場。錯誤是起因於當初計畫的時候，觀點太過單一，缺乏多元平行思維，就此也讓一個關於決策的新術語廣為人知：團體迷思（groupthink）。這位年輕總統不願再重蹈覆轍。

　　這次的挑戰更為嚴峻，而甘迺迪鼓勵顧問群要盡可能想出各種不同的平行觀點，希望找出各種可能的解決方案，絕不能只有軍方將領直覺提出的轟炸行動。換句話說，甘迺迪積極召喚各種想像，以抵抗只有單軌的思考。

　　這套做法成功了。他身邊的顧問團隊把各種選項淘汰到

剩下兩個方案，並且拋下各自在政府裡的職級與代表身分，公開而真誠的辯論兩個方案的優劣。最後，他們選擇封鎖而不是轟炸，也提出可以撤掉在土耳其的美國導彈做為交換。這樣一來，也就給了蘇聯從古巴撤武的下臺階。蘇聯打了退堂鼓，同時避免掉可能的核戰。甘迺迪不僅避開十八個月前造成豬玀灣災難的團體迷思，還用反事實思維來避免因果決定論。

這也正是反事實思維的第二個好處：反事實能讓我們更懂得如何進行因果思考。實驗顯示，經過反事實思考之後，因果推理就能做得更好，但順序反過來的效果則沒那麼好。認知科學家，特別是都柏林三一學院的柏恩（Ruth M. J. Byrne）認為，反事實之所以這麼有用，是因為能夠提醒我們還有各種選項，讓我們能看得更廣，而不是執著在某個選項。我們想像及篩選不同選項的時候，同時也會思考因果關係；但相對的，光是思考單一因果關係的時候，卻無法激發我們的想像力。正因如此，「能夠想像出平行現實」就成了建立成功思考架構的核心要素。

創意解決方案——以反事實為基礎

反事實的第三個優點，在於我們和反事實互動的過程中，就會讓反事實派上用場。我們每次想像某種情形，讓它

在腦海之中上演，都會像個旁觀者一樣體驗這個平行現實、觀察其發展。例如每次睡覺做夢的時候，並不需要我們費盡心力把某個情境概念化，我們僅僅只是在旁邊觀看罷了。這無需多費唇舌，就會浮現在眼前。對我們來說，要用抽象的概念來思考這些事，並沒有那麼簡單，但想像不存在的事卻很容易。正如《快思慢想》和《雜訊》的作者康納曼所言：「心理模擬最重要的一面，在於這種感受像是在觀察，而不是在建構。」心理模擬是「感覺觀察到了結果，而不是安排和規劃出了結果。」

　　反事實的第四個優點，在於會應用到我們的內隱知識。透過想像情境可能的不同發展，我們對於世界如何運作的知識都會動起來，其中也包括平常很難說得清楚的種種因果關係。

　　例如曾在 1980 年代播出的電視影集《百戰天龍》，正是以反事實如何運用內隱知識為主題。影集主角馬蓋先既是個理工咖、還是個運動帥哥，任職於某個機密的智庫，堅持不用槍，也不靠暴力解決問題。每次遇上棘手困境，馬蓋先都能用機智，搭配手邊各種日常用品來解決。像是只要兩個燭臺、一條麥克風線、一個橡膠墊，就成了心臟除顫器。而在他被繩子綁住的時候，他也能用自己的雙腿當作彈弓，把一瓶硫酸噴到附近的梁上，燒掉綁住自己的繩子。至於要解除飛彈控制器的時候，需要幫電路重新接線，馬蓋先的辦法就

是把迴紋針拉直來用（這可是他的招牌工具）。

　　所謂的創意解決方案，正是以反事實為基礎：運用各種物品那些明顯用途以外的特性。馬蓋先找出事物的抽象概念，不看這些事物「是什麼」，而是看它們能「做什麼」，就像麻省理工學院的巴茲萊（見第 1 章），看的不是抗菌化合物有何分子結構，而是看這些化合物能有何作用。

　　反事實第五個、也是最後一個優點，在於能夠讓人覺得人生有意義。反事實能夠顯現我們所謂的行動與能動性。

　　看著特定的因果連結，可以讓我們瞭解事物的發生原因；但想像出一個平行現實，就能夠創造出其他選項，讓我們得以採取行動。我們透過平行現實，想像各種不同選項可能如何展開，進而覺得一切都可預測、都在掌控之中。而人類的這種能動性，正是因果架構所推動最關鍵的價值。人類的抉擇之所以重要，是因為我們可以透過反事實而看到各種選項與選擇，於是我們不只是理解，而且會有行動，不只是領悟，而且會下決定。

　　這只有人做得到。除了人類，不管是魚鷹、猴子、或是任何其他動物，都無法掌握反事實的概念。AI 機器花了時間與大量的能量，來處理現實世界的資料數據──如果機器有認知能力，它會知道這麼賣力，就是希望能改善輸出的結果；但直到現在，AI 機器還是跟不上人類能動性的腳步。

反事實案例：Waymo 自駕車

　　不管怎麼看，這都只是一條向左彎的普通道路，稍微左轉就沒事了。但就是出了嚴重的問題。汽車太過偏右了，離路緣石愈來愈近，非常危險。車幾乎沒有左轉，似乎下一秒就要撞上了。車輛急剎、迅速減速，但已經撞上了邊界，衝出了路邊。最後，車輛終於完全停了下來……就停在螢幕那條細細的像素線上。

　　整場小事故只是數位模擬，一切都發生在自駕車公司 Waymo（隸屬谷歌旗下）的伺服器上。這場模擬是為了解決一項所有自駕車都會面對的嚴重問題：關於罕見事件的資料不足（畢竟這正是「罕見」的意義所在）。已經超過十年，自駕車產業都不斷蒐集現實世界的道路資料數據，用來訓練自動駕駛系統所使用的 AI 模型。許多車隊配備著先進的感測器和攝影機，行駛在道路上，每秒蒐集的資料點數目都數不清。這些公司就像是在不斷採集著現實，希望掌握「駕駛」這件事的本質。

　　這套做法成功了──至少是部分成功了。這些自駕車絕對有上路的能力，但還無法處理一些不常見的路況，因為確實沒有足夠的資料，能用來訓練藏在引擎蓋下的機器學習演算法。舉例來說，像是路上有一層透明而看不見的薄冰，這

時又剛好飛來一個透明塑膠袋；又或是開著開著，突然路中間就出現了一張床墊。Waymo 碰壁難行（這當然是個比喻），發現再怎麼增加現實世界的資料，多半也只是常態的路況，無法讓系統再進步。

於是，Waymo 發明了一套平行現實系統，裡面充滿了各種罕見路況。他們把這套系統命名為 Carcraft，這是向《魔獸世界》（*World of Warcraft*）致敬。系統裡有兩萬種基本情境，其中就包括了各種由人類所想像出、極為罕見、充滿波折的路況；Waymo 公司裡的那些科技設備狂，都說這「夠嗆」。每天，Waymo 都有兩萬五千輛虛擬自駕車，行駛數百萬英里，相當於來回月亮十五次。Waymo 在一篇論文裡表示，這是為了「模擬壞事，而不只是模仿好事。」

這些基本情境就是反事實，會透過「模糊（fuzzing）測試」將原本的情境稍加變動，例如：改變另一輛車的速度或距離；設定在晚上或在雨中；在對街加上一個人在慢跑。這正是一個充滿各種假設的宇宙。針對每一種情境，Carcraft 都會產生大量不同的回應方式，再用來訓練自駕車系統。到了 2020 年，Waymo 的自駕車表現大有改進，平均超過三萬英里才需要人類接手操縱，將競爭對手遠遠拋在後頭。

正如 AI 機器人沒有那套因果架構，需要人類輸入超參數，才能讓它們打 Dota 贏得勝利；電腦也無法自己產生各種反事實，而需要由人類來提供。Carcraft 所提供的那些罕

見路況，並不是靠著機器來做夢、去夢見什麼平行世界，也不是靠著隨機產生、得出各種極端事件。相反的，是人類想出的成果。在矽谷等地的超理性主義者，總是希望把駕駛工作和其他許多工作都全盤交給機器。然而，這是把現實情況做了過度的簡化。其實，現在仍然是由人類在幕後拉繩控制著 AI，人類就像是個操偶大師。

構建「有助於實現目標」的現實

反事實思維就代表著我們的認知能力：人類能夠理解過去從未碰到的情況，並反過頭來增進我們的認識，從而做為決策的依據。人類的身體世世代代不斷演化，是因為我們會不斷向外探索；但心理要不斷演化，靠的就是不斷建立思考架構。而反事實思維正是建立思考架構的核心要素。

我們也能讓自己更懂得如何進行反事實思維。如果想讓自己更善於夢想出平行現實，有一些方式可以參考。舉例來說，思考問題的時候，可以不要想該改掉什麼，而是想應該保留什麼。也可以仿效甘迺迪總統的做法，刻意鼓勵個人或機構提出新奇與多元的觀點，好讓自己更有機會看到新的平行思維方式。此外，許多優秀的運動員與企業高層都會練習「觀想」（visualization）：在心中想出某種情境的鮮活景象（可以是跳臺滑雪、也可以是在開董事會），接著在這個內心

世界模擬各種可能的行為及回應，就像是 Carcraft 為自駕車準備的世界一樣。

想像這些平行現實，能讓各種因果架構得以付諸行動。不過我們也不能光靠想像。像是嬰幼兒很快就會發現，重點在於：不能光是隨便構想各種平行現實，而是需要精心構建某個「有助於實現目標」的現實。反事實有其功能，我們若想發揮反事實的效用，就得配合手中的目標，以及可套用的情境。做這件事不能慌慌亂亂、無的放矢。我們必須把它限縮在一定的範圍內，才能讓反事實發揮價值。

反事實就是一種做夢，但帶有巧妙的引導、刻意的聚焦。在甘迺迪總統要求顧問團隊提出各種解決方案的時候，指的當然是軍事方案或外交方案，而不是半夜會做的怪夢，像是派出樂團讓莫斯科領導人深受感動之類的。馮又嫦研發氣候模型的時候，也仍然要根據物理定律，只是在模型上假設地球沒有了人類。就連想耍帥的馬蓋先，也會把選項限制在他確實做得到的事情上。

想像平行現實，能讓我們形塑未來、掌控事件，而不是被事件所控制。就是因為人類認知能力具有這種特性，於是出現了史上最驚人的一次突襲。在槍聲四作的當下，行動成功的原因與其說是士兵與指揮官能夠進行反事實思維，不如說是他們懂得權衡收放反事實的限制條件。

第

5

章

限制條件

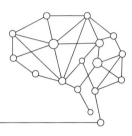

種種限制其實是畫出了一個許可範圍，

讓人知道在這個範圍內可以自由自在，

於是讓創意得以釋放，

而不是遭到剝奪。

恩德培行動

　　1976 年 6 月 30 日下午，尚龍（Dan Shomron）准將受召前往位於臺拉維夫的以色列國防軍總部，與陸軍作戰司令會面。以色列需要一項大膽但可行的救援任務，但前景看來並不樂觀。

　　三天前，法國航空從臺拉維夫飛往巴黎的班機遭到恐怖份子劫持，改飛往位於東非中心的烏干達，降落在恩德培機場。旅客人質被扣留在一棟已停用的舊航站大樓，恐怖份子也宣稱整棟大樓都裝設了炸藥。後來恐怖份子釋放了非以色列籍的乘客，但要求以色列政府釋放數十名被囚的巴勒斯坦犯人，否則將會把一百零六名人質逐一處決。

　　以色列當時的政策是絕不與恐怖份子妥協，以免引來更多恐怖要脅。但這次需要先拖延一下，以權衡各種選項。救援行動似乎會是瘋狂的選擇，因為烏干達距離以色列超過兩千五百英里，這一路上，救援部隊哪可能不被發現？就算能平安抵達，又要如何救出人質？可別忘了整棟建物準備要自爆。烏干達獨裁者阿敏（Idi Amin）也有可能和劫機者是一夥的：以色列會不會也需要與烏干達軍隊為敵？就算這一切都順利解決，所有人又能怎麼回到以色列？這在在挑戰著「反事實思維」的極限。

　　尚龍當年三十九歲，率領以色列的步兵團與傘兵旅。他

聽取當時提出的計畫方案，看到了其中的問題。一項方案是空運一千名士兵到恩德培。但這種做法不會有用：恐怖份子必然會發現，而所有人質就會丟掉性命。另一項方案則是偽裝成獲釋的巴勒斯坦犯人前往。但這種做法似乎也不太可能成功：劫機犯很快就會看穿，而讓整棟航站大樓被炸平。

另一項似乎比較可行的方案，則是讓十幾名突擊隊員帶著充氣小艇，跳傘到恩德培機場附近的維多利亞湖，再上岸突襲航站大樓。這樣才有辦法出奇不意。然而，維多利亞湖裡住著身形龐大的尼羅河鱷，突擊隊員還沒划到湖邊，就可能被活活吞掉。此外，這項方案還漏了一項重要細節：消滅恐怖份子之後，突擊隊員和乘客該怎麼回到以色列？

在尚龍看來，這些都太蠢了！

不論是軍事行動或其他任何事，安排的時候都會有一些硬性限制絕不能妥協，但也有一些軟性限制可以調整。舉例來說，這裡最重要的並不是兵力多少，也不在於要在白天或晚上登陸。這些都是可以調整的。但這裡必備的硬性要求，乃是一定要讓敵人出其不意。以此為基礎，尚龍和幾位軍官大略提出一項計畫：組織一支突擊隊，搭乘運輸機，在夜間祕密降落恩德培機場。機內載有一般機場常見的車輛，突擊隊員開著這些車子，就能直衝航站大樓而不被發現，接著消滅恐怖份子、救出人質，一起搭機返回以色列。

但這裡還有許多細節必須補上。航站大樓的空間配置如

何？人質又被扣押在哪？恐怖份子有多少人，火力又有多強大？尚龍和他的參謀必須建立一個心智模型，用來瞭解整個人質救援的過程會如何展開。這也代表著需要取得更多情報，來進行反事實思考。以色列莫薩德（Mossad）情報局的特工已飛往巴黎，向獲釋的人質詢問資訊。關於航站大樓的情報至關重要，很幸運的是，這棟大樓剛好是一家以色列建設公司蓋的。此時藍圖已經來到軍方手中。

突擊隊員在一座空軍基地受訓，他們用桿子和防水布，搭出了航站大樓的等比例模型。隊員們在這裡熟練什麼時候該做什麼事，並認真寫筆記、互相討論並複述他們的行動。

突擊隊員塔米爾（Noam Tamir）回憶道：「第一次演練效果很差，太亂了，不夠流暢。」這次行動的所有細節（每個動作、每一秒的行動）都經過精心編排、分析、再三考慮，調整到最佳效果。

一切都得讓敵方出其不意，雖然會對行動造成一些限制，但也會逼出創造力。舉例來說，為了能夠融入背景不被注意，運輸機上搭載的是一輛黑色賓士車，引擎蓋上還插了烏干達國旗，另外還有幾輛荒原路華（Land Rover），正是烏干達軍方領袖的愛用車款。突擊隊還穿了烏干達軍服，讓他們看起來就是烏干達軍人的樣子。考量所有可能之後，突擊隊出發了。

7 月 3 日午夜前，維多利亞湖上空的雲散了，恩德培機

場的降落跑道在眼前展開。四架 C-130 力士型運輸機的第一架悄悄降落，二十九位突擊隊員駕車從後機艙裡開出來，朝向一英里外的舊航站大樓前進，一如演練的情形。但還是有些無法預料的事：門口的衛兵舉起了步槍。他是在示意車隊通行、還是在命令車隊停車？

在無法確定的情況下，以色列士兵開火，擊碎了夜晚的沉默。整棟航站大樓燈光閃爍亮起。突擊隊前往航站大樓的速度變得更加快速。

第一位突擊隊員到達航站大樓的時候，一輪子彈擊碎了他眼前的窗戶。但了不起的是，他非但沒被擊倒，還看到了射手的位置，迅速回擊，命中目標。不久之後，槍聲在整棟大樓裡迴盪。幾名以色列士兵突襲而入，找出其他恐怖份子，一切正如他們的預先準備。尚龍在飛機上，透過無線電監督整場行動。

恩德培地面突擊行動只花了九十分鐘：殲滅恐怖份子用掉十分鐘，剩下的是把人質帶上飛機，清點人數（因為數字不正確，還重點了一次），接著遠走高飛。一行人在隔日清晨返抵以色列，人質共有一百零二名獲救、三名在戰鬥中喪生（另有一名婦女在突擊行動之前，因身體不適，被送往醫院，事後遭烏干達政府殺害）；突擊隊除了有五名士兵受傷，唯一喪生的是突擊指揮官強納森・納坦雅胡（Jonathan Netanyahu）——他的弟弟班傑明・納坦雅胡，後來出任以色

列總理。

　　今日回顧，突擊隊員塔米爾認為，營救成功得歸功於幕後的策劃。他說：「他們是真正的英雄。我們就只是負責地面突擊，那本來就是我們受訓要做的事。」而尚龍等策劃者做的，則是調整任務中的各個要素，以確保任務能夠成功。重點不在於執行的過程，而是行動的起頭。

　　塔米爾說：「這就像在下西洋棋，不是只去動棋子，而是要策劃之後的走法。」

　　然而，西洋棋大師也不能只是無盡的想像自己的走法，而是必須有所限制，控制自己到底要評估接下來多少步。恩德培行動的策劃也是如此，重點不只是要天馬行空提出各種想法，還必須加以限縮，找出最重要的選項。成功的關鍵除了要應用反事實思維，也在於懂得如何適當收放各種限制。

為無限加上限制

　　想要成功建立思考架構，除了前面兩章提過的因果關係和反事實，第三項要素就在於「限制條件」。要是我們讓一切都沒有限制，便可能想像出太多缺乏因果關聯的平行現實，無法做為行動的參考。我們需要為想像力訂下正確的限制條件，才能真正找出合適的選項。

　　所謂限制，或者說各種規定與約束，讓我們的反事實思

維仍有一定的樣貌。我們可以對這些限制進行各種操弄：放鬆一點、拉緊一點，加些新的、刪些舊的。有了限制之後，思考架構便能夠從原本只屬於認知的領域，真正成為行動的基礎，在真正重要的事情上發揮價值。像是以色列就願意投注心力，建出恩德培航站大樓的模型，做為士兵訓練之用。或者，也可以回想一下美國聯準會柏南奇在 2008 年 9 月那次的例子。當時，他放下了美國「不干預市場」的限制，於是想像出從直升機上撒錢的反事實概念，接著付諸實踐。限制條件不但有助於我們解釋目前正在發生的事情，也能為我們指引出正確的回應方向。

建構思考架構功力高明的那些造局者，都瞭解自己的想像力會需要有界線，這就像是認知的路緣石、心理的約束，但目的不是要阻擋視線，反而是要加以引導。種種限制其實是畫出了一個許可範圍，讓人知道在這個範圍內可以自由自在，於是讓創意得以釋放，而不是遭到剝奪。

有些創新者格外歡迎種種限制，認為這有助於形塑他們的創造力。例如人氣頂尖的童書作家蘇斯博士（Dr. Seuss，本名為 Theodor Seuss Geisel），他在 1960 年就是這樣給自己施加限制，寫出了精采萬分而又超現實的押韻童書故事《綠火腿加蛋》。當時是蘇斯博士的出版社朋友瑟夫（Bennett Cerf），和他賭了五十美元，認為蘇斯博士不可能只用五十個單音節的英文字，就寫出一本書。對於幫助幼兒學習閱讀

的讀物來說，只限使用一些很簡單的字，確實是個賣點，但這次提出的限制實在是太過偏激。雖然如此，這件事情挑戰到了蘇斯博士的自尊，讓他忍不住想證明這真的做得到。蘇斯博士最後贏了賭注，靠的是用了四十九個單音節英文字，還有第五十個字是 anywhere。《綠火腿加蛋》現在也成了史上最暢銷的童書之一。如果用書裡的名句來講這本書，那便是 You can read it on a boat, you can read it with a goat.（你能讀它，在小船上；你能讀它，在山羊旁。）

美國編舞家瑪莎・葛蘭姆（Martha Graham）發展現代舞蹈的時候，既消除了某些限制，但也施加了某些限制。只不過她那些舞迷可能不太容易發現這一點。葛蘭姆在 1920 年代開始編舞，當時女性舞蹈主要還是芭蕾那些古典形式，必須穿著緊身胸衣，不但讓活動受限，更嚴重的是連呼吸也受到限制。葛蘭姆讓她的舞者不再需要穿上緊身服飾，解放了舞者的活動能力，讓她們更有活力、更能展現風格。這種自由也具有象徵意義：在女性當時感到令人窒息的種種社會壓迫當中，彷彿吹進一股清新的風。

然而，為了不讓這一切變得全然雜亂無章，葛蘭姆也得另外引進一套新的限制條件。所謂的葛蘭姆技巧，正是現代舞蹈的基礎，有賴於呼吸在收放之間這種「對立」的循環。葛蘭姆還加上了一些其他限制，最名副其實的一次，正是出現在她最知名的舞作《苦痛》（Lamentation, 1930），舞者就在

一個貼身、但有彈性的管型布套裡，表現著舞蹈。葛蘭姆技巧所加上的種種限制，其他舞團想都想不到，就這樣成了葛蘭姆的註冊商標。

不論是對蘇斯博士或葛蘭姆來說，限制都不是對他們造成局限，而是一個機會。建築師法蘭克・蓋瑞（Frank Gehry）也相信，自己在創意上能得到成功，是因為有種種限制，讓他必須克服。「身為藝術家，我會受到各種限制。像重力就是其中一種，」他笑咯咯說道：「但就在這一切限制裡，我大概有 15% 的自由，可以創作出自己的藝術。」蓋瑞也說，自己做過最難的建案，其實是某位有錢的客戶請他幫忙一棟房子，但完全沒有任何限制。蓋瑞當時覺得自己像癱瘓了一樣——徹底的開放，卻成了徹底的虛無。

從這種意義來看，給自己空白的夢想畫布加上邊界，其實是解放，而不是局限。然而，最重要的還不是限制本身，而是我們如何面對限制。改變限制，就能形塑我們據以想出的平行現實。所以，真正重要的是「限制想像力」這件事本身。對各種限制的收放，就像是在操作著某臺複雜機器的閥門：要有正確的組合，才能帶來寶貴的成果。

以攝影為例。拍照的時候，大多數人都想拍出清晰銳利的影像。然而，影像的捕捉涉及許多因素，像是焦距、光圈、曝光時間、感光度。現代相機可以全自動拍攝，由相機判斷及選擇這些因素。但專業的攝影師則會選擇把某些操作

條件交給機器、某些掌握在自己手裡，像是有哪裡要清晰無
比、哪裡又要故意柔焦，讓最後成果是隨自己的心意所打
造。

 ## 硬性限制與軟性限制

　　這裡的魔法所在，就是精心安排某些限制，以帶出合適
的反事實。然而哪裡該鬆、哪裡該緊，究竟要如何判斷？
畢竟也不是所有限制條件都一樣重要。葛蘭姆讓舞者的軀幹
部分得以解放，但並沒有拆掉她們的舞裙。蘇斯接受了字母
數的限制，但可沒有試著寫出一本不用字母 e 的書，好比法
國小說家培瑞克（Georges Perec）在 1960 年代的嘗試。要是
我們把注意力放在錯的限制上，便無法得到真正想要的成
果。然而，解決辦法絕不是去注意所有的限制。選的限制太
少，就很難專注在重要的項目上；選的限制太多，又可能會
漏掉某些重要項目。

　　做為第一步，我們必須意識到對於每種思考架構來說，
有些限制屬於硬性限制、也有些是軟性限制。所謂軟性限制
仍有調整彈性，即使得費一點勁，但總之還是能夠調整或改
變。至於硬性限制就是固定不變、密不透風、不容質疑了。
硬性限制是心智模型的中心原則，放棄這些限制就等於放棄
模型本身。所以，像是在「財務會計」這套架構裡，基本算

術（像是 2 加 2 等於 4）屬於硬性限制，不接受這項限制，就是不接受這套思考架構。同樣的，基督教神學家要用反事實來考量《聖經》的其他解釋時，也得接受「相信上帝」做為硬性限制。放棄這一點，就等於放棄了自己的信仰架構。

而在選擇運用哪些限制來構思反事實的時候，我們必須確保自己遵守著那些最重要的限制，也就是硬性限制。接著再搭配其他軟性限制，看看這些限制會為我們帶來怎樣的成果。

說到要選擇這些軟性限制，與其說是科學，不如說是一門藝術，但大致上還是有三項大原則：可變性（mutability）、最小變動（minimal change）、一致性（consistency）。可變性指的是這些限制應當要便於調整。最小變動是說在調整時只是稍加修正，而不是根本大改。至於一致性則是代表不能因為調整了某項限制，就與另一項限制有所牴觸。以下將討論三者的實際應用。

三大原則之一：可變性原則

構思平行現實的時候，我們會專注在「自己認為可以改變」的項目上。例如快要趕不及進城開會的時候，我們可能會想像出幾種不同的交通方式：到底是要搭地鐵，雖然有可能得在月臺上等一會，但搭上車就能直達市中心？還是搭

計程車，雖然可以立刻上路，卻有可能在目的地附近塞在路上？又或者是完全放棄搭交通工具，不把賭注放在自己不能控制的事情上，而是純靠自己的雙腳輕快向前？

　　要做各種決定，都需要考量各種可能，權衡各種輕重；這會逼著我們在心裡開始時光旅行，來加以判斷、選擇自己認定最快速的選項。但在判斷的過程中，我們可不會考慮要靠瞬間移動，也不會假設能夠一路綠燈而暢通無阻；而會預設這個世界再真實不過（雖然還是希望有好運氣），我們能控制的就是交通方式。

　　馬斯克（Elon Musk）創辦的 SpaceX，便是一家把可變性原則應用得爐火純青的企業。SpaceX 是研發可回收火箭的先驅。可回收火箭一直是航太工程師的夢想，也是科幻小說裡的常見載具。但在 1960 年代和 1970 年代，航太總署科學家的想法是讓火箭加上機翼，能在返回地球之後，像飛機一樣著陸。當時所假設的限制條件是「火箭的回歸需要靠空氣動力學的升力」。這種想法也就催生了外形類似飛機的太空梭——這後來還催生了懸掛式滑翔機，相關技術是由航太總署的工程師羅加洛（Francis Rogallo）於 1960 年前後發明，原本是做為將太空艙帶回地球的方式。

　　然而，這些機翼巨大而沉重，空氣動力學的升力大小又得視機翼的尺寸而定。機翼愈大雖然升力也愈大，但在發射時也會增加重量、體積和阻力。考量到這一切限制後，最後

的太空梭系統是個有問題的折衷方案，需要有一個附加在外的巨大油箱，只能使用一次，而且太空梭主體的滑翔能力也相當有限。航太總署把自己限制在空氣動力學升力的條件下，也就只能想像出很傳統的機翼與降落傘的設計，並相應帶來了所有的缺點。

　　相較之下，由於各種創新突破（特別是在感測器與運算能力方面），SpaceX 的想像不再限於空氣動力學的升力。雖然也像航太總署以減緩火箭的下降速度為目標，但是 SpaceX 改了方法，希望能重新點燃第一節火箭的發動機，採直立方式降落。SpaceX 的想法是：別再管空氣動力學的升力了，就靠火箭的動力吧。這件事的大膽之處，在於需要重新點燃引擎，也得保留足夠的燃料來減緩火箭下降的速度（而且燃料很重，所以不能留太多），並且還得有控制系統讓著陸過程穩定。

　　太空梭本身的實體結構十分複雜，而 SpaceX 獵鷹火箭第一節的實體結構相對簡單，但搭載了複雜得多的控制系統。而且多虧了科技的進步，才能夠做到如此先進的控制。

　　祕訣在於：要瞭解哪些限制是可變的。雖然 SpaceX 也接受「火箭降回地球時必須減速」這項設定，卻選擇了不同的處理方式——不是靠機翼，而是使用內建的火箭引擎。正因為 SpaceX 的工程師鬆開了其中一套可變的限制，才看到新的可能，並研發出獵鷹系列的可回收火箭。

　　像 SpaceX 火箭控制系統這樣的科技革新，就可能讓過去無可改變的限制，開始具備可變性（雖然科技本身也是思考架構的產物）。要選擇改變哪些限制的時候，根據可變性原則，應該要先挑出各種我們能夠影響的要素。如果希望反事實能發揮作用、讓夢想成真，該調整的並不是那些我們本來就該遵守的限制（例如經理手頭的預算，或是主廚能運用的烹調時間），而是調整那些能透過行為或選擇而改變的限制。這樣一來，夢想成為現實的可能性也就更高。

　　可變性原則並不完美。對於哪些事情可變、哪些又不可變，我們可能會出現誤判。然而這套原則有一個很大的優勢：能讓我們把推理的焦點放在那些我們有能力影響、更改、或塑造的事物上，幫助我們看到選項，採取行動。像是要趕到城市另一邊開會卻又快遲到的時候，我們只會認真考慮該搭地鐵還是計程車，而不會想像什麼很科幻的懸浮列車。對 SpaceX 來說，他們就是認真考慮該用怎樣的工程方案，以減緩下降速度。對以色列指揮官尚龍准將來說，恩德培行動就是必須準備「遭遇烏干達部隊的阻撓時，該如何作戰」的方案，而不會打算在戰火正盛的時候，去說服對方棄械投誠。

　　我們常常認為人類的行動具備可變性，那是因為以因果認知觀點來看，我們相信人類具有能動性，也就代表人類能對自己的行動有所控制。同樣的，我們也相信人類的行為是

會改變的，而且認為我們能夠形塑他人的行為與行動。我們的思考架構會主動關注著人們的各種行動，而這點是利非弊。同樣的，如果能注意有哪些限制條件是操縱在我們手中（意思是那些條件具備可變性），也就有助於我們找出調整起來最有利的限制。

實驗中，研究人員發現了一種有趣的小麻煩。我們或許以為人類的活動有很大的彈性空間，但在做反事實思考的時候，你想像得到的行為改變，多半都還是落在多數人所接受的社會規範以內。例如開會要遲到了，但等計程車的人人排長龍，這時候我們或許比較會想到掏出手機，改叫 Uber，而比較不會想到要直接插隊到最前面。

當然，至少在原則上，社會規範是能夠改變的，而且確實也會隨著時間慢慢改變。但在我們的反事實心理實驗室裡，那些反事實卻常常受到約束，我們常會覺得規範都是固定不變的，而且自己無力改變。原因可能出自人類的社交本質：為了合群，就會使我們不去想像那些會讓自己遭到排斥的行為。於是，我們繼續乖乖排隊等計程車。

三大原則之二：最小變動原則

要選擇該收放哪些限制條件的時候，目標應該是讓變動愈少愈好，而不是總想大刀闊斧。雖然心裡要想到平行現

實，但想像還是該與我們生活的現況接近，而不是痴人說夢。這樣一來，才能避免滿腦子胡思亂想、不切實際。在我們的設想當中，仍然要讓現實成為重點。

這項原則也符合奧坎剃刀（Occam's razor）的概念 —— 我們在解決問題的時候，要多多重視「簡單」這項特性。面對某個問題時，如果有不同的解釋或解決方案，就該選擇其中比較簡單的，因為這很有可能會比那些複雜繁瑣的答案更為精準。

「奧坎剃刀」概念最早的形式，是由十四世紀英國修士奧坎（William of Ockham）提出的。當時所謂的剃刀，指的是要剃掉所有非必要部分，只注意最本質、必須的環節。

至於最小變動原則的實際應用，可以參考 1980 年代歐洲曾發生的一樁「紅酒加防凍劑」醜聞。當時，下奧地利多瑙河沿岸有許多葡萄園，大量生產品質相對低劣的紅酒，時間已有幾十年。而少數酒莊為了想讓紅酒口感更醇厚，好賣出更高的價錢，便開始在酒裡加入二乙二醇，增加甜味。

大量二乙二醇確實會有毒性。然而，防凍劑的主要成分其實是乙二醇，不是二乙二醇。只不過，媒體哪會放過這種聳動的標題？

發現這種伎倆後，歐美立刻禁止銷售奧地利產的紅酒。光是在西德，被銷毀的紅酒數量就高達驚人的三千六百萬瓶。一位捲入這場醜聞的知名酒莊主人也自殺收場。奧地利

紅酒出口量大跌 90%，甚至連《辛普森家庭》都有一集來講這則故事。

消息喧騰兩個月之後，奧地利推出一套新法令，要求嚴加控管、標示透明，而且還搭配高昂的罰金。這時，每只酒瓶都需要加上編號。面對新的現實，酒莊無法再採用傳統那種高產量、低品質的做法了。有些酒莊想不出新方法來擺脫危機，於是直接放棄釀酒事業。但也有一些人，特別是年輕一代，就找出了辦法。

這些酒莊的新辦法並不是放棄釀酒、改種蘋果或杏子，而只是把自己的商業模式做了一些微小但關鍵的調整。他們還是繼續種葡萄、釀紅酒，但讓產品有所改變，開始重質大於重量。要做到這點，就必須打破各種傳統，像是只選用最好的葡萄來釀酒，而不是不分好壞整批採收；另外，葡萄園旁蓋起別具特色的品酒中心，吹起一波品嘗紅酒的旅遊風潮。

改變的過程十分痛苦，但非常成功。雖然一開始產酒的數量大幅下滑，卻因為品質更佳，價格也大大提升。二十年後，國際知名品酒師帕克（Robert Parker）給這一區的紅酒評出最高分，而且這些改變也確實得到利益上的回報：到了 2019 年，該區的紅酒出口數量比醜聞前高出將近一倍，但總產值則是飆到六倍。靠著做出相對最小的變動（讓紅酒成為精品，而不需要放棄釀酒、砍掉葡萄樹改種蘋果樹

或杏樹），讓這區的酒莊得到了成功。新一代酒莊主人波茲（Erich Polz）就承認：「老實說，〔那樁醜聞〕是奧地利紅酒史上發生最好的事。」

最小變動原則會讓我們在挑選反事實時，有個特定的方向：用刪去法，而不是增加法。相較於要想像出某個世界上還不存在的事物，想像把世界上某些現實給刪掉要容易得多。如果要你想像某個從未見過的顏色，成功的可能性實在不大。

將最小變動原則與可變性原則結合，就能解釋為什麼我們比較善於想像「沒發生某件事」的情況：某人沒被殺、某位司機沒有發生車禍、某段關係沒有結束。都柏林三一學院的柏恩（見第 129 頁）相信，原因在於**認知心力**（cognitive effort）。實驗顯示，在反事實的思維中，要想像排除掉某項可變的人類行為並不難，但要從無窮無盡的可能性裡找出還能再加入什麼，要耗費的心力就多得多。柏恩的解釋很簡潔易懂：「比起什麼都不做的情況，如果要做些什麼，心裡就是需要記得比較多東西。」

選擇思考架構的時候，我們會偏好有效率、省時又省力的選項。只不過這有時候會讓我們走錯路，覺得最好什麼都不做：這樣不但可省下想像未來時的心理壓力，也是更容易達到的目標。在人並沒有做事的意願時，「阻止他們開始行動」常常比「激勵他們開始行動」來得簡單許多。

三大原則之三：一致性原則

　　選擇限制條件時的第三個原則，可能是最理所當然的：一致性。各項限制條件不應該互相矛盾，否則整個平行現實裡的各種情境就會不斷產生矛盾。例如，假設我們要想像一個沒有人類的平行現實，如果認定這個反事實世界仍然需要遵守物理定律，便不該考慮會出現神蹟，否則就違反了一致性原則。又譬如辯護律師替被告辯解的時候，如果既說自己的當事人不在犯罪現場、又說他的所作所為是出於自衛，也是一致性出了問題。

　　如果說「可變性」和「最小變動」講的是我們如何改變與重複運用各項限制，「一致性」講的則是各項限制之間的關係。特別如果是有許多限制需要考量的時候，就更難維持一致性。限制的項目愈多，要在平行現實裡做到一致，也愈不容易。

　　史蒂芬史匹柏 2002 年的電影《關鍵報告》，建構了一個想像的世界，這個建構過程就可以讓我們瞭解：想達到一致性得耗費多少苦心。這部電影是根據狄克（Philip K. Dick）在 1956 年所寫的短篇故事，但原作太短，並未好好交代整個場景，也沒提到明確的時間和地點。但史蒂芬史匹柏需要這些資訊，所以他找上兒時的玩伴舒瓦茲（Peter Schwartz），而舒瓦茲此時已經是科技與預測領域最頂尖的思想家。

　　舒瓦茲曾經在 1980 年代執掌殼牌石油公司著名的**情境規劃**（scenario planning）部門，幫助這家石油公司應對全球暖化等等的長期趨勢。他們團隊的著名成績，就是早在好幾年之前預料到了油價暴跌和蘇聯解體。南非也曾運用情境規劃，想像廢除種族隔離後的情況，並且最後成功達成這項壯舉。全球各國政府得知情境規劃的威力，也開始紛紛求助於舒瓦茲團隊的服務。而這次，史蒂芬史匹柏也請舒瓦茲找來科技界最聰明的人，以同等的心力描繪 2050 年的世界。舒瓦茲回憶當時的情況：「他希望等到多年後，大家會說『這就跟《關鍵報告》拍的一樣』。」

　　好萊塢製作組長期都有「連戲剪接」（continuity editor）這個職位，希望確保整部電影從每個鏡頭到各種次要情節，都能夠保持完美一致。但是史蒂芬史匹柏把整件事完全提升到另一個層次。1999 年，加州聖塔莫尼卡海灘旁，十幾位專家來到時尚奢華的百葉窗沙灘飯店，用飯店的會議室召開為期三天的創意高峰會。出席人士包括有虛擬實境先驅藍尼爾（Jaron Lanier），他談論著某種手套的原型，能用手勢做為介面來與電腦連結（最後也成了《關鍵報告》的開場，我們看到湯姆克魯斯就像個交響樂團的指揮，很優雅的揮舞雙手，控制著虛擬螢幕）。在場的還有 X 世代作家柯普蘭（Douglas Coupland），他把現場的各種創意點子打字成冊，提供給製作總監。大家後來也把這本冊子奉為「聖經」。《關鍵

報告》的設計和編劇都在會場聆聽內容，偶爾也會提出一些反對意見。

舒瓦茲解釋說：「史蒂芬史匹柏會提出各種想法，要求我們設法做到。例如他說：『我希望在這個未來不會有任何塞車的情景；在這個未來，人類已經解決交通擁塞問題了。』我們就得想出辦法，然後說：『想再往兩邊去是不可能了，所以我們只能往上發展。』而你只要看過這部片就會知道，所有的建築和道路系統都已經整合。你可以在屋外的空中，直接把車開到自己的公寓樓層。」

至於直接讓車子成為湯姆克魯斯公寓的延伸，則是音樂家蓋布瑞爾（Peter Gabriel）的點子。（他並沒有出席這場會議，而是舒瓦茲幾天前和他瞎混的時候，聊到這件事。瞧瞧這些做情境規劃的人都是怎麼過日子……）

但真正讓整件事成功的，並不是他們所提出的什麼未來主義想像，反而是他們設定了哪些限制條件。舉例來說，電影場景設定在華盛頓特區，而場景設計師就曾經提出一份精美的概念圖，畫了氣勢懾人、高達六十層的黑色花崗岩大樓。但開會的這群科技咖對此大為不滿。

「城市規劃限制呢？！」麻省理工建築學院院長語帶奚落。

「為什麼要在意啊？這是未來耶。」場景設計師一副想不通的樣子。

　　但是在場的科技咖同聲一氣，紛紛駁斥場景設計師的想法：「建築法規永遠不會變！」、「國家首都會做保存維護，才不會摩天高樓化！」

　　舒瓦茲耐心解釋：「城市會有『時間深度』，不是大筆一畫就忽然全部建成；有些區域可能有百年歷史，也有些區域可能才蓋好兩年。會有來自不同時代的建築並存。」

　　但還是有些編劇不滿意。舒瓦茲回憶道：「一切給人的感覺就是沒那麼戲劇性，而是比較寫實。史蒂芬史匹柏每次都會挑選比較寫實的。」不過，還是有兩項值得一提的例外。

　　首先是湯姆克魯斯那輛車，造型時尚，還能飛在天上。

　　但史蒂芬史匹柏說，車一定要有儀表板。

　　高峰會的專家回答：可是這輛車是聲控、又是自動駕駛。但史蒂芬史匹柏很堅持，認為演員角色還是得知道該往哪看，攝影機也得知道該往哪拍：這畢竟還是在拍電影！

　　第二項例外也很快就解決了，是關於飛行背包的事。

　　舒瓦茲回想當時，笑得一臉燦爛，他說：「我告訴他：『從物理學來看，飛行背包就是不可能。』但他說：『我的警察就是要有飛行背包。』他可是史蒂芬史匹柏呢，所以警察就有了飛行背包啦。」

　　從創造《關鍵報告》場景的過程，可以讓我們看到這群專家是多麼努力，希望確保打造出一個有一致性的平行世

界。這部電影在 2002 年一上映就造成轟動,很大部分的原因就在於場景既是未來、但又感覺熟悉。篇幅長達八十頁的「聖經」已經設想了各種小工具、建築、汽車儀表板、掃瞄視網膜的客製化廣告,而編劇、剪輯、場景設計人員會三不五時來翻閱一下,以確保維持一致性。

這個反事實世界之所以令人信服,除了因為有各種限制,也因為這些限制彼此連貫一致。如今,《關鍵報告》美術指導麥克道威爾(Alex McDowell)在洛杉磯的生意,就是這套他稱為「世界觀建立」(world building)的流程,讓客戶一瞥可能的未來情境。而他的客戶包括了耐吉、福特、波音等等。

思考架構既要有種種限制,也需要有一致性做為核心。

從心智模型到實體模型

在反事實世界不斷重複套用各種限制的過程中,一直要應用著「可變性」、「最小變動」與「一致性」的原則。我們可能會很想把它看做是一種規模龐大的嘗試錯誤過程:放寬某項限制、想出適當的反事實、進行評估,接著再嘗試放寬另一項限制、想像出另一個反事實、再進行評估……這樣一來,就能創造出許多不同的平行現實、帶來許多選項,希望裡面有某個選項能成為很好的選擇。然而,這種想法其實抓

錯了重點。

我們應用各種限制條件，並不是為了創造出最多種不同的反事實，而是希望迅速找出效率最高、數量合理的選項；真正的目標是「縮小搜尋範圍」。像是第 2 章〈建立思考架構〉提到認知科學家丹尼特筆下的機器人，就是因為做不到這一點，最後只能看著炸彈爆炸。

不論任何思考架構，核心的概念都在於權衡與取捨。限制愈少，思考架構就能產生愈多反事實，能給決策者提供更多選項，但這也代表會有更多選項其實不切實際、有待排除。限制愈多，思考架構能產生的選項也就愈少，能讓決策者更為聚焦，但也有可能錯過一些更好的選項。

「找出哪些限制應該調整」意味著在想像出的平行世界裡選擇要保留什麼、拋棄什麼。這些限制條件彷彿是一種捷徑，又快又有效，能讓我們篩選各種選項。之所以有這種必要，是因為人腦雖然確實厲害，但還是不可能有效評估所有胡思亂想的選項，那不但太花時間，也太耗精力。

所以，可以說各種的限制就像是建築法規，能幫助我們讓反事實成形時更有效率。而且這樣的建構不一定只是在腦海中，也有時候會化作現實。像是為了輔助心智模型，我們有時會製作一些實體模型，例如在恩德培行動中，便準備了等比例的機場舊航站大樓訓練模型。

每當心智模型變得太複雜，又或是我們仍然希望能有明

第 5 章　限制條件　　161

確的重點，常常就會把某些要素，化為實際的模型。實體模型帶來的實質限制，往往更能模擬出我們必須遵守的認知限制。例如各種建築模型、兒童的交通遊樂場，又或是攀岩的練習牆，都是刻意選擇了一些限制來「具體化」，好讓使用者進入某個特定的平行現實。

使用模型（包括心智模型和實體模型），能夠讓人進行身心的練習和準備，探索種種可能，而且幾乎不需要擔心任何危險。就像是小孩能透過「假裝遊戲」來學會因果關係，得到反事實推理的經驗，成人也能夠透過模型和模擬，磨練對特定任務的思維方式。

 **模型應當去蕪存菁**

如果某項限制只是心理上的，我們還能在心裡把它打破（雖然也不是太簡單）。但如果限制條件已經輸入模擬器，內建在整個設計當中，能夠變動的幅度便會大大降低。

飛機的飛行模擬器就是很好的例子。飛行模擬器可以簡單到只是電腦上的遊戲，但也可以複雜到成為機師培訓的專業器材。不論簡單或複雜，這些飛行模擬器都很逼真的呈現出空氣動力學定律、以及各種實際操作飛機時的控制動作。正是因為這些模擬器有相關的限制，不會去重新創造什麼其他動作，而能讓我們感到真實且精準，讓我們能集中注意力

來處理一定限度內的情境及可能的回應。這可以訓練飛行員把注意力集中在那些看來最重要的項目，不僅熟練飛行技巧，更能提升飛行決策能力。

然而，模擬器是把重點放在那些「看來」最重要的項目，於是也不免有缺點。好比地圖並不是真正的領土，飛行模擬器也只是現實的一種再現，但永遠不是真正的現實。模擬器把重點放在飛行的某些面向，也就忽略了其他面向。舉例來說，初階的飛行模擬器裡不會出現其他飛機，因此無法讓飛行員練習如何飛越繁忙的紐約天際。那樣的練習會需要更複雜的系統，再加上空中交通相關的管制。

而比飛行模擬器更受限的，則是各種實體模型。實體模型比起模擬器的內建軟體更難修改，強調了那些絕對無法侵犯的硬性限制。然而不論任何模型，目的都是讓心智更容易集中在重要的部分。模型的價值除了要看它納入哪些資訊，其實「放掉」哪些資訊也一樣重要。

讓我們舉一個史上少有人知、但十分重要的例子。1952年，加拿大安大略省有一座核反應爐的電路發生突波，導致燃料棒過熱，部分熔毀。這座反應爐距離紐約州才幾小時車程，是用來進行鈽的濃縮，供給美國核武器使用。於是，美國從海軍核動力潛艦計畫派出一支小隊，在不引起任何騷動的情況下，迅速解決了這個問題。當時帶隊的是二十八歲的中尉卡特(Jimmy Carter)，正是後來美國的第三十九任總統。

當時，小隊必須深入核反應爐，讓爐芯穩定。然而那裡的輻射非常強烈，每次在爐芯不能待超過九十秒，所以他們先在附近一座網球場，蓋出反應爐的實體模型，用來訓練。卡特後來描述這次的任務：「到我們上場的時候，我們三人一隊，在實體模型做了幾次演練，確保有對的工具、而且明確知道該怎麼使用。」

卡特繼續解釋：「最後，我們穿上白色防護衣，進到核反應爐，在容許的時間內拚命做事。每次我們從爐芯成功拆下一個螺絲或配件，實體模型那裡也會同步拆除。」雖然那座實體模型無法做到完全相同的複製，但小隊成員只需要最重要的部分，好讓他們能夠練習，對於要做什麼事有些心理準備。

一項與之類似、但處理起來需要更加細緻的，就是醫療保健所使用的模型。溫斯托克（Peter Weinstock）醫師任職於波士頓兒童醫院的「兒科模擬計畫」及哈佛醫學院，兒科模擬計畫希望將模擬的概念帶到手術當中，特別是那些罕見、複雜的手術。因此，溫斯托克集合了一群醫師、護理師、電腦設計師、甚至是好萊塢的特效人員，製作出在生物解剖上無比精確的人體模型。

這樣一來，外科醫師在真正動刀、必須一次成功之前，可以先仿真模擬練習個幾十次，直到完全熟練為止。對於這項計畫，溫斯托克有一句非正式的座右銘：「手術做兩次，

下刀只一次」。而這個模型、或說模擬手術有用的關鍵，就
在於所運用的限制條件。模擬時並不用重現整個身體、或是
所有的生理狀況及反應，只會著重在手術團隊在進行真正手
術時，所應該牢記在心裡的重要部分。

這套模擬系統的高明之處除了在於納入了什麼，也在於
排除了什麼。讓人得以聚焦於重點，才是它的強項。

 電腦懂運算，人腦懂想像

適當的限制條件，能讓人發現可行的選項究竟有哪些。
這點不但有益於個人，也有益於社會——只要每個人的決策
能力有所提升，就能達成個人目標、並對世界產生影響，進
而改變其他人所處的現實世界。

舉例來說，愛迪生找到更好的燈絲，並不是只有他自己
享受光明，而是讓人人都能受益。只要大家在建立思考架構
的時候，都能訂下更聰明的限制，就能讓整體都變得更好。

思考架構除了讓我們得以理解事物（基於因果推理）、
發揮能動性（透過反事實思維），也能確保這些行動不只是
空談泛想（有賴於那些限制條件）。在做夢想的時候，不忘
要有適當的限制條件，才能讓自己記得，一切應該要能真正
造成影響、真正發揮效益。我們生命中的成就，應該要留下
他人可以追隨的足跡——也就是他人能夠接手、因時制宜、

實際應用的思考架構。

　　機器做出的決定辦不到這點。我們已經談過，電腦無法討論因果、無法召喚反事實，而且也不知道如何訂出限制條件；演算法也不懂邊界、不瞭解限度。這其實滿令人驚訝的。畢竟，比起人類，機器靠著強大的運算能力，確實能用遠遠更快、更有效的方式，在可行的時間範圍內，評估更多的選項。

　　然而，AI 的弱點並不在於缺乏運算能力，也不在於無法機械式創造出更多選項，而在於有許許多多的選項都必須搭配大量的限制條件，才能在有限的時間裡，讓機器和演算法加以評估。否則，機器面對廣渺無邊的決策空間，將無法及時提供最佳解決方案。面對 AI 時代的來臨，卻唯有人類的思考架構得以應對這些挑戰，這就點出了人類活在 AI 社會的重要性。

　　以音樂為例。幾十年來，研究人員一直嘗試讓電腦來譜曲，而 AI 寫出的音樂在近幾年愈來愈出色，已經令人愈來愈難以辨別哪些旋律是電腦所寫、哪些又是人類的創作。但進一步觀察便會發現，電腦系統還是必須依靠人類提出的思考架構，以及遵照人類所訂定的限制條件。例如谷歌的黃成之（Cheng-Zhi Anna Huang）等研究人員所研發的知名 AI 音樂生成器 Coconet，訓練時用的就是巴哈的 306 首四部和聲合唱曲。

　　Coconet 所寫出的音樂，如同巴哈的音樂一樣悅耳。但這該感謝的不是 AI，而是巴哈。正是因為巴哈的旋律簡潔、和聲豐滿，才讓這成為理想的訓練用資料。AI 系統訓練時，會隨機刪除某些音符，再讓電腦學習填入怎樣的音符最為適合。這樣一來，最後的成果就是只要你輸入幾個音符，電腦就能譜出聲律和諧的旋律，讓音樂悠揚流動。然而，這套 AI 系統之所以能成功，正是因為有其限制：它只從那 306 首曲子當中學習。資料本身就是巴哈在十八世紀的音樂，表現出巴哈的心智模型、呈現了巴哈那種精心譜寫的「平均律」限制。

　　電腦懂運算，但只有人腦懂想像。造局者可以讓自己的奇思異想回頭配合著現實的限制，也能根據自己所接受的限制，想像未來可能是怎樣的現實。這樣一來，我們就能改善世界——不是接受現狀，而是創造可能。

貼近現實，帶出新選項

　　常常就是在反事實碰上各種限制條件的時候，才會讓我們的思考架構更為精進。在對於平行現實的限制條件一收一放之間，不僅更為貼近我們真正面對的現實，還帶出最重要的新選項。

　　以印度網際網路新創公司 Flipkart 為例。Flipkart 可說是

亞馬遜在印度最大的競爭對手，足足占了印度將近 40% 的電子商務市場，讓沃爾瑪也為之驚豔，在 2018 年買下控股權。

Flipkart 成功之處，並不是創造了什麼全新的網路銷售架構，而是很小心的放寬某項標準電子商務架構的限制：讓使用者可以選擇貨到付款（印度擁有信用卡的人並不多，所以貨到付款這種方式再理想不過）。

此外，黑眼豆豆（Black Eyed Peas）的團長威爾（will.i.am）也是透過發揮創意來調整限制，成功設想出新的反事實。在音樂發行這個領域，一般都是唱片公司先向音樂家支付一小筆預付版稅，並取得最後音樂成品的大部分權利。這背後的概念是認為，音樂家常常財務困窘，需要先拿到一筆錢，而唱片公司也冒著風險，因為有時候先付了錢，卻可能永遠無法回本。

威爾說：「我看到自己靠著賣唱片賺了多少錢，也看到自己因為運氣好，幫 Dr Pepper 汽水寫了一首歌又賺了多少錢。光是一首三十秒的廣告歌，我就讓我媽可以從貧民窟搬出來。但與此同時，我做的那兩張專輯，音樂大概長達兩小時，銀行戶頭卻只多了兩萬美元。我在那時候意識到，那是個不同的世界。」

威爾想清楚了，覺得自己該改變關於這種商業模式的限制：針對自己還在創作中的歌曲，他向各家公司出售未來

「使用他的歌來做行銷」的權利，但除此之外，所有其他權利都還留在自己手中，可以成為自己的金雞母。

　　威爾解釋的時候，臉上帶著大大的笑容——他還沒走進錄音室，口袋就已經有了大筆資金，可用來打造最棒的歌曲、有機會成為熱門金曲。這是過去沒人想像到的音樂發行商業模式，而他成功了。

限制條件不是非黑即白

　　不論是印度的電子商務網站，又或是如何用〈Don't Phunk with My Heart〉這樣的歌曲來獲利，這些案例都在在證明，結合「反事實」與「限制條件」能有多麼多元的發展潛力。每次改變各種限制與邊界，都能讓思考架構出現創新而強大的新選項。

　　各種限制條件的應用，絕對還有改善空間。第一步就是要意識到所有心智模型都需要有限制，而且限制不是非黑即白，而是如光譜般漸進。應根據可變性、最小變動、一致性這三項原則，為自己的思考與假設，訂定限制性的邊界。而在設想各種模擬的時候，也可以讓限制條件變得更具體，就像是前面提到做成實體模型、或是數位軟體的模擬器。如果建築師、外科醫師和軍隊都這樣做，學生、商人和決策者為什麼不也學學他們？

　　我們的思考架構，確實一直在影響我們的生活——因果
關係讓我們得以理解事物；反事實讓我們得以取得能動性；
限制條件則讓我們的思考架構能夠付諸實踐。然而，如果思
考架構有所不足，又該怎麼辦？有時候，就必須另啟思考
架構（reframing）。

第6章

另啟思考架構

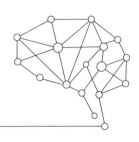

有時候，我們用錯了心智模型，

卻又一直堅持，結果就是抓錯重點，

找不出最佳的選項。

這種時候必須另啟思考架構，

才能繼續前行。

世界之顛

　　哈伯勒（Peter Habeler）大口喘著氣。幾分鐘前，他只能四肢著地，在地上爬行。現在地勢比較不那麼陡了，終於能夠站起來，小心向前走。風勢凶猛，吹開了雲層，露出幾道陽光。梅斯納（Reinhold Messner）就在他前面幾公尺，而他的右前方則有一個鋁製三腳架，標誌著山頂。那是 1978 年 5 月 8 日，剛過下午 1 點，這兩人剛剛登上了聖母峰這座世界最高峰，而且是不帶氧氧瓶的無氧攀登。

　　那是一個重要時刻，改寫了過去已知的人類表現。1953 年，希拉里（Edmund Hillary）爵士與嚮導丹增諾蓋（Tenzing Norgay）成了率先登上聖母峰的人。而在接下來的三十五年間，只有極少數登山者成功登頂，且都是靠著氧氣瓶的幫助，也都採用有後勤運補的喜馬拉雅式（expedition-style，又稱為極地包圍式）攀登。當時的一般醫學共識認為，如果攀登高度超過海拔八千兩百公尺、而又未能得到固定的氧氣供應，就有可能致死，至少也會讓腦部受到嚴重傷害。在那樣的高度，空氣太過稀薄，無法維持生命。至於聖母峰的峰頂，海拔超過八千八百公尺。

　　因此當時認為，登頂的唯一方法便是帶上氧氣瓶，而且沿途要有許多基地營。這代表著需要有龐大的後勤組織，有點像是一種人類金字塔，靠著下面幾十個人一起努力，才能

讓最頂端的少數幾位登山者得以登頂。像是希拉里在 1953
年的探險隊，就有大約四百人，多數都是揹工。

　　哈伯勒和梅斯納的想法則非常不同。他們兩人都是在東
阿爾卑斯山脈長大：梅斯納來自義大利的波扎諾省，哈伯勒
來自奧地利。他們十幾二十歲的時候，就率先採用一種創新
的登山方式，稱為「阿爾卑斯式攀登」，關鍵就在於速度。
如果登頂的速度快一點，需要帶的裝備也就能少一些；帳
篷、睡袋、食物、額外的保暖衣物或其他用品，都能省下
來。

　　兩人早在四年前，就曾證明這種攀登方式確有優異之
處，他們迅速攀上令人聞之喪膽的艾格峰（Eiger）北坡，征
服那道垂直落差達一千八百公尺的岩壁。當時，即使是最優
秀、經驗最豐富的登山者，也得花上至少三天才能登頂（如
果沒有半途放棄），但是哈伯勒與梅斯納只用了十小時，途
中還超車了另外三組登山者。這不僅寫下一筆新紀錄，更證
實了「阿爾卑斯式攀登」這種思考架構確實有效。

　　到了 1978 年，哈伯勒與梅斯納三十出頭，也成了經驗
豐富的登山者，開始把眼光望向聖母峰這座世界最高峰。隨
著有愈來愈多登山者登上愈來愈多山峰，醫學專家開始意識
到，就算在極高海拔，人類也能存活一段短時間。問題並不
在於海拔本身，而在於暴露在氧氣稀薄狀態下的持續時間。
哈伯勒與梅斯納覺得這是個好機會。傳統的喜馬拉雅式攀登

無法擺脫對氧氣和補給的需求，但採用他們另類的阿爾卑斯式攀登，就可以不帶所有沉重負擔，迅速衝上聖母峰。

哈伯勒說：「我們知道必須得快，而且我們想試試。」

1978 年春天，機會出現。

在他們要做最後一段攀登的前一天，哈伯勒與梅斯納抵達了海拔八千公尺的四號營。兩人隔天一大早便開始攀登，很快就感覺缺氧，思緒逐漸模糊，每步都深陷雪地、無比痛苦。當時他們得奮力穿過濃霧，而且好不容易穿過雲層之後，山上又開始刮起狂風。一場暴風雨就在眼前。他們還是努力推進，手腳並用在地上爬行，大口喘著氣，接著突然發現無法再往前了——他們來到世界最高的尖頂。

兩人欣喜若狂、流淚相擁，好好感受了這一刻，拍下珍貴的相片。接著，他們再次採用阿爾卑斯式的思考架構，兼程趕回四號營。這趟攻頂，來回只花了九小時出頭，即使有氧氣瓶，這種攻頂速度也令人望塵莫及。

整個登山界大為震驚。當然，從 1950 年代首次有人登上聖母峰以來，登山科技不斷進步，繩索更輕、設備更小巧、衣服也更保暖，他們可說是科技進步的受惠者。其中，最重要的裝備進步就在於登山鞋。傳統登山鞋是皮製的，吸收溼氣之後會結凍，變得既硬又冷，還極為笨重。而哈伯勒和梅斯納兩人的鞋子是用發泡塑膠量身訂做，不但更暖更輕，走起來也更穩。

如今，哈伯勒已經七十好幾，住在奧地利阿爾卑斯山區。他回想當時的成就，覺得雖然裝備或心理準備當然有幫助，但真正的關鍵其實是心態上的轉變。

他在家中受訪的時候就說：「我們當時是想求『新』，而不是真的在追求『成功』。」他用德文講到「新」（das Neue）的時候，還特別加重語氣。

過去的登山隊，都覺得喜馬拉雅式攀登是唯一可行的架構。而只要接受了某個架構，就很難放棄。事實上，各個登山隊從未質疑喜馬拉雅式攀登，只是不斷在這個架構內試著加以改善，結果則是讓這套架構更為鞏固而長長久久。

相較之下，梅斯納與哈伯勒帶著另一套心理架構來到聖母峰。在他們看來，聖母峰的本質與東阿爾卑斯山脈沒什麼不同，只是又高了一些。他們過去已經用阿爾卑斯式攀登，征服了東阿爾卑斯，因此確定自己已經找出了一套新的登山架構，並且證明就算氧氣稀薄，這套架構也仍然可行。他們也證明，登上最高峰除了可以是龐大後勤的成就，也可以是一項運動上的成就（而且當然是一項極限運動），是個人成就的標誌。

在全球頂尖登山者心中，喜馬拉雅式攀登架構即將退場。在大家發現阿爾卑斯式新架構確實可能、也接受這套新架構之後，高海拔登山便不再只是上流社會探險家專屬的消遣娛樂。

美麗新架構

有時候，我們用錯了心智模型，卻又一直堅持，結果就是抓錯重點，找不出最佳的選項。這種時候必須另啟思考架構，才能繼續前行。換言之，我們必須放下現有的架構，接受另一個新的架構。這件事並不常發生，但每次成功另啟思考架構，都能讓我們得以用全新的觀點理解事物，也能提供一系列新的選項。

另啟思考架構之所以特別，是因為我們通常喜歡待在固有的架構裡。這種傳統做法十分符合我們的需求：在固有的因果架構內，調整熟悉的限制條件，便能想像出有用的反事實，進一步解決我們面臨的挑戰。靠著既有的範本模型，無須一再重新發想，也就能提升心智效率。

我們之所以會重複使用那些經過千錘百鍊的心智模型，常常不是因為認知上想要偷懶，而是因為通常這樣做可以獲得成功。這並不是什麼缺點，而是人類認知能力本來就具有的特徵。

在某些層面上，「另啟思考架構」似乎和「調整限制條件」十分類似。但事實並非如此。在某個特定架構裡，可能會覺得有些限制沒有任何調整的可能，於是便排除了一些極端的選項。然而，堅持待在某種架構裡，就像是必須背負相應的心理負擔；相對的，如果能轉換到另一種架構，就像是

有了重新開始的機會，雖然會有風險，可是一旦成功，便能
發揮無比的威力。

　　哈伯勒與梅斯納所做的，乍看之下似乎只是小小改動了
一些限制條件，但事實上遠遠不僅如此。他們之所以成功，
是因為改用了一套以速度為重的登山思考架構。如果他們還
是陷在以做好後勤萬全準備為重的登山思考架構裡，絕不可
能想像到無氧攀登聖母峰這種選項。

　　唯有抗拒現有的思考架構，才能騰出心理的餘裕，讓人
找出新的可能。（但當然也會出現新的限制，本章最後還會
再談到另啟思考架構與各種限制條件之間的微妙互動。）

　　我們之所以會歌頌那些另啟思考架構的造局者，正是因
為這是一項難得的成就。然而，雖然這並不容易，卻又是件
人人都有能力做到的事。這是一種需要刻意為之的過程。

　　建立思考架構也同樣需要刻意為之，但是另啟思考架構
與建立思考架構的不同之處，在於無法靠著「多多練習」來
進步。特別是相較於在特定架構內思考的過程，如果是要切
換思考架構，比較需要的是一時的靈感，而不是某種操作的
過程。

　　雖然如此，還是有幾種方法，能提升我們另啟思考架構
的成功率。

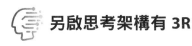 另啟思考架構有 3R

要另啟思考架構，一般來說有三種方式。第一種是從已經擁有的架構庫裡挑選。第二種是應用原本用在其他情境下的架構。而如果以上兩種方式都行不通，則採用第三種，完全發明一套新的架構。

以上三種方式剛好能用 3R 來表示：Repertoire（現有架構庫）、Repurpose（借用並調整）、Reinvent（重新發明），而這個順序也大致就是從高到低的使用頻率：我們偶爾會從現有的架構庫，選出其他架構來使用；只有在很少見的情況下，會切換到另一個領域的架構庫，借用其中的架構、並調整原本的用法；至於全新架構的發明和採用，則簡直可說是鳳毛麟角。

然而，三者的差別可能並不是那麼明確且明顯。有時候，我們以為自己發明了一套全新架構，但其實只是借用了其他領域的架構。也有時候，我們以為自己借用了其他領域的架構，但其實自己早就在這個領域用過，只是忘了。

但這裡的重點並不是要強調三者之間有何區別，而是要提醒大家，想另啟思考架構其實是條條大路通羅馬，如果某條路覺得難走，不妨換條路吧。

第一個 R：現有架構庫

先看「現有架構庫」。這是最簡單的解決辦法，只要檢視自己面對的這個領域裡現有的各種思考架構，找出適合的就行。之前在第 2 章〈建立思考架構〉談過，在想搭地鐵、或是想取得實際方位的不同情況下，就適用不同的地圖。還有柏南奇的例子，他從自己的架構庫裡找出了經濟大蕭條的心智模型，於是瞭解這時候必須灑錢救市。

從現有架構庫搜尋的時候，一方面需要確實瞭解各個架構的價值所在，才能找出真正適合的架構。但另一方面，架構庫裡的庫存數量也同樣重要。這就像是自助餐要選項眾多、圖書館要藏書多元、音樂收藏要項目豐富，一個人心裡的思考架構愈多樣，愈可能挑到更好的架構。

也正是因為這個原因，讓蒙格（Charlie Munger，知名投資人巴菲特在商業上的好夥伴）認為人的腦海裡必須隨時備有各種思考架構。

在尋找正確架構的過程中，從自己現有架構庫開始尋找，所需耗費的認知能量比較低，可說是很聰明的第一步。

第二個 R：借用並調整

接著可以考慮第二種另啟思考架構的方式：借用其他領

域的架構，再調整原本的用法。使用這種方式的時機，是我們確定必須另啟思考架構、卻覺得沒有其他選擇，所以只好借用其他領域的架構，再配合目前的情境進行調整。這些借來的架構無法直接套用，可能得再花上大量的認知心力，做出適當的調整。但不論如何，總會是個起點。例如家具企業龍頭宜家（IKEA），就是靠這種方式起家。

　　來自瑞典的坎普拉（Ingvar Kamprad），從 1950 年代開始把家具以「平整包裝（flat-pack）、自行組裝」的方式來販售。傳統的觀念認為：家具買來就是要長長久久，當成傳家之寶。但坎普拉在戰後消費主義浪潮裡，發現了另一股潮流：廉價的家具有如衣服一樣，用了一段時間就丟。由於宜家的產品價格低廉，所以不用因為「這是爺爺傳下來的」這種理由而堅持留下，只要不喜歡便能換掉。時至今日，全球消費者不用花上大錢，便能買到宜家家具，三不五時讓家裡煥然一新（但前提是得願意自己組裝，並且還要手巧得像是達文西）。

　　宜家成功的第一步，就是為家具的意義及用途找出另一套心理架構：家具不是買來傳家，而是用在當下。然而這並不是什麼全新的思考架構，甚至由來已久，只是一直沒出現在家具業的思考架構庫罷了。有很多其他產業，當時正經歷著從永久式走向拋棄式的轉變。而宜家創辦人的幸運之處，就在於當時這波潮流還沒吹向家具業，於是他借用並調整了

這項架構，為宜家帶來競爭優勢。

　　在經濟學領域，最近也出現了一個透過「借用並調整」來另啟思考架構的例子。傳統上，經典的供需曲線、價格彈性，都有賴於「均衡」的概念。事實上，經濟學的基礎是哲學家在十八世紀末、十九世紀初發展出來的，當時甚至還沒有「科學家」或「經濟學家」之類的名稱。可哲學家並非憑空想出了貨幣供給會如何擴張、貿易條件該如何計算的理論，而是以他們蒐集的資料數據做為根據。但也正如我們所知，資料數據絕不會獨立存在，而必然存在於某種模型（也就是心智模型）之中。

　　經濟學當時下意識就採用的思考架構，其實來自古典物理學，其腳步追隨著牛頓及第 3 章〈因果關係〉所提的重農主義者。像是經濟的「動態均衡」或「流動性」等術語，都是直接借用自物理學，調整後用來描述供需現象、資本流動及價格的波動與穩定。但這樣得出的模型可能並不正確；特別是對於現代經濟來說，現況早就比當時採用物理學架構時複雜得多。

　　麻省理工學院的經濟學者羅聞全（Andrew Lo）就相信，經濟學已經到了該轉型的時刻了，要放下物理學的架構、不再強調均衡，而應改用生物學的架構，強調演化與成長。這看起來十分合理。真要說起來，經濟比較像是個複雜而有適應力的「生物」，會對各種變化做出回應；比較不像是無生

命的鐵片，不管在密度或熱傳導上都完全能夠預測。

　　只要改變思考架構，便能打開許多嶄新的可能。舉例來說，如果我們覺得經濟就是會不斷發展變化，而不是具有各種既定特徵、尚待觀察發現，就會出現一套完全不同的金融、企業與市場監管措施。

　　想要切換到另一個領域的架構庫、找出適合當下情境的新架構，很像是站在別人的肩膀上。雖然比起在目前領域的架構庫中搜尋要來得難，卻又比真正從頭開始創造全新架構來得簡單。這需要有技巧、有能力，特別是要有開放的心胸，能對不屬於當下領域的人事物感到好奇。

　　而且，「借用並調整」是一種很有效率的方式。理想上，一個人應該要很清楚自己擁有哪些模型，瞭解各個模型的優缺點，也知道最佳的運用時機及方式。然而，我們就是不可能為所有情境都準備好對應的架構庫。因此，「借用並調整」就成了退而求其次的選擇。

第三個 R：重新發明

　　不論是從當下領域的架構庫中做選擇，或是借用並調整其他領域的架構，都是切換到另一個多少已存在的思考架構。但有時候，連這一點也難以做到。有時候遇上全新的情境，就需要全然獨特的觀點與理解方式。在前兩種方式都失

敗的時候，就得發明出全新的架構。

　　達爾文正是一個絕佳範例。一般而言，想到達爾文，想到的都是「適者生存」的概念，但他所發明的思考架構其實是探討更根本的概念：所有生命物種，都有共同的祖先，不斷演化之後才成為現在的樣子。

　　這其實就是「生命樹」的概念，而這也改變了人類對地球上各種生命的起源及物種演化的想法。於是，這裡的另啟思考架構並不是從現有架構庫裡尋找，也不是借用並調整來自另一個領域的架構，而是完全創造發明出全新的架構。像這樣創造發明出新架構，正是人類歷史上光輝而值得紀念的時刻。

　　許多思考架構的發明創造，都成了歷史的重要里程碑。像是愛因斯坦在 1905 年提出狹義相對論，為物理學創造出新的思考架構，補上了牛頓物理學的缺口。物理學家立刻就發現狹義相對論確實更能解釋這個世界，也有繼續發展的潛力。

　　盧梭的「社會契約」概念（social contract，也是 1762 年他那本《民約論》的原書名），也是一個新發明的思考架構，能夠簡潔有力的解釋民眾和當權者如何從彼此身上獲得自己的地位：要獲得某些權利，就要放棄其他權利。

　　至於網際網路協定，也是改變了通訊的新思考架構，從電路交換的語音傳輸，轉換為封包交換（packet-switched）的

資料傳輸。還有開源軟體運動,也讓程式碼的撰寫及獲利方式有了不同的思考架構。

這些案例中,在真正形成公式、定律、路由器或軟體之前,都屬於無形的智力創新。這需要的是整套心智模型都有所改變,全然超越我們當下所知。

另啟思考架構的造局者

但不論選用哪種策略,另啟思考架構的過程仍然得要不斷和失敗搏鬥,路上沒有可靠的路標、沒有清楚的認知程序、沒有可信的時間表。新的思考架構可能突然就浮現,也可能需要經過多年的摸索,而且根本無法保證最後會成功。即使最後想出新的思考架構,也有可能是錯的。例如在1950 年代,許多學者想找出 DNA 的結構。1953 年,出色的生化學者鮑林(Linus Pauling)和同事提出 DNA 的三螺旋結構理論,一度眾口稱揚。但兩個月後,華生(James Watson)和克里克(Francis Crick)就提出了更符合現實的雙螺旋模型。

也有時候,某個人雖然有了重大發現、從根本上另啟思考架構,但自己卻渾然未覺。1938 年,德國化學家哈恩(Otto Hahn)和史特勞斯曼(Fritz Strassmann)都是世界一流的化學家,研究專長在於核衰變。他們在實驗裡用了中子來

撞擊鈾，結果似乎產生了鋇與能量。但對這兩位著名的化學家來說，這結果似乎就是說不通，無法符合他們認為「化學反應」該有的架構。

　　這個結果令哈恩百思不解，決定寫信給他長期以來的合作學者：物理學家麥特納（Lise Meitner）。麥特納是當時極少數的女科學家，而且是猶太人，為了躲避納粹才逃到了瑞典。麥特納的侄子弗里施（Otto Frisch）也是物理學家，兩人一開始也想不透這樣的結果。但接著，他們根據資料和已知的物理學，創造出另一套心智模型，認為哈恩和史特勞斯曼是打破了原子核。麥特納與弗里施在《自然》期刊的論文就創出了「分裂」（fission）一詞來加以稱呼。靠著另啟思考架構，麥特納不但能夠解釋哈恩在柏林實驗室裡得到的結果，更徹底改變了人類對核能的理解。一讀到麥特納的解釋，哈恩才意識到自己製造、觀測到了多麼重大的事件，但他當初就是沒能將這項發現給概念化。

　　而且，即使另啟思考架構的人確實意識到自己的成就，也可能還是無法真正瞭解這項成就的規模有多偉大。據稱，率先用實驗證實了電磁波存在的德國物理學家赫茲（Heinrich Hertz），曾說道：「我們就是找到了這些神祕的電磁波，肉眼看不到，也沒有什麼用。」赫茲完全沒發現，無線電的發展已經近在眼前。

　　這並沒什麼好驚訝的。新的思考架構本來就是會顛覆現

狀，一開始很難掌握究竟全貌如何，而且常常也得花上很長的時間，慢慢醞釀。也因為另啟思考架構挑戰了標準的思維格局，所以有可能其他人都難以理解。像是在 2010 年代中期之前，許多傳統企業高層都還在嘲笑亞馬遜的商業模式賺不到錢。在他們看來，這種商業模式的利潤太低，只不過是靠著股價過度膨脹，才得以維持。而且，如果是照傳統對企業績效的理解看來，這些企業高層一點也沒錯。

然而，如果從不同的思考架構看來，他們就錯得離譜了。亞馬遜的老闆貝佐斯（Jeff Bezos）其實是另啟一個「商業成長」的思考架構；重點不再是為股東每年帶來報酬（再把利潤的大約三分之一以繳稅的形式交給政府），而是將幾乎全部的淨收入都繼續投資，建立相關的業務線，從 Kindle 電子書到各種雲端服務，不一而足。事後看來，會覺得這種觀點實在也沒什麼特別，但在當時，就是有許多人完全無法理解這個新的思考架構。

有些時候，因為新的思考架構實在太優秀，會使得其他思考架構立刻遭到淘汰。但也有些時候，會看到新舊思考架構依然和平共存。例如：愛因斯坦物理學和牛頓物理學，仍然都會用來解釋物體的運動；專利軟體和開源軟體也能同時各自發展蓬勃；在英國、比利時、不丹和泰國，民主制度與君主制度相處融洽；而各國央行雖然會發行法定貨幣，但民間還是能夠以物易物，甚至可以使用比特幣來交易。

　　但不論如何，只要另啟了某項議題的思考架構，就等於讓我們得到嶄新的觀點，能夠看到過去想都想不到的替代方案。這樣一來，也就有助於我們做出更好的選擇、得到更好的結果。

康登市再生的奇蹟

　　位於紐澤西州南邊的康登市，就曾看到另啟思考架構如何發揮效益。該市做了一件大多數人會覺得過於大膽、根本不可能的事：直接解散整個警察隊伍，徹底重組警隊。在這項極端的舉動背後，其實是在另啟「執法態度」的思考架構——在過去，警方將人民視為可能的罪犯，但後來的態度則是重視營造警民一家、社群導向。

　　康登市曾經犯罪橫行。全市面積大約二十三平方公里，人口七萬五千人，但犯罪率和謀殺率在全美數一數二，市區也有些地方十分荒涼。在 2012 年的報導作品《毀滅與反抗的日子》裡，兩位作者赫基斯（Chris Hedges）和薩克（Joe Sacco）就寫道：「這裡有超過一千五百棟失修破敗的排屋。無窗的磚廠、倉庫與廢棄的加油站只剩空殼，圍繞著這座城市。空地草木叢生，堆滿垃圾……店面釘著木板封了起來。露天的毒品市場可能有上百個之多。」位於以法蓮山大街的社區浸信會教堂，彩色玻璃窗上布滿彈孔。

　　雖然犯罪情況已經夠糟了,但可以說當時的警務狀況使得情況變得更糟。警方栽贓、造假、暴力執法的情況屢見不鮮,讓法院後來不得不推翻幾十件判決。許多居民害怕警方的程度,並不亞於害怕黑道犯罪集團。而警察工會向來抵制任何改革。到了 2012 年,局勢積重難返,改革無力回天,地方領導者束手無策。

　　康登市是康登郡的首府。郡長卡佩利(Louis Cappelli Jr.)意識到,頭痛醫頭、腳痛醫腳絕對行不通;需要整個體系砍掉重練才行。但這該如何下手?他找來了社區領袖、居民、有志一同的政府要員共同合作,想像出另一套完全不同的心智模型,而康登市的市長芮德(Dana Redd)與警界高層湯森(Scott Thomson)也同意他的看法。

　　康登市解散了原有一百四十一年歷史的警局,兩百六十名警察遭到解雇。新的警隊於 2013 年成立,有全新的合約內容,新的臉孔、新的規則、新的訓練,最重要的是有新的思維心態。原本的警員只有不到一百人得到回聘。我們如果還用舊有的心智模型來看這件事,可能認為重點是警隊的解散、或是打破了警察工會的束縛。然而,康登市這些領導者的心智模型絕非如此狹隘。

　　成為新任警察局長的湯森解釋:「我們真正的起點不是在於改變文化,而是終於能夠建立文化。我們終於能夠打造理想的警局組織,讓警察的身分是個守護者、而不是戰

士。」康登市另啟對警方的思考架構：警察必須和整個社區站在一起，提供幫助、提供守護，而不只是在抓人、開罰單。

湯森就說：「我寧可用十個警察名額，多換一個兒童群益會（Boys and Girls Club，一種青少年志工組織）。」

因應這套新思考架構，警方的巡邏方式也隨之改變。現在，警員的工作是去敲門拜會街坊、自我介紹，談談居民都擔心些什麼、能怎樣提供幫助。警方開始會在各個街坊舉辦臨時派對，有冰淇淋車、烤熱狗，和小孩打籃球、和地方居民熱絡熱絡。

七年後，由於明尼阿波利斯市的警官謀殺黑人喬治‧弗洛依德（George Floyd）的事件，美國人民怒火滔天，甚至各處也確實出現縱火行徑，全美掀起「削減警務預算」的抗議聲浪。而在此時，康登市卻成了感動人心的成功故事：謀殺率下降了 60%，犯罪率幾乎減半，投訴警方過度使用武力的案件更是下降了驚人的 95%。另啟思考架構，在此確實得到成功！

2020 年 6 月是個代表性的時刻。康登市的新任警察局長維索基（Joseph Wysocki）不但批准了一場大規模的 BLM（Black Lives Matter，黑人的命也是命）遊行活動，還詢問了主辦單位，自己能否加入帶頭遊行。這個事件登上了全美國的電視新聞。電視畫面呈現出一幅令人難以忘懷的畫面，讓人

能對警方有全新的觀點。

過去成功，不保證未來也成功

　　不論是從現有架構庫搜尋、借用其他領域的架構再調整運用的方式、或是直接創造設計一個全新架構，成功另啟思考架構的造局者都有某些共同點。而且這些共同點並不在於一定要頭腦聰明、才思敏捷、經驗豐富，而是要願意勇敢嘗試新的想法、開闢新的認知道路。另啟思考架構需要你心胸夠開闊，敢於接觸陌生事物、放下既有的觀念與假設，並且能夠看到、抓住新的可能。

　　舉例來說，其他人可能只是覺得影像上有個意外的黑影、儀器上有個奇怪的讀數，但如果是有能力另啟思考架構的人，就會看到一些不同。那常常彷彿就是個頓悟的時刻，甚至會令人感覺情緒洶湧澎湃。

　　例如基因編輯的技術，是出於兩位傑出科學家的通力合作：法國的生化學家夏彭蒂耶（Emmanuelle Charpentier）與美國生化學家道納（Jennifer Doudna）。

　　許多研究人員早在 1980 年代就已經發現，即使是像細菌這樣的簡單細胞，也具備免疫系統 —— 即使小到只有分子等級，但也有能力「記住」、辨識、並摧毀那些外來的基因資訊。研究人員將這種免疫系統稱為 CRISPR（clustered regularly interspaced short palindromic repeats，也就是「常間回文重複序列叢集關聯蛋白」）。

　　2012 年，在這個一般充斥著睪固酮的領域，夏彭蒂耶與道納這兩位女性科學家正探查某種細胞的 CRISPR 系統，而實驗室裡有位研究人員發現，CRISPR 有能力切進 DNA 的特定區域。夏彭蒂耶與道納意識到，這種「分子剪刀」將會成為一種用途廣泛、功能強大的工具，有能力編輯基因資訊。道納後來說，意識到這件事的那一刻，讓她脖後毛髮直豎。腦中浮現的新心智模型，令她感到極大的震撼。她解釋道：「那樣靈光乍現的時刻其實少之又少，所以我們科學家都是無比珍惜。」

　　英國數學家懷爾斯（Andrew Wiles）也是另啟思考架構，終於解開「費馬最後定理」這個長達幾世紀的數學難題。懷爾斯把這個解題的過程比喻是「走進一間完全沒有光的房間，不斷撞到各種家具，直到找到燈的開關，終於你能看到自己的所在。」成功另啟思考架構的那一刻，給他的感受非比尋常。懷爾斯一向堅忍自持，但過了幾年上電視接受訪談，講到那個時刻，還是難以壓抑情緒，甚至要求先中斷訪談。

　　我們向來看重這些有能力另啟思考架構的造局者，他們讓我們看到能夠如何從新的、更有用的角度來看世界；甚至有時候，我們一開始還會對他們的新思考架構嗤之以鼻，正

如維也納醫界對於塞麥爾維斯醫師（見第 89 頁）手部清潔概念的反應。此外，這些顛覆傳統認知的造局者如此特殊，往往後來就會成為偶像人物，因為：順應既有的思考架構是如此自然而然，但要另啟思考架構卻是難上加難。一旦成功，那一刻就是令人感到特別不同、特別振奮！而且我們也都希望自己能夠與眾不同，成為下一個夏彭蒂耶或是道納（兩人都在 2020 年獲頒諾貝爾化學獎）。

　　但還有一種風險：曾經成功另啟思考架構的人，可能會以為自己能夠一再成功。這些人可能會開始有自負虛榮感，過去的成就彷彿成了頭上的金色王冠，開始堅持一再使用那套新架構，而不再思考究竟是否合適。頂尖的創新者會意識到這一點，並努力避開這樣的風險。不論是蘋果的賈伯斯、亞馬遜的貝佐斯，又或是谷歌的佩吉（Larry Page），雖然都因為他們的那份固執而素有盛譽，但他們同時也會積極尋求與自己不同的其他觀點。他們知道，只依賴單一思考架構必有盲點，而多接觸其他思考架構必有其價值。

　　像這種曾經成功另啟思考架構、後來卻又太執著於特定思考架構的例子，最有名的一位便是愛因斯坦。1905 年，他年僅二十六歲就提出狹義相對論，成功另啟整個現代物理學的思考架構。他用這一套架構，解釋著自然現象的變化無常；而整個宇宙就變得井然有序，所有物理事實都能用原理、定性分析和定量分析來解釋了。於是，當量子力學出現

時，愛因斯坦並不願意相信這套嚴謹的科學理論。量子力學這套思考架構認為世界具有根本的隨機性和不確定性，這讓愛因斯坦覺得太詭異、太不合理了。他的不贊同，總結起來也就是他常說的一句俏皮話：「上帝不玩骰子。」

但是愛因斯坦錯了。量子力學的概念，至今仍在物理界屹立不搖。雖然愛因斯坦確實曾經成功另啟思考架構，但我們也看到他的失敗。要另啟思考架構一次就已經夠難，要重複成功更是難如登天。有時候，正因為一開始得到成功，讓我們的思維定形，使得我們在思考架構已經不適合的時候，難以放手，又或者下意識抗拒新的架構。如果連愛因斯坦都跳不出這個陷阱，我們這些人還有什麼希望？

這裡有一項重要教訓。另啟思考架構這件事，很適合搭配那句著名的投資免責聲明：「過去績效不代表未來績效之保證。」雖然道納、馬斯克等人曾經成功另啟思考架構，讓我們欽佩讚嘆不已，但並不需要期待他們下次的見解也必然有同樣的重量。下一次成功另啟思考架構的造局者，有可能是你我任何一人。

另啟思考架構有四項困難

任何人都可以讓自己更懂得如何另啟思考架構。起點就是在覺得想切換思考架構的時候，先瞭解此時的難處所在。

特別值得提的困難有四項：需要有足夠的認知能量，才能創造新架構；需要放下熟悉的事物；需要找出適合該情境的思考架構；需要慎選時機，抓住能夠另啟思考架構的一刻。

第一，要掌握新的心智模型，必然得付出一定的心力。對於建立及運用各種心智模型，我們平常已經很熟練，我們會透過練習，熟練各種心智模型的應用；但是要在各種心智模型之間做選擇，經驗就不那麼足夠了。這件事會耗費大量的認知能量，而且能否成功也還在未定之數。而要另啟思考架構，更是需要擁抱心理上的未知，可說是要邁進一種「認知上的未知領域」。「沒想過的事」就像是「沒人到過的地方」一樣，都令我們恐懼。對許多人來說，「踏出已知的領域」已經是件難以想像的事。

第二項困難又更為艱巨，也就是要放下熟悉的事物。所謂另啟思考架構，正是要主動放下現在的思考架構，才能空出認知空間，放入新的思考架構。這很像是在做園藝景觀設計，如果要規劃一條新的小徑，就得先破壞原有的路徑，否則大家只會依照習慣，走著那條過去踩出來的泥土路。這也像是我們得先忘掉自己過去所學，才能學會新把戲。

然而，我們並不懂怎樣才能「忘掉所學」。人類的遺忘通常是自然發生，難以人為控制。但為了成功另啟思考架構，就得學會如何遺忘。特別是有時候，新舊思考架構之間有所衝突，所以另啟新思考架構時，必須設法克服這種衝突

所引起的認知失調。

　　這樣的認知失調除了可能發生在個人,也有可能發生在整個社會,讓民眾難以接受新的架構。在這種時候想要切換架構,就需要有許多人都將注意力轉換到另一種架構才行。過程可能需要有各種討論、談判和說服,無論何者都需要時間。例如,對哈伯勒與梅斯納來說,喜馬拉雅式攀登本來就不是他們的風格,所以或許可以跳過在腦海中放棄這種風格的掙扎;但他們仍然必須說服那些深信喜馬拉雅式攀登的社群,讓這些人接受兩人確實是用阿爾卑斯式攀登,完成了最後一段登頂路程。而說服的過程需要時間與精力。另啟思考架構的造局者就是社會的前鋒,而且也常常會感受到身為前鋒的壓力。

　　第三項困難,在於要有適合當時情境的架構,而且要能達成特定情境的目標。但所謂的適合,並不一定代表架構和情境要完全貼合,而是要看情況,有鬆有緊。架構完全貼合情境的時候,你可以清楚看到各種限制條件,也比較不容易忘記這些條件。但只要某些條件改變,就可能讓這樣的架構不再適用。另一方面,如果架構放得鬆一些,或許能讓它適用的時間拉得比較久;但如果想做反事實思考的時候,各項限制條件的調整就需要比較多的思考。這可以想像成衣服:緊身的衣服可以展現出最好的身材,但寬鬆的衣服則能讓我們在情況變動的時候,更有自由度。

　　那麼，挑選架構時，要讓架構與情境的貼合度多緊或多鬆，除了要考慮情境本身，還得考慮架構的相關限制條件能否調整。要是相關限制條件無法做出有用的調整，就會減少我們能看到的選項、以及能做出的決定。如果架構的限制條件幾乎都無法變動調整，即使它緊緊貼合情境，也可能無法帶來太多可用的選項。這不但會限制我們的選項，也讓人有種無力感——雖然理解當時的情境，卻沒有什麼插手的餘地。

　　所以，如果其他條件都相同，最好是選擇相關限制條件比較容易變動的思考架構，即使沒那麼貼合情境也沒關係。這樣的架構雖然不夠貼合情境，但能提供更多的選項做為彌補，也能讓我們感覺得到力量，覺得能夠做些什麼。

　　最後的第四項難處，在於我們很難抓準另啟思考架構的正確時機。時機的概念其實很直觀：只要情境發生重大變化，就該換掉現有架構。因為如果是重大變化，光是調整現有架構的各項限制條件，並不足以取得新的反事實。譬如，有些時候是目標已經改變了，現有架構無法再達到那項目標；也有些時候是雖然目標仍然不變，但情境卻已大不相同。總之，只要目標或情境大變，就該另啟思考架構，而且宜快不宜慢。然而，如果過去曾在某個心智模型投入極大的心力，這時就很容易對時機視而不見。

　　在環保創新的歷史上就有一個教訓。早在 1900 年，車

輛其實有三分之一是電動的，但後來內燃引擎快速發展，導致電動車迅速沒落。有超過一個世紀，一講到車子，想到的就是汽油車。有許多發明家與企業都曾嘗試復興電動車，最後全以失敗告終，因為電動車無論在加速、車速與航程的表現都差強人意。大部分人覺得，雖然高爾夫球車和遊樂園的碰碰車表現得不錯，但要真正上路還差得遠了。

後來，特斯拉（Tesla）成功復興了電動車的思考架構。這次，他們抓對了時機：電動馬達的效能已經十分優異，電池科技已有所改善，而電腦效能發展至今，也已經足以控制電動車。而且，大眾對汽油車的看法已然不同。講到汽車，在二十世紀下半葉，想到的是個人的自由；而到二十一世紀初，想到的則是汙染環境的元凶。正是因為情境變化，為馬斯克的另啟思考架構提供了完美條件：車輛不再一定需要耗油，車輛能夠既環保又炫酷。

然而，戴姆勒（Daimler）、寶馬（BMW）和福斯（VW）這些德國引以為傲的車廠，卻抗拒這種改變。他們深陷於傳統的思考架構，認為只有汽油車才稱得上是車，也會趾高氣昂的指出電動車的各種缺點。這些車廠的執行長仍然堅稱汽油引擎前途無限美好。雖然世界各地許多傳統車廠都開始另啟思考架構了，但在狼堡、斯圖加特和慕尼黑的這幾家車廠，卻仍然堅持著他們熟悉的架構——說到德國的工藝技術，最廣為人知的地方不正是精湛展現內燃引擎的美觀與效

率嗎？這個思考架構，不是帶來了幾十年的繁榮嗎？

　　這其實是個錯覺。等到這些公司終於回心轉意，開始接受電動車的思考架構，關鍵的時機已經過去。由於他們有一段時間堅持原本的架構，而這個架構現在又已經過時，導致他們花太多時間把注意力放在不符合現在需求的燃油引擎上。於是，德國這些汽車大廠現在需要投下重金，才能夠重新構思他們的整套業務、重新設計車輛、重組公司營運、重新配置所有的工作人力需求。時機本來就很重要，而過去一旦在現有架構投入愈多心力，現在也就愈難另啟思考架構。

不要頻繁變換架構

　　想要成功另啟思考架構，便需要克服以上的重大障礙。幸運的是，我們也有一些策略可以應對。舉例來說，只有在情境發生根本上的變化時，我們才需要切換到新的思考架構。而要評估究竟算不算有「根本變化」，你可以先去瞭解情境，以及再次評估現有架構的目標和特性。先徹底瞭解現有的心智模型與情境，就能讓人更成功的另啟思考架構。

　　另外我們也知道，先在原本領域的架構庫裡尋找其他架構，是最容易的辦法；如果還是行不通，就再看看能否借用並調整其他領域的架構。所以在需要另啟思考架構的時候，記得要先嘗試這些做法，而不要急著從頭草創新架構。這樣

一來既能減輕認知負擔，也能提升成功的機會。

　　另外，或許讓人意外的是：另啟思考架構的頻率最好不要太高。我們或許會想要很快速的、經常另啟思考架構，覺得如果某個架構不成功，就趕快再換一個來修正，反正只要不斷另啟思考架構，正確的架構總會出現。但這是錯誤的想法。畢竟每次另啟思考架構都得耗費大量心力，你需要先放棄自己熟悉的事物、想出新的點子，還得讓自己對新的架構夠熟悉，才能夠好好應用。這對認知能量來說是一大負擔。

　　所以，我們不該不斷切換架構。這就像是在不斷轉彎，容易讓人迷失方向。

 ## 新加坡的轉型經驗

　　在不同的架構之間切換，會是耗費心力又有風險的事。但這能為我們提供不同的觀點，指出原本也許不會想到的選項。切換架構有可能帶來突破，但因為我們對於切換並不熟練，或許也永遠無法徹底發揮這份潛力。相對的，如果仍待在同一個架構內，小心安排各種限制條件、想像各種反事實，或許更能迅速有效的找出適合的選項。這樣一來，我們便能夠及時行動。而且因為我們比較常練習這種操作，通常做起來就更加得心應手。

　　一般來說，我們可以把這兩種建立思考架構的方式，簡

單區分如下：如果要追求效率，那就在原本的架構內，運用反事實推理；如果追求的是徹底重新思考，那就需要切換成不同的思考架構。但實際上，兩者的界線不一定總是那麼明顯。舉例來說，有些架構比較寬鬆，各種限制條件的調整空間比較大，能夠召喚出許多可能的反事實。這種時候，其實也很類似於切換成另一個大致類似的思考架構。在思考架構夠寬鬆的時候，就算情境條件有所改變，也不見得需要另啟思考架構。有可能只要放鬆某些條件，就足以產生適當的反事實。

　　如果要舉實例，可看看新加坡過去四十年的經濟轉型奇蹟，瞭解其背後的策略。在 1980 年代，這個亞洲城市國家讓自己成為歐亞之間的主要港口，曾經十分成功。但隨著條件改變，新加坡需要新的定位和規劃，於是在 1990 年代成了電子業的製造基地。到了 2000 年代初，新加坡再次改變經濟發展重點，成為金融、專業服務與資訊經濟職務的樞紐。而近年來，新加坡再次轉型成為旅遊與博奕勝地，擁有兩座全球最大的賭場，招待著來自中國與印尼的富裕遊客，日進斗金。

　　新加坡的多次轉型，乍看之下，正是為國家經濟不斷另啟思考架構。每次的策略都反映出不同的心智模型，是針對特定的目標與特定時期的限制，找出最貼近的思考架構。但如果從另一種觀點，可以說新加坡的策略架構從未改變：因

為它夠寬鬆，所以執政者只需要改變所想像的反事實、調整所施加的限制即可。

　　換言之，可以說新加坡是堅守原本的治國架構，只是調整了裡面的要素。而這個治國架構夠靈活，讓新加坡得以運用有限的資源，就能不斷爭取到競爭優勢。這些資源包括地理位置、受過良好教育的勞動力、廉能穩定的政治，以及自由市場的精神。可以說是用同樣的治國藍圖，適應了各種新的現實。

另啟對於「另啟思考架構」的思考架構

　　新加坡的經驗讓我們看到，如果情況改變、但現有架構夠寬鬆，我們依然能夠有所選擇：你可以留在現有架構內，也可以切換到其他架構。如果選擇留在現有的寬鬆架構內，一方面在認知心力上較輕鬆，但另一方面，寬鬆也就代表得花上更多時間，才能找到適當的反事實。這時候如果選擇切換到其他架構，一方面解決問題的速度可能會比較快，但另一方面也會更有風險——有可能根本切換到錯的架構，完全找不到適合的選項。

　　這裡的重點是，在許多情況下（但絕非全部），我們的選擇會取決於當時的具體情況（像是有多少時間、現有架構又有多寬鬆）與個人偏好（例如是否愛冒險）。

　　這件事情對企業營運來說十分重要。2008 年，瑞典新創企業 Spotify 啟動它的線上音樂串流平臺。在此之前，線上音樂市場一直由蘋果的 iTunes 獨大，以每首歌曲為單位來銷售。然而 Spotify 的方式不同，只要用戶支付低廉的訂閱費用，或是願意忍受短短的廣告內容，就能收聽所有內容。時間到了 2020 年，Spotify 在全球已擁有超過三億用戶，可以說它另啟了對音樂的思考架構，從某種個人可以擁有的東西，變成某種就在線上串流的東西。

　　但是，我們也可以說 Spotify 依然停留在原來的架構裡：無論 Spotify 或蘋果，都是停留在「以音樂做為一種體驗」的架構內，只不過 Spotify 稍微調整了一些限制，想像出了不同的反事實。從這種觀點，Spotify 並未另啟思考架構，只是放寬了體驗音樂的限制條件：音樂不再是我們在自身設備上所擁有、控制與管理的東西，而認為音樂是一種共有、可遠端存取、無所不在、沒受限制的東西。

　　如果不說 Spotify 是另啟思考架構，而只認為它是善於調整限制條件，應用了比較寬鬆的「以音樂做為一種體驗」的架構，這也意味著 Spotify 並無須冒著另啟思考架構的風險。這樣一來，雖然 Spotify 或許會忽略或錯過某些可能走在時代更前端的選項，但整件事做起來似乎就是比較輕鬆，容易達成。

　　在「徹底另啟思考架構」與「從比較寬鬆的架構裡做調

整」兩者之間的選擇，等於又是我們在思考問題時的另一種
工具。也就是說，我們可以再次另啟對「另啟思考架構」的
思考架構。但並不是每次都能有這樣的選擇：必須是原本的
架構就夠寬鬆，足以帶出一些比較極端的反事實時，才會有
這種選擇。所以，雖然「另啟對於『另啟思考架構』的思考
架構」聽來很炫，但這只有在特定情況下能夠適用。

　　不論是要建立思考架構、或是另啟思考架構，我們都有
辦法讓自己把這兩件事學習得更好。這是個好消息，因為我
們確實有這種需要。社會上那些最深沉的問題，需要新的思
維來處理。而如果我們想看到最多種可能的選項、做出真正
最佳的決定，就必然需要嘗試各種不同的可能，需要接受他
人的想法。也就是說，無論對於我們的生活、國家福祉、乃
至文明的安全與永續，提升運用思考架構的能力都至關重
要。我們就是必須提升這種能力。而在矽谷有一個人，將其
一生都奉獻給這項使命。

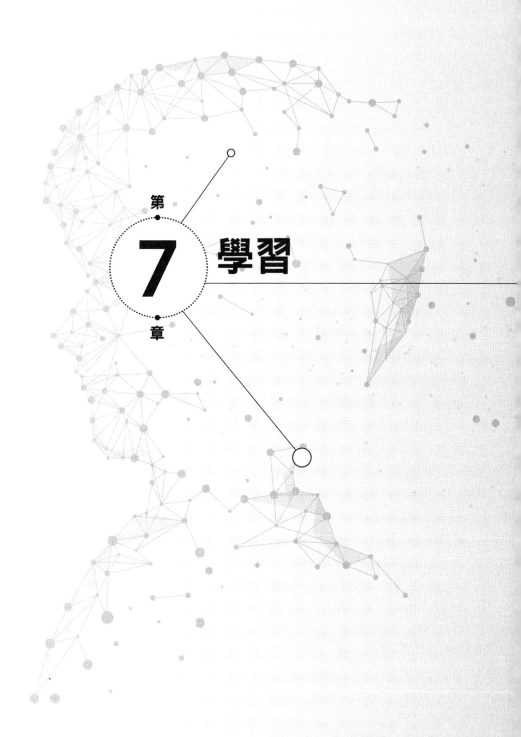

第
7
章

學習

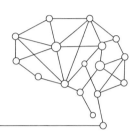

我們可能會認為，想要有心理的多元性，

就代表要接觸大量的想法、意見與觀點。

但那可以說是抓錯重點。

多元性的優勢不是來自於數量，

而是來自於差異。

蘋果大學校長

　　賈伯斯有個問題，而波多尼（Joel Podolny）有解決辦法。波多尼出生於 1960 年代，在辛辛那提長大，生涯成就無比亮眼：在哈佛大學拿了三個學位，在史丹佛大學得到教職，當上哈佛商學院的研究主管，又獲任命為耶魯大學管理學院的院長──而且到這時候，他還不滿四十歲。當然，賈伯斯一點都不在乎這些帳面上的履歷。真正讓這位蘋果老闆印象深刻的，是波多尼在耶魯大學所做的事。

　　波多尼聰明、有魅力，而且積極進取。他在 2005 年一到耶魯大學，立刻把整套課程徹底翻修。在過去一個世紀以來，管理學院的目標都是要把學生教導成經理人，這多半代表要讓學生有能力制定計畫，並確保計畫執行成功。但這也代表會將學習活動區分成兩種：一種是培養會計能力，另一種是培養策劃能力。至於畢業生能否為企業帶來怎樣的實質影響，則不在管理學院教育的考慮範圍。而且，管理學院的傳統教學方式向來就是請學生根據某種既有的心智模型，為現實世界已發生的某些問題找出答案，但這種教法有個缺點：早已認定有某個思考架構比較適當。

　　波多尼認為這是把問題過度簡化了。在他看來，現代管理學院的目標不該是去學習這些早就預先包裝好的知識，而應該有更遠大的目標。他想要改變企業管理碩士（MBA）

的思維方式,從單一走向多元。而且,這裡講的多元可不只
是各種廣告小冊裡的花言巧語而已。波多尼有社會學專業背
景,很清楚異質性的重要。思考架構是能讓決策品質提升的
工具,而耶魯大學若能在課程裡介紹更多不同的思考架構,
就能讓學生做好準備,成為更好的經理人,甚至也會是個更
好的人。

在波多尼設計的課程表上,看不到像是「行銷」或「金
融」這種傳統課程,取而代之的是一些跨領域課程,像是
「國家與社會」、「員工」之類,更能符合現代商界的複雜情
境。

波多尼當時曾經抱怨:「每個學科都自行其事,只教學
生怎樣做好各個單獨的職能角色。」而他則是努力讓所有學
習都帶著跨領域的色彩,讓不同的思考架構都得以發揮,也
能夠反映企業的實際需求。至於教師的教法也有所改變,帶
進了認知上的多元性。每門課都是由多位教師合授,稱為
「團隊教學」,好讓學生能夠接觸各種不同的觀點。甚至連
實體教室也經過重新設計,改為圓形,一方面可帶入更多互
動,一方面也能夠像亞瑟王的圓桌武士那樣,比較不會覺得
有明顯的階級高下之別。

波多尼的教育改革受到廣泛關注,無論在行政或學術上
都十分亮眼,波多尼有望成為大學校長。但在耶魯大學才待
了三年,波多尼突然於 2008 年辭職,另啟他對自己職涯的

思考架構。

賈伯斯悄悄連絡了波多尼。當時賈伯斯癌症復發，正在思考蘋果如果沒有他該怎麼辦。於是賈伯斯說服波多尼加入。賈伯斯希望為蘋果留下一支高層主管團隊，期許這些人的思考方式能夠正如蘋果的廣告口號：不同凡想（think different）。

賈伯斯聘請波多尼擔任蘋果大學（Apple University）的校長，希望波多尼讓學員瞭解思想靈活的重要性：雖然要保持信念，但也要隨時準備放下信念，以換取新觀點。

波多尼把他在耶魯大學所倡導的多元性同樣搬了過來。要在龐大的組織裡做到這點，平衡問題會是一大考驗。員工除了得要堅守蘋果的核心信念、在自己的職務表現出色，還得再進一步追求賈伯斯希望鼓勵的認知多元性。過程中肯定有各種意見不合、衝突摩擦，給管理造成壓力。然而，多元性所帶來的好處還是利大於弊。

波多尼上任三年後，賈伯斯去世，由副手庫克（Tim Cook）接任執行長。庫克長期以來一直支持各種形式的多元性；他自己就足以做為典範，畢竟很少有龍頭企業的執行長具備出櫃同志的身分。在庫克的領導下，蘋果將繼續信守賈伯斯的理念：多元性能讓人建立更好的思考架構、造就更成功的企業。

頓悟問題

　　我們可以把思維多元性想像成木工工具。今天如果是一枚螺絲釘，用鐵錘猛敲是行不通的。我們需要的是一把起子。但如果我們此生只看過錘子，可能根本想像不到有螺絲起子這種工具。但只要哪天看到螺絲起子，再瞭解背後的相關概念，以後就絕不會想再用鐵錘來猛敲螺絲釘了。如果手中有許多不同的思考架構，將不只是知識量的提升，更是知識種類及品質的提升。

　　世界本就複雜，不可能用單一架構，為所有問題找出正確解答。如果能從不同的觀點來做判斷，就更有可能得到更好的結論。倘若能夠選用的思考架構不多，則情況正相反：減少了可能的選項，使得我們只能做出二流的決策。然而，我們並不只是需要得到更多的思考架構，還得有更好的選擇能力才行。

　　如何選擇思考架構，很類似於心理學家所說的「頓悟問題」（insight problem）。有些問題如果想找到解答，就必須切換成某些沒那麼明顯的思考架構或表現形式。例如在 1980 年代有一項著名的實驗，實驗者是心理學家卡普蘭（Craig Kaplan）與 AI 先驅、博學的諾貝爾經濟學獎得主司馬賀（Herbert Simon），要測試人類如何解決「殘缺西洋棋盤」這個頓悟問題。

　　他們給受試者一個普通的八乘八黑白方格西洋棋盤，但有些許不同：分別拿掉了左上角和右下角的白色方格。接著他們給受試者一堆多米諾骨牌（每片骨牌都是一樣的長方形，剛好是兩個方格大小），請受試者試試看，能不能用骨牌把整個棋盤蓋滿，而且骨牌不能懸空。

　　卡普蘭和司馬賀發現，幾乎所有人都會先使用傳統的「嘗試錯誤」問題解決架構，試著使用「暴力」解法——也就是實際嘗試各種排法，拿 31 個長方形的骨牌去蓋住那 62 個方格。他們會先待在這個思考架構內，嘗試找出各種反事實。畢竟，這種方法既是行動導向，而且大家也十分熟悉。只不過這種方法並不切實際。雖然這裡的問題空間有限，但所有組合仍然有成千上萬種，要真的逐一試過，並不容易，很少有人真有這種耐心。不過倒是有一位受試者，足足花了十八個小時，把各種排法記成了六十一頁的筆記，但還是失敗了。這種方法就是行不通。

　　一直要等到受試者放下原先的思考架構，開始尋找是否有其他心智模型，才會發現事情有些不對勁。如果用另一種觀點，會發現解答其實很簡單。要放上棋盤的每片骨牌，都一定得要蓋住一黑一白兩個方格。所以，如果白色方格的數量和黑色方格不相等，就不可能排得下。這樣一想，答案便再明顯不過。然而，要這麼做，就需要思想上的飛躍，得先跳出那個嘗試錯誤、百折不撓的思考架構。

擴充架構庫裡的架構樣式

我們身邊充滿著諸如此類的問題。而在碰到這些問題的時候，就是不能想要用依序推理的方式來解決。我們通常是靠著不斷練習反事實思維，來改善自己應用思考架構的能力，但這樣做並無助於我們提升選擇思考架構的能力。我們在此遇到了巨大的挑戰。不論我們應用思考架構的能力再怎麼進步，如果一開始選擇的時候就有所疏失，整個過程便會出現大問題。這很像是有了工具卻不完整，好像有了錘子、卻只有錘頭。我們必須找出不同的策略。

起點就是要記得，「選擇」和「應用」是兩件不同的事。思考架構的應用是一個過程，而靠著因果關係、反事實和限制條件這三大要素的協助，便能大大縮小搜尋的空間，找出不超過一定數量、切合實用的選項。這裡的目標是要夠迅速，找出的選項也夠合適。就根本而言，重點是要發揮效率、帶出行動。由於這三大原則能降低認知上的複雜度，讓嘗試錯誤變得簡單，似乎就能開始朝向特定方向做實驗，來驗證想法。所以我們會說「應用思考架構」是個能靠著練習而不斷精進的活動，而且我們一般也確實會愈來愈熟練。

相較之下，要刻意選擇其他思考架構，則是要離開熟悉的領域，冒險進入未知。這件事本身就帶有風險；雖然可能有回報，但也總是能感覺到失敗似乎正在逼近。在這條通往

成功的路上，既沒有可靠的護欄，也沒有可信的路標。即使抱持著「嘗試，失敗，再試一次」的態度，也不會真正提升最後成功的機率。想要學會這種能力，並不會是個有次序、有結構的過程，而是一種顛覆的心態、追求多元性的心態——這裡要倚賴的與其說是過程，不如說是心態。我們必須學會改變觀點，我們必須要準備從各種不同的視角來看世界，瞭解各種不同的觀點，擁抱各種觀點能帶來的力量。

我們可能會認為，想要有心理的多元性，就代表要接觸大量的想法、意見與觀點。但那可以說是抓錯重點。**多元性的優勢不是來自於數量，而是來自於差異。**找出七百個類似的想法，不如找出七個不同的想法來得有價值；就像是如果一個工具箱能有七種不同的工具（錘子、起子、扳手之類），絕對會比裝了七百把錘子的工具箱更實用。

想要選對思考架構，就得訓練另一種不同的認知肌肉。這件事可能聽來簡單，但事實不然。我們總說自己重視多元，但實際上卻多半堅持著已知的事物，喜歡一切整齊單純。但是從長遠來看，擁有多元架構的好處，絕對值得付出辛勤的努力。研究顯示願意跳出心理的舒適圈、探索新的智識領域，最後總能得到回報。

舉例來說，有些人自從出生，就一直活在多元架構的喧囂當中，這些人既處於某種文化、但又屬於另一種文化。在關於進取心的研究中，經濟學家波佐（Susan Pozo）調查了

在美國國外和國內出生的美國公民，想瞭解國外出生的公民是否收入高於國內出生的公民。事實確實如此：男性高出 2.5%，女性更高出 5%；如果是在重視概念思考的管理和專業領域，落差還會更大。

波佐將這種落差稱為「取得了國際人力資本的報酬」。這種概念認為：那些國外出生的公民由於接觸了不同的風俗、語言、解決問題的方式，因此拓展了他們的視野；那些人就像是既會用錘子、也會用起子，而且知道什麼時候該換成哪種工具。

勤於「認知採集」

如果想在自己所熟知的心智模型之外，再增加其他的心智模型，第一個、也是最簡單的方式，就是去看看別人如何建立對某個問題的思考架構。看到不同的做法，便能收歸己用。

現代商學院的學習過程，正是以此為主要特色。讓我們再次回到第 4 章〈反事實〉提過的案例教學法。一方面，這種教學法能夠讓學生培養反事實思考的能力：讓學生進入某個有許多軟性限制與硬性限制的情境，必須想像各種平行選項、加以評估、做出決定。也就是說，案例教學法訓練的是學生在某個架構中思考的能力。但在另一方面，可以說每項

案例都是讓學生接觸到一個特定的思考架構：學生閱讀討論一個又一個的案例，也就等於取得了多元多樣的心智模型，不斷擴充自己的架構庫。而等到未來開始職涯、遇到類似情況，便能叫出自己在學生時期已經準備好的思考架構，用來解決手上的問題。

從哈佛在 1921 年向學生提供「通用製鞋公司」這個史上第一份商學院案例，便能明顯看到這種用意。在這個案例的情境，工人輪班時間明明還沒到，卻已經提前離開，為的就是不想之後排隊洗手人擠人。但這樣會影響公司的生產力。這份只有一頁長度的案例，最後問學生：「從管理者的角度來看，應該去瞭解哪些因素？」以及「有哪些一般政策……應該要改善？」請注意，這裡並不是單純要求學生思考「該怎麼做」，而是先要求學生想想自己該如何建立這個問題的思考架構。

給自己的架構庫增加新的架構，雖然是個實用的做法，但也有局限。商學院提供的案例教學數量仍然相對有限，能給學生的思考架構也就只有那麼多。而學生有可能因此產生誤解，以為這些思考架構已足以解決大多數現實世界中的問題，於是沒能準備好在必要的時候，進行更激進的另啟思考架構。

這項擔憂並不是什麼新鮮事，提出案例教學法的哈佛商學院院長唐漢（見第 125 頁）就已經看到這項問題。正如他

在 1933 年大蕭條期間所發表的《哈佛商業評論》文章，已經擔心案例教學法太過狹隘，會讓商學院學生無法「看到事物在整個廣闊連結中的關係」。當然，並不是說就要全盤推翻案例教學法的價值；能夠熟悉一些最實用的思考架構，絕對比什麼都不熟悉來得更好。

另一種增加心理多元性的策略，則是去激發我們認識新概念的動機。這可以稱為認知採集（cognitive foraging）：不一定是為了取得新的思考架構，但就是去尋找對這個世界的嶄新思考方式與觀點。這裡就是要積極探尋各種新想法、新體驗與新觀點，彷彿是用認真嚴肅的態度來發展我們的好奇心，而目標則是要在自己現有的領域之外，取得多元的觀點、不同的視角、豐富的概念。這能夠開闊我們的心胸，為日後必須找出新心智模型時，先做好準備，熟悉如何狩獵採集各種想法概念。也就是說，我們在鍛鍊自己的好奇心，透過不斷練習去看見新事物，最後也真的更能看到新事物。

「認知採集」就是：不斷去尋找自己不熟悉的體驗，包括認識新朋友、閱讀題材廣泛的各種書刊、造訪自己平常不會去的地方。這些都是為了培養出開放、好奇的心胸。一般而言，這代表需要結識許多不在自己原本領域的人，這不是為了能得到新朋友的幫助，而是為了接觸到新知，刺激自己的心智。有時候，我們看到西裝筆挺的商業領袖，在和一些渾身刺青、臉上有各種串珠掛環的人聊天，會很好奇他們為

什麼會交上朋友。原因就在於這其實對雙方都有好處，只是這些好處可能並沒有那麼明顯直接。

「社交網路」的相關研究支持這種論點。芝加哥大學布斯商學院的社會學家伯特（Ronald Burt）研究了組織中的個人，希望瞭解資訊會如何影響一個人的績效表現。有些高層主管就是比較有創造力，能做出更好的決定，升遷也比別人更快。伯特的研究顯示，這些人的成功因素一方面在於他們的社交網路，另一方面也在於他們不但只聽身邊同事的意見，也願意瞭解那些職務上無關的同事有何想法。伯特把公司裡的兩種典型人物拿來做比較，分別稱為「詹姆士」和「羅伯特」。

詹姆士代表的是內向型的人，遵守規則、注重效率。他們的社交網路會塞進許許多多類似而冗贅的資訊。相反的，羅伯特代表的人會和許多其他領域有連結，喜好多元資訊，會尋找各種新觀點。羅伯特們能夠跨越伯特所謂的結構洞（structural hole，會讓各個組織與領域彼此孤立），這些人都是認知採集者，會接觸到多元多樣的思維方式，也就常能用新觀點來看事物。他們之所以會去建立和維持人際關係，並不是為了想解決某項特定的問題，而是因為覺得光是「接觸到其他觀點及視角」就已經很有價值。

然而，一旦出現需求的時候，羅伯特們早已做好準備，能跳出自己狹隘的架構庫，來尋找各種心智模型。勤於認知

採集能讓我們做好準備，必要時就能跳出自己的舒適圈，不
局限在那些伸手可及的選項。這種擴充架構庫的做法似乎很
不具體，並沒有用什麼刻意的方式來建構多元的架構庫，但
到頭來卻會更靈活。

實行白紙策略

　　只有一種時候，光靠認知採集也無法應對：情境太過特
殊，我們就是得放掉一切所知，想出一個全新的思考架構。
想應付這種極端情境，還需要另一種方式。

　　白紙策略（clean-slate strategy）是最極端的辦法，會刻意
要我們的心智準備放下一切熟悉的事物，準備接受全新的概
念：要先完全倒空，才有接受新事物的空間；是因為有了那
種空白，才有機會得到全新的觀點。

　　當然，實際上我們不可能真的成為白紙一張。過去的
經驗和知識，始終都會影響我們如何概念化各種事物、應
對各種挑戰。但就像大腦的遺忘機制（雖然我們無法刻意
控制），白紙策略需要我們練習抗拒誘惑，避免不經意的就
將某種情況歸入已知的類別。白紙策略希望我們「放下」
（unlearn）一些已經陳舊的認知概念，離開那些過去習慣走
的路，不要再用那些已知的工具。我們要刻意放下現有的工
具箱，另外想出可以應對眼前挑戰的最佳辦法。白紙策略就

是要讓我們下定決心，做出這樣的決定。

這很像是小孩在學騎腳踏車，第一次讓兩腳都離開地面；也像是在學跳水，第一次真的從離水面好幾公尺的地方跳了下來。只要邁出這一步，就會讓我們完全不同於那些只靠想像、卻從未真正體驗的人。而要邁出這一步，格外需要我們鼓起勇氣，做好認知上的準備。

電腦科學先驅凱伊（Alan Kay）與物件導向（object-oriented）程式設計的故事，可用來說明如何實踐白紙策略。1970 年代初期，凱伊任職於傳奇的全錄 PARC 研究中心，這間位於矽谷的研究實驗室正是個人運算革命的發源地。當時主流的電腦程式設計屬於程序式（procedural）：程式設計師先仔細規劃程式的目標為何，再努力將這項目標翻譯成一步又一步的指令，輸入電腦來讓電腦執行。最後，雖然是由使用者輸入資料，但整套程式的目標固定而無法更動。那是大型主機運算時代的心智模型。

凱伊很厭惡這種做法。他覺得，運算應該要以使用者為中心，電腦應該要讓使用者得以擴展自身的心智能力。程式設計師永遠無法預見使用者可能想做什麼，就像那些工具的製造商，並不會知道自己做出的工具可能用在怎樣的方法和目的。然而，這樣會需要一套完全不同的程式設計方式。

幸運的是，早在 1966 年 11 月 11 日，凱伊的腦海就曾浮現一種想法。他當時看著其他人寫的程式，看這些人如

何試圖突破當時的運算典範，忽然就意識到，可以讓電腦去創造出許多小小的虛擬電腦，各自負責一個「物件」，再讓這些小電腦互相交流、來回傳送訊息。凱伊在多年後解釋道：「這等於是保證能夠有全新的運算架構方式，讓我十分興奮。」

凱伊很快就在全錄 PARC 研究中心實現了這個大膽的想法，寫出 Smalltalk 這種程式語言。這是一個分水嶺，為數位時代的軟體研發奠定了概念基礎。接著便是那個著名的事件：賈伯斯在 1979 年造訪 PARC 研究中心，看到了某個版本的 Smalltalk，也啟發他設計出早期的蘋果電腦。時至今日，物件導向的程式設計仍然是軟體研發的主流。

凱伊以一句格言聞名於世：「想預測未來，最好的辦法就是去發明未來。」但他還有一個比較不為人所知的概念，認為人類都受到「現在」這暴政（tyranny of the present）欺凌。在凱伊看來，各個機構與學校對創新思維的鼓勵都還不夠。就許多方面來說，凱伊一生努力的目標，是要幫助人們找出正確的心智模型或情境，得到新的思考方式。凱伊說：「大多數的創造力，是要從某個情境跳到另一個情境。除了這個我們以為叫做『現實』的情境之外，其實還有許多不同的情境。」如果是要讓人瞭解思考架構與白紙策略的力量，實在很難說得比這更好了。

我們有許多造局者的故事（無論是真實或虛構的人

物），講述他們如何邁向未知，從奧德賽航向如紅酒般深色的大海，再到二十世紀初有美國女性飛行員艾爾哈特（Amelia Mary Earhart）飛越各個大洋。詹姆士・莫里斯（James Morris）原本是記者，報導過 1953 年首次有人登上聖母峰；後來則在 1972 年成為最早接受變性手術的其中一人，改名為簡・莫里斯（Jan Morris），也成為一位知名的作家。這些人的偉大之處，除了在於實質的成就，也在於心理上的成就，需要他們放下已知、熟悉的事物。

如果想當一位造局者，就必須見賢思齊：準備好放開心胸，接受新的觀點和新的思考架構。這點並不容易，而且實在也不一定舒服。狀況有點像是在浮浮沉沉──可能是浮沉在平靜的水面，也可能是浮沉在暴風中的海洋。但就是在這種心理的空白狀態下，才能產生新的思考架構。

熱情擁抱所有知識

以上三種方法：擴充架構庫裡的架構樣式、勤於認知採集、實行白紙策略，分別適用於不同的情況。其中的差異可以這麼比擬：擴充架構庫像是去讀相關的書籍；認知採集是廣泛閱讀各種不同學科的書籍刊物和文章；至於白紙策略則是熱情擁抱所有知識。

用許多不同思考架構來探索不同觀點的時候，不同的思

考架構之間顯然常常會有點牽扯拉鋸。某項架構所強調的要素，可能在另一項架構卻是渾然不覺。這樣的牽扯拉鋸，正可看出現實的本質有多麼複雜而多樣。

這種情形並不少見。例如在物理學，既認為光是一種波、也認為光是一種粒子：這兩套思考互相衝突，但如果只相信其中一套，就無法真正瞭解光的性質。而在數學，更是有各種思考架構四處交疊。歐幾里得幾何學強調的是點和角，但笛卡兒則用數字和代數另啟幾何學的思考架構。兩者對我們都有必要：歐幾里得幾何學符合我們的直覺，而笛卡兒的「解析幾何」（坐標幾何）則讓我們能用計算來證明。又如，聯合國的基本概念是人類一體、全球主義，但又限制只有民族國家能成為會員。

這裡的重點在於：這些牽扯拉鋸不可能化解，但這本來就沒關係。因為，唯有在我們體悟到這些牽扯拉鋸的時候，才能跳出個別的架構，得到更全面的觀點。積極去瞭解不同架構之間的關聯，不僅能更懂得如何選擇架構，也會讓我們的情緒更穩定。

要瞭解不同架構間的相對關係，就得先瞭解「認知複雜度」（cognitive complexity）這個心理學概念——講的是某個人的思維模式究竟是複雜而細緻、又或是基本而簡單。研究顯示，傑出造局者的認知複雜度比較高，這是他們所欣賞、強調、樂見的特質，還會指導同事一起培養這種特質。此外，

在雙語環境下長大的孩子，認知複雜度也較高。

　　雖然接觸新的心智模型可能造成緊張壓力，但只要瞭解這帶來的價值，就會願意積極堅持下去。例如 IBM 在 1970 年代的首席科學家布蘭斯坎（Lewis Branscomb），他曾多年擔任哈佛大學科技政策學程主任，而新同事總是很怕他，原因在於他聽別人簡報的時候，會一陣怒吼：「不要講這些我早就知道的事！講些我還不知道的！」我們所有的人，其實都該好好把布蘭斯坎的這種原則給聽進去。

團隊應有內在多元性

　　擁有多元的思考架構，並不僅有益於個人而已。如果組織裡的成員都更懂得如何挑選思考架構，將能找出更好的方法來應對挑戰，便能讓組織整體受惠。於是，個人和整個組織都能享有這樣的「多元性紅利」，所有人能夠一起成功。

　　然而，組織該怎樣維護、甚至增加成員之間的心理多元性？我們當然無法直接窺探另一個人的想法，所以乍看之下這似乎並不可能。不過，即使沒辦法直接觀察，還是能找出適合的替代指標。講到心理多元性，最明顯的替代指標就是社會多元性。

　　顯然，人如果有類似的成長背景、教育背景與專業經驗，就可能有類似的想法。相反的，如果來自不同種族、具

有不同的社經背景、受了不同的教育，就會有不同的生活體驗，也很有可能對世界懷有不同的心智模型。而如果能集結一群多元的人，便能讓組織擁有最多樣的認知資源。

雖然許多社會科學研究成果早已強調多元環境的優點，但我們多半還是不擅長培養這樣的環境、在這樣的環境裡工作。我們總是面對著強大的阻力。對社交網路的研究顯示，人類明顯會趨向同質性，也就是物以類聚的概念。我們不但比較喜歡看到與自己長相類似的人，也比較喜歡和想法類似的人待在一起。我們就是得下點決心，才能跳出舒適圈，去接觸那些與自己抱持不同觀點的人。

我們會像這樣光說不練，似乎至少有部分原因在於人類建立思考架構的方式。要應用思考架構的時候，我們會迅速刪去一些選項，只留下最有希望的選擇，於是「速度」常常變成了重點。但也因此，就不見得能夠思索到所有實用的反事實（第 4 章〈反事實〉提到的那些團體迷思受害者正是如此）。於是，相較於新穎與未知，我們還是比較喜歡選擇熟悉和已知。

如果是組織想要另啟思考架構，就必須打造一個有利於培養多元心智模型的環境，讓成員有空間做不同的思考、允許成員有全新的想像。要領會這種確有實效、但極難達成的心態，可以用挪威推動董事會多元化的經驗，做為範例。

挪威在 2003 年通過一項法律，要求在 2006 年以前，

所有企業董事會的女性比例必須從當時的 9% 大幅躍升到 40%。但那些大幅增加女性董事比例的公司，幾年後的市值卻大幅下滑，股東權益報酬率也下降了 20%。看起來，提升女性在董事會的占比，反而有害公司績效。為什麼多元性沒帶來好處？為什麼引入最多女性的企業，反而績效這麼差？

有可能，那些引入最多女性的企業，除了本來就存在性別多元性不足的問題，而且在其他方面也同樣落後，所以現在只不過是原形畢露罷了。挪威的主要產業為石油、天然氣、礦業與漁業，性別多元性在這些產業能帶來的財務優勢，可能不及消費性產品製造業和服務業。而且，也有某些企業為了迅速符合法規，是找高層的女性家人參與董事會，這種做法當然沒有幫助。

但還有一個更深層的原因：組織想要得到不同的思考架構，除了有「性別」這樣的外在多元性還不夠（雖然性別平等當然是件好事），還需要再加上內在的心理多元性。而挪威的失敗之處可能就在於此。挪威的頂尖女性高層人才本來就不多，且大多與男性高層來自同樣的社區、學校和產業，雖然性別不同，但心裡的想法大致類似。這件事為我們敲響警鐘，提醒我們：即使努力追求外在的多元，最後仍然可能只是得到內在的一致。

《科學》期刊有一份研究指出，性別多元性較高的團

隊，在許多任務的表現都優於同質性高的團隊。然而這裡的決定性因素並非出於性別本身。這份研究裡，有一項社會敏感度測驗，評估的是團隊動力學「社會互動」項目的能力，那些真正能提升團隊績效的女性，全都在這項測驗當中取得了高分。所以，決定性的因素並非性別，而是要能夠有不同的想法——在這項測驗中，也就是社會敏感度較高。

成員先各自思考，再齊聚討論

組織需要面對另啟思考架構的挑戰時，團隊成員最好能夠擁有更多不同的背景、想法與觀點，才能提升「團隊具備大量心智模型」的機會。隨著多年來證據日積月累，到了 2015 年，學者終於敢明確表示，團隊的多元性確實能為任務帶來更佳的成果。

但還有一項障礙。研究也指出，即使是多元的團隊，如果面臨像是要另啟思考架構這樣的認知挑戰，也有可能會倉促形成共識，而未能真正發揮團隊具備的多元觀點。這一點很奇怪，就好像是團隊自己刻意放掉了手中的多元性這項利器。但如果是請團隊成員先個別思考過這項議題，最後再集合團隊討論，便能避開這項障礙。

這背後的原因很發人深省。如果請團隊成員先各自思考，就會讓每個人各自相異的思考架構先發揮作用，之後在

團隊討論時便能派上用場。但如果是一開始就以團隊形式討論，會讓成員立刻受到彼此的影響，導致太快形成共識。因此，如果團隊要面臨像是另啟思考架構這樣的挑戰，最好是請成員先各自思考，之後再集合團隊來討論。

　　根據波多尼表示，蘋果公司是用了不一樣的方式，來達到同樣的效果。一般企業的高層多半是什麼都懂一些，方能不愧「總經理」這種好像無所不管的職稱，但蘋果的高層主管每一位都是某種特定領域的專家，具備不同的思考架構，也就能夠提出多元且各有重點的強大意見。這些人聚起來討論議題的時候，可不是沒兩下就迅速達成共識、勾肩搭背一起去行政餐廳吃飯。必須要有真正有效的團隊討論，才有可能帶來我們所說的團隊利益。波多尼表示，蘋果希望管理職的員工具備三項條件：領域知識、掌握細節，以及「在集體決策過程中，願意和其他部門合作討論」。

　　團隊的組成與合作方式，會影響能否提出有生產力的思考架構。還有一些相關技巧，包括像是讓每位成員有大致相等的時間來陳述自己的觀點，也要遵守多數決的原則。這聽來似乎是理所當然，研究也指出這樣最能發揮團隊的集體智慧，但業界實務上並不常做到這點。

　　近年來，各個組織與公司都開始嘗試向外尋求各種多元的點子。這種做法不難理解。矽谷傳奇人物喬伊（Bill Joy）在 1990 年代就說過一句玩笑話：「不論你再大咖，最聰明的

人好像都還是在別人手下。」即使某個組織已經真正擁有多元的團隊，但仍然可能有某個外部人士能提出更好的點子，特別如果是要另啟思考架構，這種可能性就更高。想引進外部人士的想法，在過去代價並不低，但網際網路推動了像是 InnoCentive 和 Kaggle 這種開放創新、群眾外包的平臺，已經降低了相關成本。這些平臺並不是單純把人拉在一起，而是讓不同的思考架構得以匯聚。

　　三不五時，就會看到這種方法發揮神效。日本公司 Cuusoo 建立了一個網站，讓粉絲投稿提議新奇的樂高（Lego）主題。而來自世界各地的用戶顯然創意十足（比起樂高自己的創意大師團隊，有過之而無不及），於是來自丹麥的樂高公司也決定從 2008 年開始，一起與粉絲社群合作，製作販售粉絲投稿的主題產品。其中一項，就是 1985 年科幻電影《回到未來》裡的迪羅倫時光車，不但車輪可以收起，那個磁通電容器也當然不缺。Cuusoo 的各項設計，現在已收入 Lego Ideas 系列，雖然都是用一般的樂高積木組成，卻有不同的組合方式，讓人重新想像各種可能。

讚許敢說出逆耳忠言的傻瓜

　　追求多元性，必然有代價。組織裡很可能會引發激烈爭論，要敲定哪個思考架構最適合用來解決某項問題，當然需

要額外耗費精力，而且如果關係太過緊繃，也會對組織的整體績效有不良影響。但在很多時候，結果會是利大於弊。因為架構的選擇確實會嚴重影響最後結果，這種為求多元而出現的摩擦，實在應該欣然面對。在想為問題找出最佳解的時候，有這些諸多差異，才會帶來優勢。

密西根大學的數學家暨決策科學專家裴吉（Scott Page，《多模型思維》的作者）清楚說明了這種觀念。裴吉把這件事比喻成想要登上某座山脈的最高峰。我們很容易可以判斷從現在的位置往哪裡走是往上，但有個風險：雖然能登上某個高點，卻不見得真的是最高峰。這樣一來，便只是得到局部最佳解（local optimum），而不是全域最佳解（global optimum）。原因就在於我們看不到整個區域，無法調查整個「問題空間」。

在這種情況下，對大多數人來說，一種辦法就是接受局部最佳解，覺得這樣已經足夠了。或者頂多就是選擇另一種辦法：回到山谷，再登上鄰近的幾座山峰，希望能登得更高、看得更遠。但在這個資源有限的世界，我們手上的時間、金錢或意志力都永遠不夠，所以我們一般也會滿足於「夠好了」的狀態：在自己攀登的那幾座山，挑個最高的就好。但這裡有更好的解法：引進擁有不同思考架構的人，這些人可能是從不同的起點，攀登過山脈的不同區域，可能有完全不同的攀登方法。多瞭解幾個不同起點的情形，也更有

可能得到全域最佳解。

　　但這在實務上很難執行。如果組織有所抗拒，就很難將多元性的價值制度化。我們需要特殊的組織方式，才能讓擁有不同思考架構的人留得下來，得以發聲（因為他們提的意見常常會與組織的想法違背）。在商業世界，我們正需要這種有智慧的局外人、能說出逆耳忠言的卡珊德拉（Cassandra），但實際情況往往不是這樣。

　　卡珊德拉的故事出自古希臘神話，她是特洛伊國王普里安（King Priam）的女兒，美麗動人，偉大的太陽神阿波羅也為之動心。為了贏得卡珊德拉的愛，阿波羅賜予她預言的力量。但她卻拒絕阿波羅進一步的追求，於是阿波羅對她下了詛咒（因為神的禮物無法收回）：雖然卡珊德拉仍然能夠預見未來，但再也沒有人相信她的預言。於是，卡珊德拉眼睜睜預見著未來，可除了自己，無人願意聆聽。她向風中大喊，卻沒有人聽得懂她的話。特洛伊就要亡了！但人民都覺得她就是個瘋子，於是聽而不聞。

　　然而在《財星》五百大公司，這種事常常發生。只不過我們現在該擔心的不是希臘人送來的木馬，而是大家不想提出異見，因而只能做出二流的決定。官僚制度常常聽不到這些「企業裡的卡珊德拉」的高聲吶喊——有些員工早已預見災難，也提出可能的糾正措施，卻總是被無視。英特爾傳奇共同創辦人葛洛夫（Andy Grove）認為這種員工對企業的成

功至關重要，還特地在自己的回憶錄花了整整一章來談這些
「大有幫助的卡珊德拉」，讚揚這些人「帶來新觀點」。

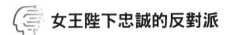

女王陛下忠誠的反對派

　　卡珊德拉的神話故事有悲慘的結局，特洛伊確實淪陷
了。然而動畫電影工作室皮克斯（Pixar）的共同創辦人暨總
裁卡特莫爾（Ed Catmull）卻有不同的詮釋。他問：「我一直
覺得很奇怪，我們為什麼覺得受詛咒的是卡珊德拉？在我
看來，真正被詛咒的是所有其他人，是所有那些聽不懂她口
中真相的人。」

　　卡特莫爾身為業務領導者，把這件事牢記在心。他說：
「我花了很多時間，思考人類感知的極限。特別是在管理的
情境，我們就是該不斷問自己：我們現在能看到多少？有
多少被擋住了，看不到？有沒有哪位卡珊德拉在說話，但
我們都沒聽到？換句話說，會不會雖然我們都懷抱善意，
但其實也都正遭到詛咒？」

　　這裡談的詛咒，指的不是有某個人看到了什麼、但其他
人都看不到，而是那些其他人的認知能力不夠機靈，無法領
會其他不同的心智模型。重點不是有些人不懂怎麼說，而是
這些人周遭的人不懂怎麼聽。舉例來說，公共衛生專家多年
來早就提出警告，認為冠狀病毒可能從動物傳播給人類，引

發全球大流行。但因為這套思考架構看來太誇張、太難以置信，很少人聽進這些警告。另外，不論是 1856 年的芙特、或是 1988 年的馮又嫦，都曾警告大氣中的碳將導致全球暖化，但大眾也是許久之後才願意相信。

為了打破這項詛咒，各機構就必須安排專用的空間，讓大家能對各種情況提出自己已經想到的思考架構，以便讓機構組織裡的成員接觸到多元的心智模型。在政治上，十九世紀英國創造出「女王陛下忠誠的反對派」（Her Majesty's loyal opposition）這個概念，意思是雖然各政黨對實際政策的想法可能有所衝突，但都有一個共同的更高理念，就是為國家服務。

另外，在軍事、企業策略與資安領域有「紅隊」（red team）的概念，指的是刻意在內部成立一支團隊來扮演敵方，以外人的觀點來探測自己的弱點、測試自己的防衛措施。透過這樣讓思考架構有所衝突（又或說是進行反事實思維），這些組織刻意歡迎這些攻擊，好讓自己能夠得到另一個角度的觀點。

中世紀的宮廷弄臣也有類似的功能。這些弄臣戴著有三個角的軟帽，各繫著一個鈴鐺做為帽墜，手裡拿著馬洛特（marotte）人偶。在嚴肅的宮廷上，大家都在談論戰爭、稅收、執法問題，而弄臣就像是個白痴在耍笨。然而，他們實際上可聰明得很。雖然有些時候，宮廷也會出現吟遊詩人或

滑稽藝人，但只有弄臣能夠享有向國王講真話的自由（但可必須講得像是在搞笑，免得國王一旦面子掛不住……）。

1386 年，奧地利公爵「虔誠者」利奧波德（Leopold the Pious）和手下將領準備攻打瑞士。他的弄臣審度情勢，開口道：「你們這些傻瓜，都只在吵該怎麼進去這個國家，但沒人在想該怎麼回來！」

而在法國，弄臣特里布列（Triboulet）曾侍奉路易十二和法蘭西斯一世兩朝。他有一次向法蘭西斯一世進言，表示有位大臣放話要謀殺國王，據說法蘭西斯一世回答：「要是他真來殺我，我十五分鐘後就會把他吊死。」而特里布列是這樣回答的：「啊，陛下，難道您不能考慮在十五分鐘前把他吊死嗎？」

有些這樣的「傻瓜」，到現在仍然發揮著實際的作用。像是航太總署最近在研究長期的人類太空旅行，就認為團隊應該有一名成員的個性要像是弄臣、惡作劇份子、或是搞笑藝人，以便化解一些緊張局勢，並適時帶入一些新的思維。

砂子掉到牡蠣裡，不會產出珍珠

想要提升選擇思考架構的能力，對個人來說，辦法包括擴充架構庫、認知採集、以及採用白紙策略，讓自己躍入認知上的未知領域。而對組織來說，如果希望建立起多元多樣

的思考架構，也能夠有重要的作為，亦即：建立並維護多元的環境，並且確保團隊都遵守正確的基本規則，以發揮思考架構的潛力。

　　這說來簡單，其實要做出來很困難，而且就算是完全出於善意的安排，仍然有可能出錯。《紐約時報》的例子正是如此。長期以來，《紐約時報》一直自詡為多元性與獨立思考的堡壘，但在 2020 年 7 月 14 日，《紐約時報》的專欄作家懷斯（Bari Weiss）憤然辭職。這位專欄作家向來言辭犀利，屬於中間派，某些議題的立場偏左，但也有些議題的立場偏右。

　　《紐約時報》是在三年前，從保守派的《華爾街日報》把懷斯挖角過來，希望能為《紐約時報》的專欄版面拓展更多觀點。當時，川普意外勝選（特別是大出東岸媒體精英的意外），而讓《紐約時報》高層覺得自己雖然在報導美國，但似乎與美國大眾顯得格格不入。這時請來一位中間偏右的專欄作家，可說是向讀者展示多元觀點的方式。這項做法完全出於善意，是由專欄版主編班奈特（James Bennet）和《紐約時報》的家族擁有者所提出。

　　然而，砂子掉到牡蠣裡，並不會產出珍珠。《紐約時報》的新聞團隊與專欄和社論團隊各自獨立，而許多新聞團隊的記者對於專欄版右傾的評論很不滿意。慢慢的，原本只是內部的怨言竟上了推特，許多記者公開抨擊專欄版的文章與作

者。而三十多歲的懷斯是個新聞界名人，聰慧亮眼，言辭尖銳，本來就喜歡挑戰各種自由派的教條，此時也成了箭靶。

懷斯曾批評在川普就職典禮後的婦女遊行，曾指出 #MeToo 運動可能太過火而表達擔憂，也曾經描述非主流思想家已形成「知識份子的暗網」，並譴責在文化戰爭中典型的審查制度、微冒犯（microaggression）與安全空間。可以說，她的作品是兩邊都不討好。雖然懷斯是猶太裔，但酸民仍然給她貼上了納粹的標籤。

2020 年 6 月，《紐約時報》專欄版刊出一篇文章，文中呼籲川普出動軍隊，平息與 BLM 運動平行發生的劫掠與暴亂。這篇文章引發《紐約時報》員工反彈，逼得班奈特辭職下臺（正是那位聘用懷斯的主編）。連帶的，炮火也波及懷斯，而且日益猛烈，五星期後，懷斯辭職離開。她在辭職信中寫道：「我自己對於『非左觀點』的嘗試，招來不同意我觀點的同事對我不斷霸凌。」

「在《紐約時報》堅持原則，並不會為你贏得讚譽，只會在你的背後放上一個靶心，」懷斯解釋：「新聞界、或許特別是在《紐約時報》，已經出現了新的共識，認為真理並不是由所有人共同去尋找取得的過程，而是有少數人彷彿受到啟蒙而得知的正統信仰，並再由這些少數人把真理通知給其他所有人。」

在某個層面上，懷斯引發的這場爭論，似乎就是在這個

秀品德（virtue signaling）、身分認同政治、取消文化（cancel culture）肆虐的時代，各自為自己認定的言論自由而奮戰。但我們認為還有更深的層面：認知的多元性，有賴於思考架構能夠得到怎樣的原始材料，而組織在此就發揮著重要的作用。

　　然而，這件事一點都不簡單。就連《紐約時報》的嘗試，也搞得灰頭土臉。這件事對企業組織來說已經很困難了，來到整個社會的層面，難度還會進一步提升。但在這個層面的影響才真正是最大。我們接著來談談社會的層面。

第 8 章

多元性

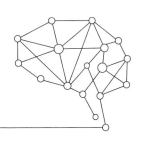

當社會箝制了心智模型的多元性，

當社會否認了其他思考架構的合法性或存在，

受到影響的不只是個人，

而是全人類都遭受到無形的損失。

從百花齊放到黑幕籠罩

那個蓋世太保很喜歡她。在這幾天,他審問了坐在他對面那個年輕嬌小的女子。女子的罪嫌是詳細記述了各種組織、機構與個人如何用納粹反猶太主義、單調重複的宣傳內容,取代了他們對這個世界的多元理解。特工搜索她的公寓,似乎找到一些神祕的代碼,但其實只是用古希臘文寫下的哲學語錄。

那位蓋世太保實在不知道如何是好。他本來是刑事偵察員,才剛調來這個負責政治偵防的部門,甚至會在審問的過程大聲問她:「我到底該拿你怎麼辦?」

女子覺得那位蓋世太保有一張「誠實的臉」。她說想要抽香菸,他就給她買了幾包。她說咖啡很難喝,他就給她換了比較好的。做為回報,她一邊對他奉承討好,一邊精心編造謊言。他答應最後會把她放了,而且正如同香菸和咖啡的事,他最後信守了承諾。在柏林的牢房被拘留八天之後,約翰娜・史特恩,也就是後來的漢娜・鄂蘭(Hannah Arendt),得到釋放。

那是 1933 年,希特勒正在鞏固自己的勢力。時年二十六歲的鄂蘭知道自己下次不會那麼幸運,於是她逃離德國,輾轉到了巴黎。納粹當時已經開始「預防性」拘留異議份子,或者有時候是直接一頓毒打。原本的柏林活力充沛、

色彩繽紛，有歌劇、交響樂，有藝廊、出版社，有政治沙龍、也有活色生香的卡巴萊歌舞表演，但此時都慢慢變成一抹同質而沉悶的灰。

還不只是柏林。在先前的十年間，全球各個主要城市都充滿活力與想像力，各種新思想與新思維開花結果。義大利未來主義者、德國表現主義者與法國達達主義者，都描繪著這種令人興奮激動的發展。各地也都能聽到這種情感的激昂展現：有彼得格勒（Petrograd，現在的聖彼得堡）的布爾什維克演說，有極端政客對於法國歷屆政府的威脅；有在美國麻州的義大利無政府主義者，還有在舊金山的中國無政府主義者。

從 1920 年代到 1930 年代早期，就像是有個思考架構的聚寶盆，為我們不斷帶來各種觀看世界的方式。在那個巴黎的「瘋狂年代」（les années folles），有史特拉汶斯基重新定義音樂，有畢卡索重新發明繪畫，有喬伊斯重新詮釋文學，還有柯比意重新想像建築；而且這些人沒有一個是法國人。而在美國那個咆哮的 1920 年代，飛來波女郎（flapper）跳著舞、喝著酒、抽著菸，刻意衝擊各種界線，重新定義著什麼叫做可接受的行為。

「到處都是長時間狂歡的氛圍，」一位文學評論家寫道：「連交響樂團都演奏得太快。」各種政治、社會、經濟、藝術的新想法紛呈，像是同在一個大鍋裡沸騰冒著泡。

資本主義、共產主義、法西斯主義，彼此交織。和平主義、軍國主義，一較高下。立體主義與超現實主義；激進主義與超極簡主義；反猶太主義和納粹主義……到處都見到各種的碰撞、結合、排斥與轉變。

　　但慢慢的，各種想法原本的寬廣，逐漸開始縮小。這件事是逐漸發生的，有時幾乎難以感受得到，彷彿生鏽一樣。有一部分是經過刻意規劃，是極端份子逐漸集結壯大的結果。但也有一部分是出於偶然，或至少是無意，大家就是這麼旁觀著，一心期待能有最好的結果。許多地方曾有多元的思考架構如繁花綻放，現在卻是一片死寂與荒涼。科學家被推上工廠的裝配線；博物館的牆上再也看不到那些「墮落」的藝術品；教師、記者、商人被召喚去服事與諂媚居於主導地位的心智模型，而無法在擁有多元架構的情境裡發展錦繡前程。

　　黑幕籠罩。年輕人組成的非法軍事組織，充斥在街道上，日復一日重複著野蠻的行徑。希特勒、墨索里尼與史達林將異議份子丟進大牢，槍殺政治對手及其家人。原本只是思想與認知的入侵，現在已經轉為實體。一位十四歲的波蘭女孩，在 1943 年的一則日記最後寫道：「噢，我還忘了最重要的事。我看到有個士兵從一個媽媽手裡搶走才幾個月大的嬰兒，然後把嬰兒一頭撞在電塔上。嬰兒的腦漿濺上木頭，那個媽媽精神崩潰。」這就是她對那天的回顧。

推動工業化的引擎變了樣，而讓幾百萬人的殺戮也機械化，先用棚車、再用毒氣室、再到火葬場。戰爭的起始，用的是騎兵和馬匹拉的大炮；戰爭的結束，用的是燒夷彈和原子彈。等到最壞的時刻過去，人類已經給自己造成無比的傷痛，失去了想像的能力。

危險的單一「真理」架構

壓迫的形式有很多種。除了外顯的暴力、扭曲的體制、仇恨與不公不義，在背後還有一些比較不明顯的限制。這些都會壓抑人類的自由，讓人難以建立思考架構，難以用某些方式去看世界，也難以想像事情本來可能有何不同。這些事情的當下並不明顯，但事後回顧卻昭然若揭。認知的壓迫會留下空缺；它造成的影響並不在於有什麼，而在於缺了什麼。當社會箝制了心智模型的多元性，當社會否認了其他思考架構的合法性或存在，受到影響的不只是個人，而是全人類都遭受到無形的損失。

這樣的壓迫曾經出現許多次：1930 年代與 1940 年代，法西斯主義及共產主義在歐洲興起的時候，就是如此；再到 1960 年代和 1970 年代的中國文化大革命，這種壓迫也清晰可見；至於在柬埔寨的屠殺、盧安達的種族滅絕，也是這種壓迫的外在表現。

　　然而，壓迫除了外部暴力的形式，有些時候是去扭曲人們對現實的感知。這種壓迫表面上不那麼恐怖，但錯誤的程度不遑多讓。美國反共產的「紅色恐慌」正是這種例子：參議員麥卡錫在 1950 年代舉行一系列聽證會，把教授、作家與好萊塢製片人拖到國會面前，要他們作證是否支持共產主義。而到現在，有些大學生（及東歐的政治人物）會阻止別人表達觀點，不讓人聽到其他論點，或甚至阻擋他人往來，也屬於這一類的壓迫。

　　我們是透過心智模型來思考、並與身邊的現實互動，思考架構的選擇與應用也就成了最強大的工具。如有多元的心智，便能提升每個個人建立思考架構的能力；而有多元的團隊，則能帶來更好的解決方案。無論是對社會或是人類整體，多元的架構都能帶來好處。

　　多元性不僅有益於個人，也有益於社會。這裡的重點比較不在於道德，而在於務實：只要能對各種架構都抱持著開放、寬容的態度，社會便更有機會進步。

　　例如在經濟領域，就可以清楚看到這種多元架構的概念。市場經濟的本質，就在於參與者能夠自己判斷最佳時機，自我調整如何和他人互動。每個人都會帶著自己的思考架構，做出競爭、合作、交易等等決定。（道德高尚的哲學家亞當・斯密曾呼籲建立一個「開放且自由的市場」，雖然他說的是要除去相關障礙，例如浮濫的稅目、自私自利的關

稅壁壘、食利者的各種不正當收費，但這種概念也可以用來
除去心智模型的相關障礙。）

　　同樣的，政治領域也能見到這種多元主義的態度。在民
主政體裡，人民可以選擇自己的領導者，可以公開競爭治理
大位，以及擁有建立自己思考架構的自由。

社會應保有多元思考架構

　　再到社會領域，多元主義與鼓勵一致的從眾主義截然不
同。多元主義接受差異，而不會試圖把一切融合成單一且相
同的事物；如果把彩虹的所有顏色合起來，只會看見一道白
光。多元主義所追求的是保留那些不同的顏色，希望色彩繽
紛而非單調。社會如果能對各種架構都抱著開放與寬容的態
度，對所有成員都會更好。

　　多元主義並非目的，而是手段。真正的目的，是希望讓
社會能支持所有組成社會的人民，保護人民身心的自由與權
利。如果能有建立思考架構的自由，除了可以提升人性尊
嚴，更會帶來有力的影響：讓我們在重大關鍵的時刻，能夠
不僅為個人、更是為社會做出更好的選擇。

　　就社會的層面，多元主義的目標不是從某類架構中挑出
一個、再要求眾人追隨，而是希望能同時讓許多互相碰撞的
架構蓬勃發展、發揮作用。有這樣的環境，便能讓個人與組

織打造適宜的思考架構。

此外，如果社會能隨時保有這樣的多元主義，也就能隨時應變各種突發的顛覆性挑戰。有些時候，堅持原有架構會造成危險，另啟思考架構迫在眉睫，而多元主義可以為我們提供彈性。多元主義能為我們提供豐富的架構種類，正如生物演化有賴於生物多樣性，如果社會想要演化，就需要有架構的多元性。如果用演化論的話來說，無法在關鍵時刻擁有豐富的架構得以運用，就無法通過天擇的考驗。因此對於社會來說，多元架構是不可或缺的策略，有助於我們應對未知的挑戰。

放棄了多元主義，就會危及社會的永續生存。弔詭的是，如果擁抱多元主義，不免也會出現一些認定「多元性是一種弊端」的思考架構。1930 年代正是如此，納粹、法西斯主義與共產主義就這樣扼殺了思想的多元性。對於這種擔憂，哲學家波普爾（Karl Popper）稱之為「寬容的弔詭」（paradox of tolerance）：如果我們對所有的不寬容，都採取了寬容的態度，最後將不再有任何寬容。

我們在本書一直努力想要指出，**幾乎沒有錯誤的思考架構，只有不適合某種情境的思考架構**，而且各種架構應該要有能夠共存的權利。但我們也要小心強調，這種慷慨的態度要有前提，那便是：**唯一一種錯誤的思考架構，就是拒絕其他的思考架構**。

　　這種說法並不只是出於道德或倫理的原因（也不是因為宗教戒律、或是太陽神經叢脈輪會浮起一種溫暖的感覺），而是有務實的理由。具備架構多元性的環境，能讓我們提升建立思考架構的能力。這是我們在面對時代動盪時的一種心理保險機制。相反的，如果限制了社會上的架構空間，就會讓某些認知能力無法充分發揮——也就是讓我們變笨。

　　我們並沒有簡單的方法能辨別哪些是不適宜的架構，也沒有簡單的辦法能處理那些不適宜的架構——只有獨裁者才會相信自己全都有解答。想處理那些不適宜的架構，需要我們抱持耐心與務實的態度，不斷來回檢視，在「保持開放與接受」及「避免出現拒絕其他架構的架構」之間有所拿捏。但只要注意到這項挑戰，就已經是重要的一步。

　　同樣重要的一點是：因為錯誤的架構通常是特例，所以一般還是應該先抱持寬容的態度。原因在於：我們帶著自己的思考架構去評判其他思考架構時，本來就會比較挑剔，所以只要還不確定，寬容一點還是比較好。此外，對於社會來說，找出這些極少數的錯誤架構非常重要，不能把這份責任委託或外包，而必須是所有人共同的責任。

　　只有單一真理架構所帶來的危險，再真實不過，原因就在於我們會非常容易受到這個思考架構的影響。

　　前面解釋過，人類喜歡使用過去曾經成功的架構，所以只要看到像是釘子的東西，就會伸手去拿鐵錘。這樣雖然能

夠迅速讓某種標準架構派上用場，但總是有某些缺點。

　　這種做法讓我們的回應一成不變，而如果當時的情境需要轉換視角才能處理，便無法應付。更糟糕的是，如果某個思考架構過去用起來愈成功，我們就愈難放下，甚至會以為只有這個架構最優秀，絕對別無選擇。這就像是有個人在買股票，曾經在股市下跌時運用某種策略大賺一筆，但等到後來股市開始持續上漲，仍死守一樣的策略，卻不知道為什麼這次行不通。

　　只相信單一真理架構，不但對個人無益，也會拖累整個社會。請試想：經歷數十年在經濟與社會上取得成功，就會讓許多國家相信自己的主流思考架構一定是對的。在專制極權國家，就會不斷宣揚各種成功，用來吹噓領導者採用的心智模型。這種做法除了會讓宣傳機器運作得更加順利，也能回過頭來讓政權更相信自身的正當性。但這種動態十分危險，會讓個人心智與公共領域裡還殘存的架構多元性逐漸消失，於是整個社會一步一步走向知識的匱乏。

　　但就算是站在專制極權國家的對立面，自由民主體制也無法對這種情況免疫。雖然民主政體遠離認知多元性的步伐可能比較小、比較慢，或許也比較細微而在起初難以查覺，但仍然可能出現認知多元性下滑的現象。如果不能時時警惕，過了一段時間，社會原本多元的架構也可能開始減少，原因除了社會壓力，甚至也可能是檯面上的法規因素。

鄂蘭所謂「人的條件」

　　鄂蘭逃離蓋世太保與納粹德國，途中多次幾乎喪生，最後終於來到美國，也成了數一數二的公共知識份子。她寫下許多大部頭的政治哲學著作，雄辯滔滔，書名簡單卻又大膽，像是《極權主義的起源》和《論革命》。1960 年，曾在大屠殺扮演重要角色的前納粹官僚艾希曼（Adolf Eichmann）接受納粹戰犯審判，鄂蘭全程參與，寫下她最知名的著作《平凡的邪惡：艾希曼耶路撒冷大審紀實》，她創造了「邪惡的平庸性」（banality of evil）一詞。

　　雖然鄂蘭以政治思想著稱，但最發人深省的論述卻是她所謂的「人的條件」（human condition）。在她看來，人性的本質在於思考、決策和行動的能力。其實她也是多元架構主義的信徒，只不過她是用「立場」這個詞來描述架構。鄂蘭寫道：「思考特定議題的時候，我腦海裡如果浮現愈多人的立場，最後得到的結論就愈令人信服。」

　　鄂蘭極力抗拒要將個別思維同質化形成單一集體的做法。盧梭說要有「共同意志」，但鄂蘭不同意，她堅持該有「複數的立場」。又或者可以聽聽她簡潔有力的說法：「住在這個地球上、這個世界上的，是複數的人（Men），而不是單數的人（Man）」。

　　鄂蘭憎惡專制極權社會那種單一文化的心智模型，也批

評法國與俄國的革命是對民眾強加單一的現實觀，而不是讓民眾能夠自由表達各種心智模型。

但是鄂蘭看著西方世界對自己的世界主義自鳴得意，也憂心忡忡：雖然自由社會的觀點看似寬容，但如果套到整個世界，就會形成單一的真理架構。在鄂蘭看來，還是希望能有許多心智模型一同共存。這就是貫串她生活與工作的那條紅線，而她自己便是一個很好的代表：既是猶太女性，也是當時最偉大、也最有爭議的德國哲學家海德格的學生，還是一位美國女性，研究了「黑暗時期的人」是受到哪些激勵。

鄂蘭認為：不論國家是以怎樣的名義，來限制人民的認知能力，都會讓社會變得匱乏貧弱。鄂蘭希望讓人們瞭解到架構多元化的重要性。但看懂的人少之又少。

1990 年代初期，冷戰結束、共產主義垮臺，都讓許多西方人更加堅信，不只是西方的價值觀、還包括西方的思考架構（他們對世界的心智模型）都更為優異。美國政治學家福山在 1992 年就有一句名言，表達著這種信念，說人類的文明已經來到「歷史之終結」，原因在於蘇聯解體後只剩下唯一的主流思考架構，也就是自由市場民主架構，彷彿標示著政治思想已然來到終點。以美國為代表的這套自由市場民主架構，似乎並沒有其他可信、一致的治理方案可以替代。於是，全球事務也就此展開了「單極時刻」（unipolar moment）。

　　美國身為唯一超級強權，把自己的價值觀與心智模型出口到全世界，以一種勝利者兼普世主義者的姿態，發揚著相關的概念與理想。而在柏林圍牆倒塌一年後，前東柏林的地鐵也出現一系列「西方」（West）香菸的廣告，寫著「來試試西方如何！」

　　在這十年間，就是這樣充滿著令人飄飄然的樂觀主義。當時的俄羅斯，對於投資和選舉都還抱持著開放的態度。中國則是在 2001 年，在美國支持下進入了世界貿易組織；但幾乎沒人想到，中國接下來並不會走上經濟開放、給人民更大自由的道路。

　　九一一事件後，美國入侵伊拉克與阿富汗，並開始安排當地的選舉。2010 年阿拉伯之春開始的時候，美國專家認為這證明美國 1776 年的建國精神，終於來到了德黑蘭和突尼斯。這些美國專家是透過自己最熟悉的思考架構來看各種事件。只不過，這樣得到的想法其實主要是反映了自己，而不是反映了真正的情境；是讓我們更瞭解觀看者，而不是更瞭解真實的情形。但這種錯誤人人都能體會：「這個思考架構過去效果很好，為什麼要改？」的想法實在是一個再自然不過的偏見。

　　然而這裡的問題，除了堅持使用已經過時的架構之外，還因為排除了其他的架構，導致人們不再質疑傳統的想法。這樣所帶來的風險，是讓環境缺乏包容，無法支持多元的各

種架構共存。

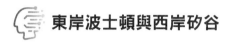 ## 東岸波士頓與西岸矽谷

　　如果具備多元性，我們就更有可能為新挑戰找出新的解法，也更有可能克服各種挑戰。但如果可用的思考架構有限、甚至只有主流的一種架構，我們卻也更可能落入心理困境，無法應對各種挑戰；於是一如古代王國和偏遠島嶼的居民，眼睜睜看著自身文化遭到摧毀，只因自己無力應對。然而，我們是有辦法可以避免這種情況的。

　　想當初資訊時代來臨之際，可說是由美國的東岸居於主導地位。電信龍頭 AT&T 的總部在紐澤西州，電器大廠奇異的總部位於康乃狄克州，而紐約州除了有電腦巨擘 IBM，也還有攝影產業的柯達，以及影印機業的全錄。在波士頓一二八號公路旁，就是一整排的電腦公司。在 1959 年，一二八號公路沿線科技職位的數量，足足是矽谷的將近三倍。然而到了 1990 年，反而是矽谷的科技職位遠超過一二八號公路，而且創造出了三倍的新工作機會。矽谷是怎麼成功的？

　　答案是，當時那些東岸科技龍頭的營運方式與政府官僚機構如出一轍：單一且高度集中。那是個上班族都要穿灰色法蘭絨西裝的年代。在一二八號公路沿線的公司，組織嚴

謹、階級分明，決策權集中在高層，資訊掌握在特定人士手中，並且不會對外開放。現在這些公司有許多已淹沒於歷史的潮流，像是迪吉多電腦（Digital Equipment Corp.）、阿波羅電腦（Apollo Computer）、王安電腦（Wang Labs）等等。這些勞力市場也沒有向轉職的人開放，而缺乏就業流動也就代表著員工必須唯企業想法是從，缺乏接觸外界想法的機會。商業學者薩克瑟尼安（AnnaLee Saxenian）的指標性著作《區域優勢》便指出，當時企業鼓勵的是穩定，而不是創新思維。

　　相較之下，矽谷有一群小型而靈活的企業，形成了朝氣蓬勃的網路，企業互相競爭、積極求新。這裡沒有哪家企業是龍頭霸主，各家新創公司採去中心化架構，而冒險精神會得到尊重。競爭帶來許多小型實驗，讓每個人都變得更聰明。不同公司的員工會約在外面聊天、分享點子，整個勞動市場也鼓勵跳槽，於是各家企業能夠從新進員工身上，得到更全面的思考架構。結果就讓分散式的矽谷，比起單調一致的東岸企業，更為創新、也更具效率。

東方中國與西方歐洲

　　根據經濟史學家莫基爾（Joel Mokyr）和人類學家戴蒙（Jared Diamond）的說法，在過去大約兩千年間，中國與歐洲之間的經濟競爭也有類似的情形。有史以來，多半是亞洲在

科學和經濟上更加先進，而歐洲就像是一灘原始的死水。要談到多元架構主義會如何影響整個社會的命運，且讓我們以史為鑑，回到西元前 221 年。

當時經過各國交戰多年，中國終於由秦國統一。做為唯一的強權，大秦帝國做起許多事的效率都大為提升。各種決策由中央決定，再傳令到全國四方。而在接下來一千多年內，中國也在科學與創新領域居於全球領先地位，發明了鑄鐵、火藥、造船、羅盤、精密的鐘、紙張，以及印刷術。時至十五世紀初，距離哥倫布用三艘小型船艦橫跨大西洋還早幾十年，中國就已經派出大型艦隊橫跨印度洋（鄭和下西洋），到達東非。

然而就在十五世紀中葉，經歷內部權力鬥爭，最後由保守的派系得勢，中國艦隊不再出航，造船中止，船廠也被拆除。海禁日益嚴格，貿易遭到禁止。1661 年，大清帝國順治皇帝將東南沿海居民內遷三十里到五十里，並驅逐歐洲商人與使節團。在這個高度集權的國家，不過是經過幾項決定，中國過去探索、發明、全球化的偉大年代戛然而止。

讓我們再比較歐洲的情形。十四世紀，歐洲有大約一千個小國，彼此競爭。靠著「誰的領土，就信誰的宗教」（cuius regio eius religio）這個信條，為宗教多元主義鋪平道路，宗教戰爭基本上在十六世紀中葉畫下句點，之後輪到各個領地、公國與王國爭權奪利。這引發巨大的摩擦，無數次

的流血衝突。然而，歐洲的分裂情勢也成了實驗的沃土，就像一間政治、經濟與科學的實驗室，能夠測試各種創新的思考架構。

中國此時是天下一統，而歐洲卻是四散分離。中國有主要的統一語文，歐洲則有許多不同的語言，還常常各有不同的字母。中國整個國家由中央集權管控，而歐洲國家之間則是彼此遠到可以各自獨立思考，也近到可以互相交流想法與實用概念。不論是義大利的城邦或是德國的邦（Länder），都在此時蓬勃發展。從查理曼大帝到拿破崙，各方統一歐洲的嘗試最後都迎來失敗。就算在羅馬帝國鼎盛時期，統治的疆土也不到歐洲全域的半數。沒有中心便意味著多元，而且也就帶來各式各樣的思考架構，能用來評估問題、嘗試解方。

中國當時是個同質的國家，由中央統一思考架構。而歐洲則是四分五裂，有五花八門的架構——就算有某個地方的社會條件壓抑了思考架構的多元性，也會有另一個地方是鼓勵架構多元性的發展。中國雖然發明了火藥，但因為沒有一直遇上敵手，最後就只拿來放煙火。而歐洲各國總是在經濟上競爭激烈，也總是擔心害怕自己的鄰國，因此想出了火藥的其他用途（唉，就是拿來做成武器）。然而時至今日，整個經濟形勢看來大不相同，換成中國成為商業競爭的溫床，而西方似乎失去了商業上的活力、創新上的渴望。這就是在

居於主導地位久了之後，對個人、企業和國家的影響。情勢
條件就是這麼重要。

「取消文化」與多元文化背道而馳

諷刺的是，矽谷已經成了新的單一文化。那些工程師、
開發師和設計師常常外表類似、想法類似，也常常受到同樣
的價值觀所激勵。矽谷已有龐大如巨獸般的企業，由全能的
領導者帶領，巍巍然立於其他像是小人國的眾多新創企業眼
前。而這些人不管是加州理工學院的研究科學家，又或是中
學輟學的駭客，似乎都無法帶來認知的多元性；這就像是挪
威董事會的情況再現。

金融科技公司 Stripe 的創辦人科里森（Patrick Collison）
與經濟學家柯文（Tyler Cowen）就呼籲，應該要成立「進步
學」（progress studies）這個新學門，深入研究為何某些創新生
態系的表現更佳，以及該如何將成功維持下去。或許，這些
科技奇才之所以會那麼像是彼此的複製人，是因為他們都上
過波多尼在蘋果大學的課，於是都採用了同樣的方式來追求
「不同凡想」。

單一文化最後必然失敗。如果心智模型都太過同質，不
論是對特定產業、或是對整體社會，都只會失敗收場。而這
裡的解決辦法便是接受架構多元性的原則（亦即：除了那些

拒絕其他思考架構的架構之外，我們必須接納所有思考架構），不但簡單，而且功效強大。

　　然而，架構多元性並不代表所有思考架構都有一樣的效用或價值。有些思考架構就是會在大多數情境中比其他架構都更糟，我們使用這種架構的時候必須要格外小心。當然，思考架構之間也會出現同性相斥的情形，大多數人總覺得別人的思考架構比較差、自己的思考架構比較行。正因如此，我們更必須虛心，好好學習究竟該如何衡量與取捨。

　　舉例來說，如果只是要測量一段很短的距離，大可把地表視為平面；雖然地球其實是圓球形的，但整個地表的曲率就局部地區而言，實在微不足道。我們可以去解釋為什麼這套思考架構與現實有落差，也可以在特定條件下應用這個思考架構，但不應該直接否認這套思考架構的存在。又例如，假設有某套心智模型認定全球暖化「不是人類所造成」，我們也不該將它全然抹煞。雖然這套架構在科學看來並不正確，而且也會導出錯誤的決定，但我們只能因此而選擇不接受這套有問題的思考架構，不能否認它的存在。

　　事實上，架構多元性的目的，正是為了讓各種思考架構能夠彼此競爭、互補、對抗、共存。而如果有某套思考架構旨在完全抹消其他架構的存在，這會是不可接受的。也正因如此，現在的「取消文化」透過社會壓力來審查他人的觀點，會造成極惡劣的影響。這不只是在箝制言論自由，而是

在拒絕接受他人的想法、拒絕接受他人對現實的理解。

擁有多元的思考架構，確實能帶來更好的成果。但仍然可能基於倫理和道德的充分理由，讓我們決定不把某些架構加進我們的架構庫。只不過，在下這樣的決定時，我們必須是有意為之，而且要理解這麼做的後果：這會令我們的架構庫空間較為限縮。

此外，想要有多元的思考架構，也得付出代價，例如會有更多的社會摩擦。假使人人都對世界有同樣的看法，自然沒什麼好吵好鬧。但這種時候，如果社會即將做出某個錯誤的決定，也就不會有人能夠站出來阻止。社會要鼓勵眾人提出不同的觀點，等於是在進行一項刻意的投資：願意接受**有架構就有衝突**的事實，而且會設法讓衝突也能帶來價值。

所以，究竟要怎樣才能讓多元思考架構在社會上生根？最基本的方法當然是要營造適宜的環境，以利於產生彼此競爭的不同架構。我們在上一章已經解釋過，個人的認知多元化，能夠帶動整體環境的多元化。如果能夠有各式各樣的朋友與同事，就能成為一片沃土，讓我們的心智模型多采多姿蓬勃發展。在社會層面上也是如此。

但是多元社會不一定等於自由民主國家。舉例來說，可能有某個國家雖然民主，但所有國人的想法都非常類似（像是十九世紀維多利亞時代的英國，或是二十世紀日本的共識決策模式）。同樣的，可能有某些社會雖然不民主，卻仍然

可以接受各種不同的思考架構（像是羅馬帝國，有極高的文化多樣性，但肯定算不上民主），在這種社會，雖然不是採用多數決，但因為有多元的思考架構，在創新與社會決策方面都可能表現得更好，特別是在出現顛覆性變化的時候，更是如此。

　　如果只想一切順其自然，其實我們並不會去保護認知自由、提倡多元架構，而會像是有一股無形的引力，被固有的部落主義推向認知同質性（只要曾經跟老闆一起開過會，就會知道這種感覺）。所以，如果想要有鼓勵多元思考架構的氛圍，便需要刻意營造並維護，並不是一次成功就高枕無憂。不斷維持多元架構所需的條件，會是一項重要的社會任務。雖然社會成本不低，但這也能讓人感受到自己能夠有所作為：每個人付出一點心力，便能有長足的影響。前提是要抗拒苟且和被動消極的態度，以免助長某些人的氣焰，而使認知多元性遭到削弱。

多元化策略之一：擁抱變化

　　社會如果能培養出思考架構多元性，便能讓各式各樣的觀點都繁榮興盛。可行的策略有四種，前兩種在個人層面，分別是：擁抱變化、運用教育；後兩種在社會層面，分別是：鼓勵遷徙、容許摩擦。讓我們逐一討論這四種策略。

　　首先是擁抱變化。這指的是要主動追求不同觀點，而不只是被動希望它們自己出現。同時，也要把「觀點眾多」看成是值得高興的事，而不是生活中應該避免的狀態。簡單的一句「對這件事，我有另一個角度的看法」，一方面能點出雙方的差異，但一方面也是尊重彼此的觀點。這也就能證實，即使有不同的思考架構，仍然能享受互動帶來的豐富成果。這也代表著接受每個人的認知並非同質，而且社會上能有各式各樣的心智模型，正是文明進步的象徵。

　　在美國，同性婚姻的推動者就用巧妙且細膩的方式做到了這一點。在 1995 年，支持同婚的美國人只有四分之一，但到 2020 年，數字已經來到將近 70%。究竟發生了什麼事？一部分原因在於社會人口統計上的變化：夫妻生的小孩比以前少，於是讓婚姻的重點逐漸從生育下一代，轉向兩人之間穩定的關係。但也還有一些更深層的原因。

　　從 1980 年代起，同志權利運動一直把婚姻當成核心議題，也一直把爭取這種法律權利當作重點。然而，同志權利運動就是沒有獲得顯著的進展。保守人士高聲怒喊：「上帝是創造亞當與夏娃，不是亞當和史蒂夫！」尼克斯（Kevin Nix）是「婚姻自由」（Freedom to Marry）這個組織的溝通策略主任，他解釋道：「當時那種法律思考架構，講的是權利，但就是沒有效。那種架構缺乏想像、太唯物、沒有說服力。」

　　到了 2000 年代初期，尼克斯等人仔細研讀各種輿論數據、民意調查與焦點團體的意見，想弄清楚大眾為何還有疑慮。尼克斯說：「對於那些民眾、還有從前的反對者，我們得瞭解怎樣用他們的思考模式來談，設法讓他們成為我們的一份子。我們最後選定了一個價值觀的架構，鎖定大部分人結婚的原因：愛、奉獻、家庭。」

　　換言之，「婚姻自由」組織改變了他們對同性婚姻所強調的特性，不是視為一種自由或權利，而是對愛的表達與承諾。這是一項決定性的轉變。他們請來各行各業的同志證明這一點。他們也請了第三方來做「認可」，像是請異性戀父母來捍衛他們孩子的結婚權。他們投放廣告，也將論述放進政治媒體、名人新聞，或插進電視新聞的字幕跑馬燈。

　　他們並不是要推翻或破壞他人對世界的觀點，說只有自己的架構才「正確」；他們只是要讓大家知道，世界上有許許多多不同的架構，而且都同樣正當。於是，他們把同性婚姻放進許多異性婚姻同樣使用的「愛與承諾」的架構。

　　他們成功了。2011 年出現了黃金交叉，美國支持同婚的人數正式超過反對的人數。講到同婚，只有 14% 的人會說到這是一種自由，而竟然已有 32% 的人會說這是一種愛、一種人類的情感。2015 年 6 月 26 日，聯邦最高法院裁定憲法保障同性伴侶結婚的權利。這是一項重大的社會勝利，而且並不是靠著強迫民眾接受某種特定的思考架構，而是在於

一項見解：一個多元社會的重要基礎，就是讓各種心智模型
能夠共存。

多元化策略之二：運用教育

　　要推動多元架構的第二種方法，則在於運用教育。相較
於一個世紀前，現在學校裡的教學和教學法愈來愈開放，愈
來愈鼓勵不同的觀點。這是教育領域一項全面的改變，遠比
那些現在仍然存在的教育資源差異（像是城鄉差異）更為明
顯。可以說，現代學習的特點就是對新概念的開放。所以，
年輕人現在更能侃侃而談、自信滿滿，比較不會顯得畏畏縮
縮。而且更重要的是，這樣的教育助於維持思考架構多元，
社會也因而受益。

　　當然，我們能做、該做的事還有很多，特別是有部分地
區的腳步仍較為落後。而對教師而言，他們過去成長的環境
可能不那麼包容，現在卻要求他們營造出能夠接受各種觀點
的課堂體驗，這可能會是不小的挑戰——如果整班同學都在
點頭做筆記，教師很容易就覺得自己的觀點沒什麼問題；但
要學生能去質疑各種觀點，其實需要教師自己懂得更多，特
別是得瞭解各種觀點的優缺點何在。另外，教師也需要掌握
如何帶動討論的技巧，以及願意相信有可能別人的某個觀點
確實比較好。不過說實話，教職現在面對知識爆炸成長、行

政事務增加、相關資源減少，已經十分辛苦了，要達到思考架構多元性的要求，實在不容易。

如今這個開放的社會，一項核心價值便是去挑戰各種概念，也要知道發生衝突本來就很合理。招聘人員早就表示，受過博雅教育和扎實學術訓練的畢業生，在就業市場其實很吃香。意思是說，高等教育的中心任務不一定在於培訓技能，而可能是要促進認知多元性：不是「想什麼」，而是「怎麼想」。這不但有助於提升建立思考架構的能力，從更廣的角度來看，也代表能為下一代確保社會擁有多元思考架構。

重點在於我們必須讓大眾瞭解：看待這個世界的觀點就是不止一種，我們應該要讚頌這些差異，而不是試圖忽視或隱藏。清楚呈現這些差異，就能讓差異得到尊重、抬頭挺胸。

我們可以談談自己能看到什麼。社會學研究有個有趣的領域與這點有關，講的是美國白人父母與黑人父母分別和孩子談論種族的方式，有明顯的不同。一片好意的白人父母，常常不會刻意去談種族或提出種族議題，因為他們相信這種「種族色盲」的做法能夠避免讓孩子成為種族主義者。他們想強調的，與金恩博士很類似，都認為人的重點在於品格，不是膚色。然而，黑人父母卻是常常和孩子討論種族議題。在他們看來，種族色盲就是在故意無視各種明顯現象，視

而不見這一切如何影響日常生活，譬如逛超市卻被懷疑是小偷、開著車卻無端被攔下。黑人孩子受到的家庭教育，就是強調要看到種族的各種顏色。

社會學家認為，「種族色盲」這種思考架構正是種族歧視的重要來源。那些其實是一片好意的白人父母，想要強調無須區分種族，但也就在無意之間，否認了有色人種遭到歧視的日常。這種絕對色盲的架構抹去了差異、忽略了多元，於是原本色彩多元的彩虹就變成了一抹難以區分的灰。這種做法忽略了一項事實：大部分人就是活在同質性裡、也歌頌著同質性，而與架構多元性背道而馳。

至於另一種思考架構則是**種族多彩**（colorfulness），這是研究種族的社會學家的用語，意思是：除了要承認差異，也會因此而點出這些差異所代表的痛苦、艱難與緊張，並最終將這一切轉化為多元性，而人類建立思考架構的能力也將蓬勃強大。

教育的重大目標之一，就是讓社會上那些實際存在的差異，既成為責任，也成為契機。

多元化策略之三：鼓勵遷徙

促進多元架構的第三套方式在於鼓勵遷徙及流動。當民眾愈把自己的文化與思維方式從一地帶到另一地，促成融合

與變形，整個環境就會變得愈豐富，各種不同的思考架構愈能蓬勃發展。縱觀歷史，時不時都會出現一些創新而充滿活力的思想中心，從雅典、羅馬，再到像十七世紀的克雷莫納（Cremona）是小提琴的創新聖地。而像巴黎的拉丁區（Latin Quarter）之所以得名，也是因為當時來自全歐的學者在此交會，拉丁文正是他們共同的溝通語文。

流動與遷徙之所以如此重要，是因為這件事的前提正是：開放。在 2000 年代初期，城市理論家佛羅里達（Richard Florida）研究各個地區或城市經濟成敗的因素，寫成《創意新貴》一書。書中檢視大量指標，梳理出成功背後的原因，其中有三項要素特別突出：科技、人才、寬容。

「寬容」則是其中最關鍵的一項。那些心態最開放的地方，經濟表現得最好。佛羅里達表示：「可以說這些地方有更大的思考地圖，這些地方會讓人能夠冒險，而不會都有同質的展望。」那些創意階級的人，會前往更寬容與開放的地區。這可以做為一種早期指標，既預示著多樣性和多元化，也預示著思考架構多元性將創造的經濟紅利。

但是，想追求開放，需要長期的承諾。有些城市與地理位置上的鄰國相比，算是相對寬容，例如杜拜和新加坡，而它們就發現，最優秀的創意階級都有超高的流動性。只要所處的地點無法維持寬容的特性，他們就會迅速離開。因此，與其不斷追求及利誘這些超高流動性的創意精英，或許更合

理的做法是展現出足夠的開放程度，以吸引那些願意前來的創意精英，並讓他們願意永遠留下。

如果把範圍再放大一點，也可以靠著移民，來刻意影響整個社會的思考架構多元性。目前，許多先進經濟體的出生率太低，而移民是補充人口的一種方式。但每個社會對移民的期望不同。像是在歐陸，幾十年來都有一些重要的公共支出計畫，幫助新移民迅速融入當地社會。這可說是正確的策略，因為經濟上需要更多勞力，而社會上也不想再增加更多緊張。

自 2015 年前後開始，歐洲湧進數百萬名移民，多半來自中東和非洲。當時專家就預測，這波移民潮可能改變許多歐洲國家相對同質的情況，並導致社會局勢緊張。他們說得沒錯。多元性絕非無須付出代價。

但如果從思考架構的觀點來說，移民潮可能是塞翁失馬。可以說，現在歐洲文化多元的程度要超越過去幾十年，而文化的多元就能帶來思考架構的多元。靠著這樣促進各種新觀點和想法，能讓歐洲各國免於認知單一化的威脅。這種幫助在世道平和、無須另啟思考架構的時候，或許看來並不重要，但是如果情勢有變（例如：面對著攸關生死的環境問題、出現災難性的全球流行疫情，或是經濟不平等的落差過大），必須切換成其他思考架構，這樣的幫助就非常重要。

相較之下，美國則正在把過去關於民族「熔爐」的神

話，轉成「燉湯」，也就是讓裡面的好料都還維持各自的形狀。像是韓裔住在洛杉磯的韓國城、華裔住在舊金山唐人街、拉美裔住在南德州、古巴裔住在佛羅里達州、巴西人住在波士頓，這些人就算一個英文字都不會講，還是可以過得舒舒服服。這種現象雖然融為一體的步伐比較慢，但還是能讓美國享有持續的多元性紅利。局外人就是能看到局內人看不到的東西，而這也能成為局外人的優勢。

　　想想看：谷歌共同創辦人布林（Sergey Brin），以及深受保守派喜愛的作家蘭德（Ayn Rand），都是出生在俄羅斯。微軟執行長納德拉（Satya Nadella）是印度人，谷歌執行長皮柴（Sundar Pichai）也來自印度。谷歌的財務長波拉特（Ruth Porat）是英國人，創辦特斯拉和 SpaceX 的馬斯克是南非人，航太企業家還當上太空人的安薩里（Anousheh Ansari）則是伊朗人。在媒體界呼風喚雨的梅鐸來自澳洲，英特爾的共同創辦人葛洛夫出生在匈牙利，而輝達（NVIDIA）的共同創辦人黃仁勳，出生在臺灣。大膽敢言的風險投資家提爾（Peter Thiel）和演員布魯斯威利斯，都出生於德國。賈伯斯的父親是敘利亞移民。只有美國前總統歐巴馬，出生就是道道地地的美國人。

　　這些人都跳出了原本的框框，也成為其他人效仿的榜樣。於是他們提升了美國的思考架構多元性，也確保美國能擁有豐富多樣的心智模型。

　　尤其在近幾年，美國的社經階級差距和政治立場壁壘分明，而引發種種緊張關係，多元的思考架構與心智模型也就特別能派上用場。

多元化策略之四：容許摩擦

　　多元性是有代價的。而促進思考架構多元性的最後一種策略正是容許摩擦，可說是再恰當不過。各種架構的碰撞所產生的不一致，雖是缺點，但也能轉變為優點。

　　想在社會裡維持思考架構的多元性，確實會讓成員之間感到不安與衝突，因為這本來就需要大家看到彼此的不同，而且還得彼此互動。這一方面能帶動討論與辯論，一方面也可能讓局勢變得更緊張。但畢竟，大家觀點不同、意見相對，本來就是正常生活該有的模樣。只要不是有明顯階層分明（例如帝王或教皇高高在上）或架構地位高低有別的社會，就該由人民來決定社會想要應用怎樣的架構（這裡的人民可以指消費者，也可以指公民選民等等）。

　　要是某個人就是喜歡安靜、喜愛效率、不愛變動，一旦社會上會有各種強烈的摩擦分歧，或許會讓他很不安。然而，意見摩擦可能正是推動社會發展的能量與動力。重點在於，要讓這些摩擦得到適當引導；不是去壓制或掩蓋，而是歡迎辯論，願意接受世上本來就有不同的觀點會互相衝

突。這一直是人類幾個世紀來抱持的理想、自由主義的基石（這指的是古典自由主義，而不是美國現在對自由主義的定義），也就是有重新想像與表達異見的自由。但在經歷第二次世界大戰的恐懼之後，我們已經不能只是允許差異，而必須是積極促進差異與保護差異。

用德國哲學家哈伯馬斯（Jürgen Habermas）的話來說，彼此思考架構的摩擦，都是發生在「公共領域」（public sphere）之中，也就是個人能夠見面、辯論社會議題的空間。這裡說的可不是只有像是牛津大學那種學術殿堂，而是包括了酒吧、咖啡館、各種協會、還有社團。在這些地方的摩擦，都可能會創造出各種價值。

問題在於，現在進行社會辯論的已經不再是一般大眾，而是政治人物、媒體名嘴，以及其他公眾人物；換言之，代議制民主已經取代了直接民主。這剝奪了公民積極參與的權利。政治辯論不再是由人民親自上陣，而是派出代表上場的一場鬥爭大戲。例如，美國人民便把各種資源與政治聲量都給外包出去：右翼就交給福斯新聞的卡爾森（Tucker Carlson），左翼就交給 MSNBC 的梅道（Rachel Maddow），讓這些人做為代表，來一決勝負。而且不只有美國如此，其他民主國家也能看到這種代議者的針鋒相對：日本有《讀賣新聞》對上《朝日新聞》，法國也有知識份子雷維（Bernard-Henri Lévy）對上韋勒貝克（Michel Houellebecq）。

　　我們需要復興公共領域，讓各種思考架構在其中浮現，產生各種衝突、碰撞與融合。哈伯馬斯認為，這裡的重點在於需要有社運人士及團體去推動民眾參與公共事務，鼓勵個人參與公民辯論。這樣的活動能夠讓社會掌握多元性的力量，討論並決定前進的方向。靠著這種**審議式民主**（deliberative democracy，同時擁有共識決及多數決的要素），就能讓「公民參與討論公共事務」成為政治進程的重點。支持這種想法的人呼籲訂出一個「審議日」，用某個假日讓各個社群的人共聚一堂討論公共議題，甚至可以提供補貼，以提升參與意願。這麼做的目的，就是讓更多公民願意來「吵嘴」，而這樣的吵嘴可正是民主治理的基礎。

　　還有一種比較溫和的版本，是請來有多元背景的一群人，共同審議重要的政策問題。而在審議開始的前後，都會請現場所有參與審議者投票表示意見。會上有簡報資料，也有專家備詢，以回答問題、提供專業意見。現場可以允許各種觀點之間的碰撞。這種審議會並不是希望一定要達成共識，而是希望各方人士真誠參與，認真考量彼此的觀點。有幾十個國家都曾舉行過審議式民意調查（deliberative poll），英國甚至還曾在 1994 年，把這種形式做成電視節目《權力與人民》。

　　想要深化公民的政治參與，化摩擦為利益，還有一種方式：**授權式民主**（empowered democracy）。這項概念是由哈佛

法學院的昂格（Roberto Unger）所提出。昂格充滿了活力與獨創的想法，他研究另類社會秩序，呼籲應該要積極呈現各種不同的心智模型，以「提升政治的溫度」。舉例來說，他認為應該要讓政治進一步去中心化，「對國家的未來，創造各種反〔事實〕模型」。

　　昂格解釋說：「社會很果斷的沿著某條道路前進的時候，應該要多方下注，以避免損失，也就是應當允許在特定地點或部門跳脫一般的解決方案，實驗看看不同的國家走向會怎樣。」

　　昂格鼓吹應該要讓社會處處充滿摩擦。像在教育方面，他認為教育應採用「辯證式：每種科目的教學都該有至少兩種相對的觀點」；在這點上，昂格與蘋果大學的波多尼所見略同。而這麼做的目的，是要確保社會「不會被束縛於某種單一的版本，而能夠嘗試其他的社會組織方式。」

　　如果整個社會能夠相信大家都是殊途同歸，就不用把多元性帶來的摩擦視為威脅，而是視為能夠推動社會進步的優勢。在目前這個很容易感到絕望的時刻，我們在這裡要提出一個樂觀的觀點：面對各種打擊，我們絕不是無能為力；相反的，我們是在透過多元的思考架構，以各種合宜的策略，進一步打造理想中的社會。

華爾街銅牛與無畏女孩

鄂蘭是在過了六十九歲生日不久，於 1975 年在曼哈頓過世。她到人生最後一刻，都還在擔心「複數的立場」這種亟需受保護的特性正在消失。當時社會還缺乏相關機制，無法從彼此的思考架構互相學習受益，這點令她很不滿意。但她已經打下了基礎，史珂拉（Judith Shklar）挺身接了棒。

史珂拉雖然比鄂蘭年輕二十幾歲，但和鄂蘭一樣是猶太戰爭難民，也一樣是政治哲學領域裡少見的女性。在鄂蘭去世的四年前，史珂拉成為史上第一位得到哈佛大學政治系終身職的女性，只不過，這距離她開始在哈佛任教，已經足足過了十五年。史珂拉和鄂蘭對於個人權利的概念都有不滿，不是因為個人權利有什麼不對，而是因為光談個人權利還有所不足。光靠個人權利，還不足以保證有多元的觀點。

正如史珂拉所言（以及本章所解釋的），想要有多元的思考架構，就必須創造並維護所需的社會條件。她在 1989 年具有里程碑意義的文章中提到：「任何成年人，對於自己生活中的所有層面，都應該要能夠公平而無懼的做出各種有效的決定。」

鄂蘭和史珂拉的觀點還是有些不同。鄂蘭強調的是「思考」與「行動」，史珂拉則是強調「無懼的決定」。而且史珂拉特別不喜歡鄂蘭談了自由的理論、卻沒談到有什麼實用辦

法能實現自由。不過這兩個人有著共通點：更強調多元性、而非多數決，更強調條件、而非權利。在史珂拉看來，與社會進步直接相關的就是要能「沒有恐懼」，而且談到人民如何站起來、如何對抗強權的時候，不能只訴諸於抽象的權利，而是要具備具體的能力。唯有如此，才能實現思考架構的多元性。

最能代表史珂拉架構多元性概念的標誌，可能是紐約華爾街附近兩座對峙的雕像。一座是華爾街銅牛（Charging Bull），這座青銅雕像高 3.4 公尺、長 4.9 公尺，重達 3,200 公斤，自從 1989 年以來，就矗立在華爾街金融區的一座小公園旁邊。銅牛鼻孔大張，尾巴在空中揮舞如鞭，低著頭彷彿正要向前衝，充分象徵著充滿衝勁的資本主義。

但是在 2017 年 3 月 7 日，銅牛前面又被放置了另一座青銅雕像，只有 130 公分高、110 公斤重。

這座眼神直視著華爾街銅牛的「無畏女孩」（Fearless Girl）雕像，出自雕塑家維斯巴爾（Kristen Visbal）之手。女孩昂著頭、揚起下巴，馬尾在空中飄盪，雙手插腰，擺出無所畏懼的姿勢。嬌小的身形與前方氣勢凌人的巨獸，形成強烈的象徵對比。

兩座雕像的並置，呈現了多元的架構，反映的不是權力與脆弱，而是共存。在這裡沒有明顯的階級，也沒有地位的高低。兩者同樣有其正當合法性。但誰都看得出來哪一邊更

強大。

在 2020 年夏天，從美國的李將軍（Robert E. Lee）到比利時的國王利奧波德二世，世界各地都有雕像遭到毀損或拆除，但「華爾街銅牛」和「無畏女孩」的對峙，或許能讓鄂蘭與史珂拉感到滿意。就算面對著強大的力量，只要我們無所畏懼，就不必感到無能為力，而能與之共存。我們必須擁有信心、而非擁有恐懼，才能達到多元性這個目標。

只不過，是誰會擁有這樣的信心？

第
9
章

警惕

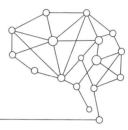

各種概念想法也很像我們的飲食，

我們最想要的，不見得是我們真正最需要的。

身邊的人都與你意見相仿，

或許真的會讓人感覺靈魂得到撫慰；

但如果想提升自己建立思考架構的能力，

就需要經常接觸各種不同的觀點、

不斷挑戰自己的視角。

庫珀、聶雲宸、莫西婭

　　2020 年春季，隨著美國因為新冠病毒疫情嚴峻而必須認真封城，一系列抖音（TikTok）短片也開始在社群媒體瘋傳。片中可以聽到十分熟悉的男性沙啞語音，邏輯顛三倒四：「我們會用很強的，不管是不是紫外線，或者就是很強的光，來照射身體。」但畫面上看到的人是年輕又充滿活力的庫珀（Sarah Cooper），是她在對嘴演出川普提議的新冠肺炎療法。「假設你把這種光，帶進身體，可能是透過皮膚或其他方式……聽起來很有趣，對吧？然後我看到這種消毒劑，立刻就能擊敗病毒。」

　　庫珀的喜劇效果驚人！過去也有其他喜劇演員扮演過川普來搞笑，但都是模仿川普的外表，包括中廣身材、紅色的棒球帽、還有那一頭遮禿的髮型。庫珀的辦法更聰明：她用了川普本人的聲音，除此之外都是她自己。庫珀的一切和川普都正好相反：一個年輕、苗條的黑人女性，模仿著一個年老、胖實的白人男性。庫珀會讓觀眾停下來，重新思考自己的種種預設。

　　像這樣改變各種限制條件，以帶出平行現實，就是這裡的祕訣所在。這會讓人開始思考，覺得那些話的內容實在難以置信。庫珀表示，這種方法是她刻意為之。她說：「我所做的，基本上就是『如果是我庫珀，說了這些話會怎樣？』

就好像我真的相信這些話有道理那樣。我拿掉了那身西裝、那個講臺，看不到有人站在他身後微笑點頭、尊稱他是長官，一切就只剩下他的滿口空話。」

庫珀另啟對於喜劇模仿的思考架構，完全放下「外型很像被模仿的對象」這件事。這種喜劇的目的是要揭露，而不是模仿。就像是無畏女孩直視著華爾街銅牛，一位原本名不見經傳的喜劇演員，就這樣槓上了美國總統。而她也得到了或許在專業上最高的成就：川普封鎖了她的推特帳號。

下一位是聶雲宸。

2012 年，十九歲的聶雲宸大學畢業，在廣東江門開始創業，想找出一個能讓產品改變世界的點子。而他發現，雖然茶是中國歷史和文化的主流，但年輕族群卻對茶興趣缺缺。當時賣茶的生意若不是定價過高、鎖定老年族群，就是定價極低、只用即溶茶粉與奶精調製。許多公司花大錢行銷，但茶類產品就是沒能讓大眾特別喜愛。

聶雲宸意識到，賣茶這件事跟任何生意一樣，都可以重新包裝、改頭換面，所以他嘗試了不同的限制條件，為賣茶這件事想出了一套新的反事實。他沒花多少錢，就在江門開了一家茶飲店「喜茶」（Heytea），專門迎合時尚年輕人的品味。喜茶推出的茶飲價格合理，但用的是頂級茶葉與鮮奶，也推出各種創新口味。聶雲宸之所以能夠負擔這些高檔原料的成本，是因為他放棄了傳統的行銷手法，改透過社群媒體

來做宣傳。

喜茶一炮而紅，一家接著一家開。店面設計明亮清爽，讓人有高品質、新鮮的感受。民眾願意大排長龍等上幾小時，就為了喝上一杯喜茶。2020 年，喜茶在中國已有超過四百家店面，也正在進軍國際；還不滿三十歲的聶雲宸，資產已超過五億美元。

星巴克創始人舒茲（Howard Schultz）讓咖啡成為一種美食，並讓星巴克店面成為家與工作場所之外的「第三地點」，但是聶雲宸的做法不同。他發現年輕人注重時尚，對文化感到自豪，而且追求品質，於是創造出一個符合時代脈動的品牌，雖然不脫中國古典茶館的思考架構，卻也為新一代茶館打造出另一種樣貌。於是，他讓年輕的中國人又重新認識了一項舊的傳統。

第三位造局者則是莫西婭（Nthabiseng Mosia），這位父母分別來自南非與迦納的創業家，為非洲帶來了普及的電力。

莫西婭在約翰尼斯堡郊外的小鎮長大，很早就發現可靠的電力有多麼重要。莫西婭說：「家裡用的是國家電網，但經常會停電，我們全家只能在一片黑暗裡用摸的，突然之間就讓人覺得『拜託喔！這下我該做、想做的事都泡湯了！』那時候我讀中學要考試，所以有些晚上還得就著燭光來讀書。」

　　在美國讀完研究所後，她搬到西非的獅子山共和國。那裡大約有 85% 的人沒有電力可用，而且因為他們多半住在鄉間，要建設電網去連結並不可行。於是，當地人只能繼續用著危險又有毒的煤油燈來照明，並且大老遠跑去有電的地方給手機充電。莫西婭意識到，與其苦等國家擴大電網，何不用便宜的太陽能板來提供電力？

　　於是，莫西婭與兩位合夥人在 2016 年創辦太陽能公司 Easy Solar，供應太陽能板與電池套組，以提供照明設備與家用電器所需的電力。然而，即使整套系統已經是很合理的價格，多數家庭仍然無力直接付清。但民眾都很熟悉手機業者的「即用即付」形式。所以莫西婭他們就想，能不能不要求顧客一次付清，而是慢慢分期支付？於是，Easy Solar 的商業模式採用了一套聰明的「租賃自有」方案：先讓用戶以租賃的方式使用電力套組，等到付滿一定租金，套組就直接歸用戶所有。

　　時至 2020 年，Easy Solar 已經為三十萬戶家庭提供電力，服務了將近五十萬人口，讓小型企業能夠延長營業時間，家戶與農場在晚上變得更安全，學生讀起書也更輕鬆了（這也正是莫西婭年輕時的夢想）。這項創新並不是靠什麼科技的突破，只是取用並改變了手機業的商業模式，讓發電這件事不但得以去中心化，更能變得可靠、可負擔。

人人都有造局能力

不論是美國喜劇演員庫珀、中國商人聶雲宸、或是非洲的影響力創業家莫西婭，都是典型的造局者。他們嘗試各種不同的心智模型、設計出新的替代方案，呈現了不同的選擇，帶來更好的決定、也創造出成功的結果。他們不滿足於世界的現況，也不害怕去想像世界能進步到什麼地步。

雖然他們並沒有讓河川改道、發現新的物理定律、或是在宇宙留下令人敬畏的痕跡，但他們透過思考和選擇，發揮了重要的影響力。

本書想要講的一個重點，就是無論地位高低、是國王或是平民，都可以成為造局者──都能發揮建立思考架構或另啟思考架構的能力，讓世界有所不同。而且，這件事發生的頻率比我們想像的要高。如果我們只看那些打破過去典範、重構思考架構的特例，其實是抓錯重點。我們真正該做的，是去欣賞幾乎人人都有的造局能力、人人都有的建立思考架構的能力。

建立思考架構需要技巧，能靠著訓練與經驗不斷進步。然而要建立思考架構，也需要認知的多元性，以及對新事物抱持開放的心態。要建立思考架構，你並不一定需要有年紀歷練出智慧，也不一定需要是年輕而敢於冒險。這種能力超越了像是年齡、性別、教育程度、收入或職業等等表面的類

別。善於建立思考架構的造局者雖然不算太多，但也可以說是隨處可見。

合作固然重要，心智模型更關鍵

互助合作是人類進步的指標。人們彼此攜手合作，於是讓社會向前邁進，建起城市、橫渡海洋、探索穹蒼。羅馬興建了條條大路、中國蓋起萬里長城，各國的法庭制度與區塊鏈也都不斷演進。這些基礎設施、機構或發明，都呈現出社會的成就，也都來自人們的組織與協調。畢竟，靠著互助合作來取得成就，是很合理的事。人類現在的所做與所知，多半都不可能是單憑一己之力就得窺全貌。非洲諺語說要養一個孩子得要「全村協力」，而現在想進一步發揮人類的潛力，更是得花上整個地球村的力量。

有些人認為，面對目前的問題，該做的就是在未來加強彼此的協調與合作，提升相互連結的程度和品質。例如歷史學家哈拉瑞，他指出：人類的協調合作不但標記了過去的巔峰，也是未來的靈藥。哈拉瑞在 2019 年與臉書創辦人祖克柏（Mark Zuckerberg）對談時，就表示：「正因為我們面臨前所未有的全球問題，所以需要前所未有的全球合作。」

然而，故事這樣只說了一半。在每項成就的背後都有一個想法，在每座紀念碑裡面都存在一個心智模型。人類之所

以能在經濟、科學和社會上取得成功，是因為我們有能力理解事物、加以概念化，看清楚事物的本質與潛力，也能以行動實現各種想法。這正是人類生活得以改善的實際基礎，是萊特兄弟飛上天際、阿姆斯壯踏上月球的根本原因。

所以，為什麼我們那麼強調協調與合作、卻又那麼少談協調與合作背後的基礎認知過程？

在某種程度上，也不難理解為何眾人總是重視協調：協調這件事清楚可見、再明顯不過，而且也是我們較容易形塑的事。相較之下，認知過程完全只在每個人的腦海中。在人類的大多數歷史上，我們並無法窺視他人的心智。如果是哲學家或薩滿巫醫，倒是能滔滔不絕的談論自己內省的結果，並且猜測其他人的認知過程是怎樣。但對其他人來說，心智就是未知領域。人類究竟如何建立思考架構，有很長一段時間就像個黑匣子——雖然我們能感受到這個過程帶來的影響，卻並不真正瞭解其內部運作。我們既沒有方法、也不知道有什麼理論能探究這些認知的深度，甚至不知道該怎麼加以描述。

直到大約一個世紀前，情況終於有所改變。二十世紀初期，認知科學、神經科學和決策科學開始興起，帶來各種讓我們瞭解心智的新方法與新理論。而我們在這本書中提到的觀念，則多半是來自過去三十年間的研究成果，以及一些更新的重要發現。雖然人類一直運用著各種思考架構，但直到

現在，我們才能真正領悟這件事的意涵。

　　而這件事影響巨大：我們不再把焦點放在協調與合作所需的人際互動，而轉到了讓我們做出更好決定的思考架構建構。這是一種焦點的改變，從人際轉到個人、從組織轉到個體。雖然合作仍然重要，但思考架構更為重要，思考架構才是人類改善命運的核心槓桿。

　　這件事非常值得慶賀。只要瞭解思考架構的力量、學習怎樣做得更好，我們就能提升自己做決定的能力，進而改善生活，促成社群、社會與文明進步。知道了建立思考架構需要哪些要素，也就能找出適當的工具，讓建立架構的技巧不斷演進。最重要的是，思考架構能提供我們最珍貴的寶藏：希望。

即將來到更紛擾不休的時代

　　然而……

　　並不是所有人都樂於看到有各式各樣的心智模型。確實，我們過去並無法像今天這樣，運用著五花八門的思考架構。確實，推動資訊流通有益於合作，也能帶來重大的益處。確實，有了認知的多元性，就能讓我們更懂得如何建立思考架構。但是，我們卻常常會糟蹋這樣的傳承。陌生會令我們感到難受，於是雖然看到各種新奇的思考架構，我們卻

會退縮，只選擇自己最熟悉的那些思考架構。

在全球、又特別是在美國，「意識型態孤島」成了各處都常見的現象。美國有愈來愈多固執己見的人表示，希望能住在成員與自己意見相近的地區。在 1980 年，全美只有 4% 地區會有某種主流的意識型態架構。但根據皮尤研究中心（Pew Research Center）的數據，到 2016 年，這項比例已經成長到 30%，更在 2020 年成長到 35%。

各種概念想法也很像我們的飲食，我們最想要的，不見得是我們真正最需要的。身邊的人都與你意見相仿，或許真的會讓人感覺靈魂得到撫慰；但如果想提升自己建立思考架構的能力，就需要經常接觸各種不同的觀點、不斷挑戰自己的視角。認知的同質性，等於是給廣闊的反事實定下死刑。而單一性則是建立成功思考架構的死巷。

失敗的代價，從未如此高昂。我們面臨種種巨大的難關：從氣候到衝突；從種族不平等到經濟不平等；從全球疫情到民粹主義，再到演算法霸權主義。有些人會認為，過去半個世紀是個充滿確定、穩定、相對舒適的時期。但在人類歷史的軌跡上，這個時期已經結束。

我們這一代所面對的詛咒，就是即將來到一個更紛擾不休的時代。彷彿已經可以看見一個黑暗時期在地平線上浮現，要是再不處理過去發展造成的病態，人類便可能遭到滅絕。人類做為一個社會、一種物種，面臨這些嚴峻挑戰，不

能再只以過去為師，而必須更致力於發揮人類的潛力。就這點而言，無論是要單純訴諸情感衝動的決定，或是想靠 AI 科技提供解答，都只會令我們失望。雖然我們過去靠著合作解決了重重難關，但現在這種能力只會是答案的一部分。

雖然我們可能還不知道問題的解答為何，但至少知道該怎樣去找出解答。這種方法不會是默默承受，也不能期望有奇蹟，或甚至是因為無法做出決定就乾脆擺爛。在能夠有合作行動之前，還是要先有新的觀念。而真正的答案，就是要拿出人類真正擅長的事：珍惜我們獨有的認知能力，專注在建立思考架構上。

情感主義大行其道，啟蒙運動氣勢衰微

猶太律法經典《塔木德》說：「我們看著萬事萬物，其實看到的不是那些事物，而是我們自己。」我們已經指出，思考架構正是我們思想的基礎，會指導我們如何評量現實、又該如何行動。我們透過心智模型瞭解世界，也用心智模型來想像平行現實。這讓人類擁有智識上的豐饒與多樣，其他物種都無法相比。正是建立思考架構的能力，讓人類與眾不同。

建立思考架構，其實結合了兩種截然不同的程序。第一種是要構建和應用思考架構，指的是要運用因果關係、反事

實與限制條件這三項要素。這種程序能讓人迅速找出有用的選項，並準備迅速採取行動。我們的人生大半都是在應用思考架構，況且這也很合理：在大致熟悉的情境中，這種方式可以最有效率的幫助我們做出決策。而且你我從小就磨練著應用思考架構的技能，其實多半都十分熟練。縱觀人類歷史，之所以能不斷持續改進，祕訣正在於有效應用了各種思考架構。

至於第二種程序，則是要切換到不同的思考架構，也就是另啟思考架構。這件事的風險遠遠更高，但因為能讓我們對現實有不同的觀點，因此也有可能帶來更大的回報。新的視角不僅能帶來新的選擇，也可能讓我們得以找出新方式來應對挑戰。在局勢穩定、條件如常的時候，通常並不需要另啟思考架構。但如果情境有所不同，另啟思考架構就常常是很優秀的策略。

要另啟思考架構的時候，不論是從現有的架構庫裡選用另一個架構、借用並調整原本其他領域的架構，又或是直接發明全新架構，都能讓我們拋下已經不再適用的心智模型，把眼前的問題理得更清楚。這就像是透過別人的眼睛來看世界，能夠讓我們打開視野，跳出傳統思維的局限。

另啟思考架構的造局者，特別是發明全新架構的造局者，常常會得到眾人的讚許。原因一方面在於他們改變了世界，也有一方面在於這種事情相對罕見。就算你想提升自己

另啟思考架構的能力，也沒有明顯的線性路徑能夠依循，你只能依靠那種難以預測的頓悟時刻。這種事情無法靠練習進步，但是正如第 6 章所述，確實有一些策略能讓我們提升另啟思考架構的成功率，能夠讓「認知的過程」轉為「行動的工具」。

只不過，雖然思考架構的好處如此明顯，情感主義者與超理性主義者仍然不願意承認思考架構的力量。情感主義者會說，主流大眾一切都太講道理了，他們覺得事情還是愈簡單愈好：靠著情感來決定，除了真誠、迅速，也能立刻見效。這些講情感的人認為，我們就是應該順從自己的直覺，要做決定的時候，犯不著把所有細節都考慮進去。

情感主義的吸引力超越意識型態，這可不限於左派或右派。情感主義者可能出現在任何陣營，不管是反對疫苗接種的自由主義者、或是不信全球暖化的保守主義者，都會沉迷在極端的想法之中。但如果再深入去瞭解，就會發現他們都是訴諸於情感。雖然主張各有不同，但都是用情感在表達著相同的思考架構。

而且，情感主義正席捲全球。在祕魯，因為民怨沸騰，2020 年有一位總統才上任短短五天，就請辭下臺；在玻利維亞，則是前總統遭控選舉舞弊而流亡之後，如今凱旋歸國，號召發動民粹革命，反對溫和派執政。至於在菲律賓，總統杜特蒂呼籲人民發現可疑的毒販可以當場擊斃，杜特

蒂的聲望竟因而飆升。再到德國，一些情感主義者自稱為橫向思考者（Querdenker），強烈抗議新冠病毒的封城令及口罩令。他們帶著一絲的懷舊（以及一抹的反猶太主義），揮舞著第一次世界大戰之前的德意志帝國國旗。看起來，情感主義大行其道，啟蒙運動氣勢衰微。

然而，情感主義者所提出的解決方案，其實是很奇特的認知產物。表面上，他們說建立思考架構的過程就是處心積慮、就是會造成危險，所以想用自己這種方式來取代。但在取代過程中，情感主義者其實也是在建立（或另啟）一種思考架構。不論情感主義者再怎麼修飾說法，他們都沒有反對思考架構，只是認為不需要費勁建立思考架構罷了。事實上，他們對世界的詮釋，正是一種心智模型，正是一種思考架構。

我們會這麼說，並不是要指控他們心口不一，也不是要推翻他們的論據；我們只是要指出：只憑情感和直覺，並不能真正發揮自己的所有認知能力。

超理性主義者見識偏狹

至於超理性主義者的情況又不同，這群人對於人類建立思考架構的努力抱持著懷疑，認為人類本就無可救藥，只會永遠陷在自身思維的缺陷當中。在他們看來，答案不在於情

感，而在於矽晶片；不在於衝動，而在於證據。他們希望可以靠著科技，將社會所有需要做的決定都外包。他們渴望用理性的資料數據及演算法，取代人類不完美的思考架構。然而，這種想法不但短視，更誤解了人類與 AI 的角色。

　　讓我們回想一下，用 AI 發現抗生素的麻省理工學院教授巴茲萊就曾解釋，當時真正的突破並不在於機器的數值運算，而在於人類調整了心智模型。事實上，在所有號稱 AI 擊敗人腦的情境裡，人類的思考架構都是必要的元素，不論是下圍棋、下西洋棋、打 Dota2，或是丹尼特筆下的機器人、Waymo 的 Carcraft，又或是黃成之那套音律和諧的 Coconet 音樂生成器。都是先握有思考架構，才產出那些既創新又能推而廣之的洞見。

　　所以我們可以得到一項驚人的結論：AI 並不會削弱心智模型的重要性，反而是增強了心智模型的重要性。正因為這些 AI 系統無法自行建立思考架構、或自行另啟思考架構，所以仍然只能靠人腦。機器人絕對會取代許多人的工作，演算法也會做出許多影響我們所有人的決定，但是 AI 並不會讓人變得無關緊要，反而會重新強調人類的核心地位。但前提是人們必須珍惜、磨練自己的思考架構。未來還會「需要人類任職」的工作崗位，就是去管理機器！

　　AI 界正在崛起的新星蕭萊（François Chollet）說得簡潔：「我們可以說，人類認知最重要的特色就在於能夠處理『假

設』，能夠將心智模型的空間拓展到可親身體驗的範圍之外，意思是能夠做到抽象與推理。」蕭萊稱之為**極端類推**（extreme generalization），也就是「只要靠著極少的資料，甚至是完全沒有新資料，也能夠適應全新、過去從未體驗的情境。」

這對人類來說既是救贖，也是警訊。擁有建立思考架構的能力，我們就有價值；但要是放棄努力、沒辦法做好這件事，我們就會失去現有的特權地位。

隨著 AI 科技不斷發展，在資料數據裡辨識模式的速度、規模與準確性，都遠超乎人類，AI 的應用也必然將會愈來愈廣。以後會很難想像，如果不用 AI，還能怎樣養活所有人、照顧所有病人、發動那些閃閃發光的特斯拉。但是，建立思考架構的重要性只會更高，而非更少。

雖然我們駁斥了情感主義者和超理性主義者的論點，呼籲要用思考架構做為解藥，但是我們也必須承認：如果用了不良的心智模型、又或者用錯了方法，仍然會造成危險。如果我們不夠小心，就可能造成錯誤的決定與行動；而且在最不幸的情況下，還會招致恐怖的後果。

 ## 思考架構僵固的禍害

2015 年 11 月 13 日，晚上大約 10 點，巴黎提供現場音樂

演出的巴塔克蘭劇院響起槍聲。現場大約有一千五百位年輕人，有些人一開始還以為那些噪音和小火花只是當天重金屬音樂表演的一部分。但幾秒鐘過後，就很清楚事情並非如此。三個恐怖份子持 M70 突擊步槍闖入劇院，正向群眾開火。槍彈撕裂身體，受害者的身軀開始在地上交疊。眾人慌亂試圖逃離，卻被一一射倒。現場的黑暗之中迴盪著尖叫聲，攻擊者重新裝填子彈，再次開火掃射。

當晚，恐怖攻擊籠罩著整個巴黎。大約同一時間，巴黎的國家體育場正在舉行法德足球大戰，但就有三個恐怖份子在場外引爆了自殺背心炸彈。還有另一組人開車穿越市區，沿途向各家餐廳掃射。

鏡頭再回到巴塔克蘭劇院，恐怖份子劫持了二十名人質，而在警方開始反擊的時候，他們選擇自爆。有人最後只剩下一截指尖能用來辨識身分。一整晚的巴黎恐怖攻擊事件，最後共有一百三十人喪生，數百人受傷。

法國人開始搜捕禍首。這些恐怖份子當中，許多早已是警方所認識、甚至正在監控之中，因此要理清連結、找出嫌犯與幫兇並不困難。警方很快就鎖定了二十八歲的阿布阿烏德（Abdelhamid Abaaoud）是恐怖份子首腦。阿布阿烏德是摩洛哥裔，出生於比利時，曾參與敘利亞戰爭，也曾遭控參與過去的幾次歐洲恐怖攻擊事件。慘案之夜的五天後，約有一百名警力集結進攻巴黎北郊的一間公寓。經過一個小時的

激烈槍戰與爆炸，阿布阿烏德當場遭擊斃。

常常有人會說，恐怖份子的行為就是不合理性、不合邏輯。我們很容易就能得到這種結論，原因在於大多數人實在很難想像這些人的殺人動機；究竟為什麼要像在巴塔克蘭劇院那個晚上，在一片黑暗當中，冷血做出無差別殺人攻擊？但是最近的研究發現，許多恐怖份子絕不是一時衝動，反而恰恰相反：在他們荒誕的暴力行為當中，帶著的是冷靜的理性。

恐怖份子的思考架構常常經過精心建構，甚至可說是一絲不苟。他們自有一套精雕細琢的心智模型，並將這模型套用於這個世界。巴黎大學社會學家布羅納（Gérald Bronner）是研究「極端思維」的專家，他說恐怖份子擁有「幾乎沒有人性的一致性」，以及「機械式的理性，不接受任何妥協」。

阿布阿烏德正是這種人。對他來說，發生在他身上的一切都是阿拉的禮物。他要跨越邊界的時候，雖然他早就遭到比利時通緝，但移民官把他攔下之後，卻只是對了對照片，就讓他通關。他在發動巴黎恐攻之前，接受伊斯蘭國好戰份子雜誌《達比克》（Dabiq）訪談，說是「真主蒙蔽」了那位移民官的眼睛。

先前也有一次，比利時突擊隊攻擊阿布阿烏德的公寓據點，擊斃他兩名同夥，但被他順利逃脫。阿布阿烏德說：「這一切都是阿拉的安排。」他對於現實如何發展，自有一

套心智模型，而且一板一眼，就算從因果關係、反事實、到各種限制條件都充滿問題，也不影響他套用這套心智模型。

恐怖份子建立思考架構的時候，會不顧「靈活性」這項關鍵要素。如果我們真的想要發揮心智模型帶來的認知能力，應用的時候就該做出各種必要的調整、修正及質疑。相較之下，恐怖份子雖然深信自己所作所為一切合乎理性，卻沒有在心理上留下任何轉圜的空間。於是，他們的思考架構無法調整，成了他們對世界的唯一觀點。

事實上，研究已經指出，正是因為一般人都準備好要做出各種調整，於是受到恐怖份子的鄙視。在他們看來，這種認知上的靈活等於墮落，而他們自己架構的僵固則等於秩序與純潔。對大多數人來說，自己的思考架構能帶來個人的能動性；但對恐怖份子而言，他們的思考架構反而消滅了他們的自由意志。恐怖份子就是這麼心甘情願放棄了自由意志，只為了追求理想。研究極端思維的布羅納解釋說：如此一來，現實在恐怖份子眼中，會變得「比較清楚簡單」。

我們必須警惕：即使我們已經用了合理的限制條件來進行反事實思維，推斷出合理的行動，覺得自己的思考架構完美無缺，結果仍然可能錯得離譜。我們或許會以為自己的想法完全出於理性，但得到的選項卻遠遠不及真正的五彩繽紛，而只是一抹無趣的灰色。思考架構若是過於僵固，非但無法為我們在這個變動不羈的世界幫上一把、讓我們發揮行

動力，更可能只是讓我們臣服於低劣的推理，成為盲目的執行者。

這只是「自以為理性」的思考架構，對我們造成限制的可能之一。而另一項讓風險進一步大增的因素，則是這種僵固的思考架構可能讓我們自認所作所為一切合理，以為自己建立思考架構的時候再清醒不過。表面上的合理，掩蓋了這些決策深層錯誤的本質，於是我們更難逃脫，別人也更難發現。

思考架構如果建立不當，會比完全不去思考這件事，來得更為危險。原因就在於這會讓人自以為正確，於是反而在錯誤的泥淖裡，陷得更深。

建立思考架構的時候，需要保持警惕。必須建得好，才能發揮作用。然而，這件事又該怎樣才能確定？

我們需要機敏的心智

資訊的自由流通，一直是合作的燈絲、協作的肥料，也是市場得以有效運作、科學能夠代代進展的原因。阻擋思想的流動，便是扼殺人類的進步。過去常發生這種事，不論是焚書或是燒人，總是造成莫大的苦痛。

為了要鼓勵、維持與保護知識的自由流動，社會制定了種種規則、建立了機構，也建立了程序。像是針對上市公司

或可能對環境造成汙染的組織，就會有資訊揭露的規定；針對國會立法與法院審判，也會要求透明；針對商業交易、科學研究的責任，也都有各種法規必須遵循。有終身職，才能讓教授學者的研究與言論不受束縛。而現代憲法也會針對言論自由，特別加以保障。

然而到了如今，「進步」的要素當中，「認知」所占的比重已經大於「合作」，因此我們關注的焦點也需要從「外在的資訊流」轉為「內在的決策」。我們的首要責任是想像出平行現實，而不再只是為了共同的目標而合作努力。這會導致一項問題：在二十一世紀，有什麼新的原則能像過去的資訊自由一樣，更值得我們保護？

想要有成功的思考架構，我們就需要培養敏捷的思路——要能夠設想那些未能表達的想法、未曾展現的理想、藏在心裡的概念、以及還沒發揮出潛力的新現實。也就是說，我們需要機敏的心智。

所謂心智機敏，不只是要對新想法抱持開放的態度，也不只是思想靈活、認知多元，而是有更深刻的意義。心智機敏，指的是在思索及重新構思這個世界的時候，要具備可塑性及彈性；指的是我們的思維方式並非固定不變，而是能隨需適應；指的是思維不一定只能依照過去的認知步驟，而是能大膽嘗試各種新的方向，而且就算已經用同一種心理步驟走了一千次，隨時都還是可以跨出新的一大步。就像是小說

家費茲傑羅（F. Scott Fitzgerald）的名言，我們可以「腦海裡同時裝著兩種相反的概念」。

心智機敏的基礎在於：我們的思考本來就能超越表面及熟悉的事物。我們能夠做著有目標的夢，讓夢想朝著特定方向發揮，而不會受到已知或平凡的限制。這就像是一種心智的煉金術，能夠化舊為新、化過去為未來、化普通為珍貴。

心智機敏並非憑空可得，它需要我們積極訓練、努力求取。至於做法，就是不斷培養對新觀點的好奇心，也要有勇氣表達自己的異議，並且接受別人的異議。

這其實很像是體操選手或是舞者，能夠讓身體扭曲、彎折，展現出不同的形體線條。也像是短跑選手，能用每一塊肌肉、每一個動作的力量，讓自己跑得更快。雖然大多數人的身體都差不多，都有類似的軀幹、手臂和腿，但做出來的動作就是不同。大部分人都能在有必要的時候跑起來，但要靠刻苦的訓練和紀律，才有可能跑起來像選手一樣。我們多半都無法讓身體展現出專業舞者能做到的扭曲，然而靠著長期刻意練習，我們還是有可能做到那樣的姿勢。

心智的機敏也是如此：除非經過訓練，否則人人有潛力、個個沒把握。這件事情需要認真的努力。但這不是烏托邦的幻想，而是確實能夠實現的狀態。

我們擁有「思考架構」這項正確的工具，這種心智模型原本只是人類認知的一個尋常面向，但現在就能用來改善生

活。但我們還必須努力培養心智的機敏：延展我們的種種概念及想法、向其他人的思考架構取益、欣賞各種不同的觀點與價值，並且在遇上新問題時想出新的解決方案。

人類的永續生存，有賴正確的思考架構

所謂的造局者，不是只看世界的現況，而是要想像世界的未來。要實現這點，就必須去理解、思考、拒絕或接受各種不同的思考架構，並將這些概念傳達給他人。

為了追求心智的機敏，我們永遠不能停止鍛鍊自己建立思考架構的技巧——要看到因果關係、要提出各式各樣的反事實、要調整各式各樣的限制條件；簡單說來，也就是盡情做夢，但別忘了適當的限制條件。正如資訊的自由流通，構成了人際間協調合作的基礎，心智的機敏也是人類思考架構的基礎。

資訊的流通，需要有程序與制度互相搭配；要促進心智的機敏，也需要社會能創造合適的環境。我們可以調整教育體系，讓孩子不但能掌握建立思考架構的技巧，更能產生建立思考架構的渴望。我們可以重新審視各種政策，調整移民法規、勞動法規、以及經濟發展的相關政策，讓民眾得以接觸到更多新的想法。我們甚至也可以靠著創新的參與式流程，來提升心智的機敏，例如「審議式民主」程序就能發揮

力量。各種做法還不僅如此，例如也可以為老年人提供經濟誘因，以提升其心智機敏性，或是以各項方案刻意讓個人接觸到各種截然不同的觀點。又或者，我們可以成立新的基金會或是政府單位，專職提升人民的心智機敏……但當然，這扯得有點遠了。

雖然各種計畫與政策都會有幫助，但我們不能忘記，人類彼此的協調合作是表現於外，但建立思考架構卻完全在於內心。再完善的社會、機構、制度、程序，也無法替我們完成心智上的勞力活。心智機敏會是我們每個人都要努力、也只能自己努力的個人計畫。要成為造局者，就是必須先在腦中建立思考架構和思維格局，才能用雙手去開創新局。

我們想像的邊界，就是我們世界的邊界。人類並不用受困於單一現實，而能夠隨心所欲去創造。只要我們願意去構思這個世界、想像我們的生活，將這一切概念化，想像我們的現在、想像我們所期望的未來，用對方法，就能發揮力量。

人類的蓬勃，靠的是彼此的合作；但人類的永續生存，得靠正確的思考架構，得靠更多的造局者。

思考架構使用手冊

 駕馭心智模型

．．．

我們隨時都在建立思考架構，

但如果能刻意為之，就能做出更好的決定。

→ 找出並檢視自己心智模型裡的各項假設。

→ 去問各種「為何」與「如何」：你為什麼會得到這項結論？
　 如果你預期會發生這種結果，世界將會如何運作？

→ 想像某個聰明的朋友、史上的英雄、或競爭的對手，會如何
　 構思對某項挑戰的思考架構。

→ 問問自己，如果想對某個情境提出不同的思考架構，必須做
　 出什麼改變？

→ 在你的想法與他人不同時，試著找出對方的觀點有什麼基本
　 假設。

盡情做夢，但要有適當的限制條件

應用某項思考架構的時候，
重點在於迅速、有效找出合適的選項。

→ 把重點放在最容易改變的要素。

→ 調整限制條件的時候，先從最小的調整開始，再慢慢思考是
　否需要進行較大的調整。

→ 調整時需要思考是否會牴觸其他既有的假設或信念，以維持
　一致性。

→ 如果不容易同時在心裡記得所有的限制條件，就試著以實體
　模型的方式來呈現。

另啟思考架構時，要更聰敏

切換到不同的思考架構，

就能讓你對世界有不同的觀點，但這也有風險。

→ 先看看自己的架構庫，瞭解是否有其他適用的架構。

→ 檢查其他領域的架構庫，瞭解是否能借用並調整。

→ 確定前兩種方式無效，才用上最困難、也是最後的殺手鐧：
　 發明新的思考架構。

→ 要記得權衡各種限制條件的收放：緊貼情境的架構，應用起
　 來快速、但功效可能有限；較為寬鬆的架構，應用起來較為
　 全面，但就比較耗時間。

→ 太常另啟思考架構容易令人迷失方向，所以不要一直去另啟
　 思考架構。

情境條件很重要

我們可以透過認知多元性，
來改進造局能力。

→ 培養對陌生事物的好奇心，持續挑戰自己的世界觀。

→ 要願意接受不同思考架構碰撞而造成的緊張壓力：與其說那
   是別人想錯了，不如說現實本來就是那麼複雜。

→ 務必說實話，就算有時候會讓個人或團體感到不舒服，也在
   所不惜。那些真正重要的人，會尊重你這樣的勇氣。

→ 尋求異議，而不是追求他人認同。

→ 團體要下決定的時候，先請每位成員各自建構好思考架構，
   之後再集合大家分享意見，做出決定。

思考時要超越本位

社會必須確保擁有多元思考架構，
才能在時局動盪的時候，提出最佳回應。

→ 要努力讓自己看到所有色彩，別當色盲。發表意見和聆聽意見時，要開誠布公，要尊重差異。

→ 把社會上的摩擦，看成是這個社會的優勢、而非缺點。

→ 透過教育，讓大家尊重彼此的思考架構。

→ 促進文化融合，並以此在社會中培養想像力、創新與活力。

→ 如果有任何人、任何團體說，唯有自己的思考架構放諸四海皆準、能夠涵蓋一切現實，千萬不要相信。

誌謝

　　這本書有三位作者,但要不是還有許多人的貢獻,絕對無法寫成。首先要感謝出版者:Dutton 的 Stephen Morrow 與 Penguin UK 的 Jamie Joseph,還要感謝我們的經紀人:來自 Garamond Agency 的 Lisa Adams,感謝她出神入化的編輯技術。感謝 Andrew Wright 編輯書稿,Phil Cain 協助查核各項事實(如果還有任何錯誤,則是三位作者的錯)。也要感謝審稿人 Katherine Kinast 與 Erica Ferguson,校對 Kim Lewis,文字設計 Nancy Resnick,美國版封面設計 Jason Booher,英國版封面設計 Steve Leard。再來感謝 Rimjhim Dey 與 DEY 團隊,以及 Penguin 與 Dutton 協助本書的推廣行銷。

　　許多人提供意見,令本書更為精采。以下依字母順序感　謝:Andreas Altmann、Michael Baker、Regina Barzilay、GéraldBronner、FrançoisChollet、Daniel Dennett、Scott Donaldson、Inez Fung、Alison Gopnik、Peter Habeler、Demis Hassabis、Alan Kay、Tania Lombrozo、Heinz Machat、Gary Marcus、Robert Merton、Alyssa Milano、Alberto Moel、Judea

Pearl、Sander Ruys、Peter Schwartz、Klaus Schweinsberg、Katrin Suder，Noam Tamir、Michael Tomasello、will.i.am（與 Sallie Olmsted），以及蘋果公司的行銷溝通團隊。

　　除了以上是三位作者共同感謝的對象，以下我們也想各自感謝一些人：

庫基耶：

　　感謝《經濟學人》編輯 Zanny Minton Beddoes 的支持，感謝我的同事們提供意見，讓本書更豐富。感謝牛津大學賽德商學院院長 Peter Tufano 與全體師生，營造出一個豐富的智識環境。同樣的，我想感謝英國智庫 Chatham House、Wilton Park，以及由 James Arroyo 所領導的 Ditchley Foundation，他們所提供的報告與舉辦的活動，都提升了人們建立思考架構的能力。

　　寫作過程中，曾大大受益於《經濟學人》的播客 Babbage 與 Open Future 當中的訪談，對象包括 DeepMind 的 Mustafa Suleyman、Stripe 的 Patrick Collison、Box 的 Aaron Levie、創業家 Elad Gil 與 Daniel Gross、Matt Ridley、Eric Topol、David Eagleman、Adam Grant、Howard Gardner、Daniel Levitin、Bill Janeway、Andrew McAfee、Roy Bahat、Zavain Dar、Nan Li、Benedict Evans、Azeem Azhar、David McCourt、James Field、Dan Levin、Steven Johnson、Bina Venkataraman、Sean McFate，以及 Shane

Parrish。（還要感謝 Babage 的製作群：Sandra Shmueli、Amica Nowlan、William Warren、Jason Hosken、Simon Jarvis、Ellie Clifford，以及我們的老大 Anne McElvoy。）

感謝許多人豐富我的思維，特別是 Helen Green、Robert Young、Daniel Fung、Niko Waesche、Tim Höttges、Michael Kleeman、Matt Hindman、John Turner，以及 Katia Verresen。

麥爾荀伯格：

感謝牛津大學與基布爾學院，總令人文思泉湧、點子無窮。

也要感謝在過去幾年來，和我針對人類思考架構談過各種大大小小話題的許多人，包括我在德國數位委員會（German Digital Council）的同事。

德菲爾利科德：

位於柏林的歐洲管理科技學院（ESMT Berlin）有許多優秀的前任與現任研究員，和他們多次的深入討論，令我深受啟發。特別感謝 Matt Bothner、Tamer Boyaci、Gianluca Carnabuci、Linus Dahlander、LauraGuillén、Rajshri Jayaraman、Henry Sauermann、Martin Schweinsberg，以及 Luc Wathieu。他們多元的知識背景、對各種研究問題的看法，都讓我的架構庫得到大幅的提升。

也要感謝我在杜克大學的所有前同事，不論是營運單位或是決策科學單位，都讓我渡過了美妙的菜鳥人生。與 Sun Peng、Miguel Lobo、Otis Jennings 等人的合作，讓我更瞭解了如何建立思考架構。而直至今日，Paul Zipkin 與 Bob Winkler 的智慧仍舊在引導著我。我也要感謝 Joel Podolny、Ed Kaplan，以及耶魯管理學院的教職員工，特別是我的前博士生 Saed Alizamir，感謝他們分享對於這個新課程的遠見。

歐洲工商管理學院（INSEAD）法國校區及新加坡校區的教職員也令我受益匪淺，特別感謝 Henrik Bresman、Steve Chick、Enrico Diecidue、Karan Girotra、Denis Gromb、Gilles Hilary、Serguei Netessine、Ioana Popescu、Ludo Van der Heyden 和 Martin Gargiulo。

是人與人的合作，讓我們得以完成超出一人智識的成就。能夠完成此書，我們深表感恩（本書三位作者的排名，是依照英文姓氏的首字母來排序）。

最後，我們要共同感謝我們的家人，感謝他們在這整個寫作過程的容忍與包容：我們或許可能有段時間不在你們身邊，但我們一直把你們放在我們心中的架構裡。

— 庫基耶、麥爾荀伯格、德菲爾利科德
倫敦、牛津／濱湖采爾、柏林，2020 年 11 月

注解

戈爾蔓詩作：引自美國總統拜登的就職演說，請參閱Amanda Gorman, "The Hill We Climb: The Amanda Gorman Poem That Stole the Inauguration Show," *Guardian*, January 20, 2021, https://www.theguardian.com/us-news/2021/jan/20/amanda-gorman-poem-biden-inauguration-transcript.

第 1 章 決策

抗生素與抗藥性歷史：World Health Organization, "New Report Calls for Urgent Action to Avert Antimicrobial Resistance Crisis," joint news release, April 29, 2019, https://www.who.int/news/item/29-04-2019-new-report-calls-for-urgent-action-to-avert-antimicrobial-resistance-crisis. 根據世界衛生組織預測，因為細菌對抗生素產生抗藥性而死亡的人數，可能在2050年達到一千萬人。

每三秒就有一人喪生：Joe Myers, "This Is How Many People Antibiotic Resistance Could Kill Every Year by 2050 If Nothing Is Done," World Economic Forum, September 23, 2016, https://www.weforum.org/agenda/2016/09/this-is-how-many-people-will-die-from-antimicrobial-resistance-every-year-by-2050-if-nothing-is-done/.

美國總統柯立芝兒子的感染：Chelsea Follett, "U.S. President's Son Dies of an Infected Blister?," HumanProgress, March 1, 2016, https://www.humanprogress.org/u-s-presidents-son-dies-of-an-infected-blister/.

由AI尋找抗生素：Jonathan M. Stokes et al., "A Deep Learning Approach to Antibiotic Discovery," *Cell* 180, no. 4 (February 20, 2020): 688-702.

透視畫法：Giorgio Vasari, "The Life of Filippo Brunelleschi, Sculptor and Architect," in *The Lives of the Artists*, trans. Julia C. Bondanella and Peter Bondanella (Oxford: Oxford University Press, 2008), 110-46.

超理性主義者：我們指的是大致的態度，而不是真指一群特定的人；例如美國科技與社會思想家就稱之為「理性主義者」（Rationalist）。Klint Finley, "Geeks for Monarchy: The Rise of the Neoreactionaries," *TechCrunch*, November 23, 2013, https://techcrunch.com/2013/11/22/geeks-for-monarchy/?guccounter=1. Also, Cade Metz, "Silicon Valley's Safe Space," *New York Times*, February 13, 2021, https://www.nytimes.com/2021/02/13/technology/slate-star-codex-rationalists.html.

奇異點（電腦比人類更聰明的那一刻）：Ray Kurzweil, *The Singularity Is Near: When Humans Transcend Biology* (New York: Viking, 2005).

AI的潛力與限制：Gary Marcus除了是AI設計師、企業家、認知科學家，也是一位AI評論家，他指出現在的種種AI科技其實都有相關的問題。參見 Gary Marcus and Ernest Davis, *Rebooting AI: Building Artificial Intelligence We Can Trust* (New York: Pantheon, 2019).

盧梭的引文：Jean-Jacques Rousseau, "Correspondence Générale XVII, 2-3," in *The Question of Jean-Jacques Rousseau*, Ernst Cassirer (Bloomington: Indiana University Press, 1963), quoted in Claes G. Ryn, *Democracy and the Ethical Life: A Philosophy of Politics and Community*, 2nd ed. (Washington, DC: Catholic University of America Press, 1990), 34.

威爾許的直覺：Jack Welch, *Jack: Straight from the Gut* (New York: Grand Central, 2003).繁體中文版《jack：二十世紀最佳經理人，最重要的發言》，大塊文化2001年出版。

使用資料與統計的好處：Paul E. Meehl, *Clinical Versus Statistical Prediction: A Theoretical Analysis and a Review of the Evidence* (Minneapolis: University of Minnesota Press, 1954).

AlphaZero：本段得益於2019年3月庫基耶訪談DeepMind的Demis Hassabis，

芭茲萊的引文：Regina Barzilay, in an interview with Kenneth Cukier, February and November 2020.

舊金山49人隊的四分衛卡佩尼克：Eric Reid, "Why Colin Kaepernick and I Decided to Take a Knee," *New York Times*, September 25, 2017, https://www.nytimes.com/2017/09/25/opinion/colin-kaepernick-football-protests.html.

十五世紀的解剖學書籍《醫學彙編》：關於身體與天體的對應，參見 "Historical Medical Library," College of Physicians of Philadelphia, accessed November 1, 2020, https://www.cppdigitallibrary.org.

李森科主義：Sam Kean, "The Soviet Era's Deadliest Scientist Is Regaining Popularity in Russia," *Atlantic*, December 19, 2017, https://www.theatlantic.com/science/archive/2017/12/trofim-lysenko-soviet-union-russia/548786/; Edouard I. Kolchinsky et al., "Russia's New Lysenkoism," *Current Biology* 27, no. 19 (October 9, 2017): R1042-47.

電話與留聲機的思考架構：Rebecca J. Rosen, "The Magical, Revolutionary Telephone," *Atlantic*, March 7, 2012, https://www.theatlantic.com/technology/archive/2012/03/the-magical-revolutionary-telephone/254149/; "History of the Cylinder Phonograph," Library of Congress, accessed November 10, 2020, https://www.loc.gov/collections/edisoncompany-motion-pictures-and-sound-recordings/articles-and-essays/history-of-edison-sound-recordings/history-of-the-cylinder-phonograph/.

愛迪生與教育：Todd Oppenheimer, *The Flickering Mind: Saving Education from the False Promise of Technology* (New York: Random House, 2004).

康納曼和特沃斯基的「架構效應」：Amos Tversky and Daniel Kahneman, "The Framing of Decisions and the Psychology of Choice," *Science* 211, no. 4481 (January 30, 1981): 453-58.

孔恩的「典範轉移」：Thomas S. Kuhn, *The Structure of Scientific Revolutions* (Chicago: University of Chicago Press, 1962). 繁體中文版《科學革命的結構（50週年紀念修訂版）》，遠流2021年出版。

也要感謝西洋棋大師Matthew Sadler與女子西洋棋大師Natasha Regan的意見。

AlphaZero模型訓練細節：David Silver et al., "A General Reinforcement Learning Algorithm That Masters Chess, Shogi and Go," DeepMind, December 6, 2018, https://deepmind.com/blog/article/alphazero-shedding-new-light-grand-games-chess-shogi-and-go; David Silver et al., "Mastering Chess and Shogi by Self-Play with a General Reinforcement Learning Algorithm," DeepMind, December 5, 2017, https://arxiv.org/pdf/1712.01815.pdf. 請注意，AlphaZero的後繼程式MuZero已經能夠自行學習棋類遊戲的規則。參見Julian Schrittwieser et al., "Mastering Atari, Go,Chess and Shogi by Planning with a Learned Model," *Nature* 588, no. 7839 (December 23, 2020): 604-609, https://www.nature.com/articles/s41586-020-03051-4.

AlphaZero與下棋策略的探討：Matthew Sadler and Natasha Regan, *Game Changer: AlphaZero's Groundbreaking Chess Strategies and the Promise of AI* (Alkmaar, the Netherlands: New in Chess, 2019).

牛津大學「用資料看世界」：Information about the project and its financial supporters is at "Our Supporters," Our World in Data, accessed November 2, 2020, https://ourworldindata.org/funding.

哈拉瑞《人類大命運：從智人到神人》：Yuval N. Harari, *Homo Deus: A Brief History of Tomorrow* (London: Harvill Secker, 2016). 天下文化2017年出版繁體中文版。

福山《歷史之終結與最後一人》：Francis Fukuyama, *The End of History and the Last Man* (New York: Free Press, 1992). 時報文化2020年出版繁體中文版。

第 2 章　建立思考架構

米蘭諾的故事與MeToo的起源：資訊來自庫基耶於2020年8月訪談米蘭諾、以及後續的文章。其他參考文獻包括：Jessica Bennett, "Alyssa Milano,

Celebrity Activist for the Celebrity Presidential Age," *New York Times*, October 25, 2019, https://www.nytimes.com/2019/10/25/us/politics/alyssa-milano-activism.html; Anna Codrea-Rado, "#MeToo Floods Social Media with Stories of Harassment and Assault," *New York Times*, October 16, 2017, https://www.nytimes.com/ 2017/10/16/ technology/metoo-twitter-facebook.html; Jim Rutenberg et al., "Harvey Weinstein's Fall Opens the Floodgates in Hollywood," *New York Times*, October 16, 2017, https://www.nytimes.com/2017/10/16/business/media/harvey-weinsteins-fall-opens-the-floodgates-in-hollywood.html.

米蘭諾的想法：引文來自我們與米蘭諾的訪談，以及她在另一場訪談也被問到當時她的想法。參見Nadja Sayej, "Alyssa Milano on the #MeToo Movement: 'We're Not Going to Stand for It Any More,'" *Guardian*, December 1, 2017, https://www.theguardian.com/culture/2017/dec/01/alyssa-milano-mee-too-sexual-harassment-abuse.

米蘭諾受到的侵犯：發表推文兩年後，米蘭諾公開談到自己受到的侵犯。參見Joanne Rosa, "Alyssa Milano on Sharing Alleged Sexual Assault Story 25 Years Later," *ABC News*, October 16, 2019, https://abcnews.go.com/Entertainment/alyssa-milano-sharing-alleged-sexual-assault-story-25/story? id=66317784.

MeToo運動：「MeToo」一詞是在2006年由社會運動份子Tarana Burke在早期的社群網站Mypace所創，希望透過這項線上群眾運動，引起對性侵的注意。但在2017年以前，受到的注意並不大。

定義思考架構：由於思考架構的概念跨了許多學門領域，因此並沒有明確的定義。如同德州農工大學José Luis Bermúdez所述：「思考架構這個概念本身，就能有各種不同的思考架構。」參見José Luis Bermúdez, *Frame It Again: New Tools for Rational Decision-Making* (Cambridge: Cambridge University Press, 2020), 11. A seminal, earlier analysis is Erving Goffman, *Frame Analysis: An Essay on the Organization of Experience* (Cambridge, MA: Harvard University Press, 1974).

OKR：Eric Schmidt and Jonathan Rosenberg, *How Google Works* (New York: Grand Central, 2014). 繁體中文版書名《Google模式》，天下雜誌2014年出版。

卡西勒（Ernst Cassirer）和維根斯坦（Ludwig Wittgenstein）：參見清楚易懂的　著　作 Wolfram Eilenberger, *Time of the Magicians: Wittgenstein, Benjamin, Cassirer, Heidegger, and the Decade That Reinvented Philosophy* (New York: Penguin, 2020).

「心智模型」的概念開始流行：有人認為心智模型的概念是出於劍橋的哲學家 Kenneth Craik。他在1943年的一本小書裡寫到：「如果生物在腦海裡帶著一種對於外部現實及自身可能反應的『小規模模型』，就能在未來情境與危機實際發生之前，嘗試各種替代方案、判斷何者最佳，並做出反應。」參見 Kenneth Craik, *The Nature of Explanation* (Cambridge: Cambridge University Press, 1952), 61. 學者 Philip Johnson-Laird 則說心智模型是「一種心理再現，可以像是用時鐘做為地球自轉的模型一樣，做為某項實體的模型。」參見 Philip Johnson-Laird, *Mental Models: Towards a Cognitive Science of Language, Inference, and Consciousness* (Cambridge, MA: Harvard University Press, 1983), 2. Also, Philip Johnson-Laird, *How We Reason* (Oxford: Oxford University Press, 2006). 神經科學家認為，大腦的主要功能就是要建立這個世界的模型。一項近期的分析可參見 David Eaglemen, *Livewired: The Inside Story of the Ever-Changing Brain* (London: Pantheon Books, 2020). 而更完整的討論可參見 Chris D. Frith, *Making Up the Mind: How the Brain Creates Our Mental World* (Oxford: Blackwell Publishing, 2007).

有目的、刻意的做夢：Katherine L. Alfred et al., "Mental Models Use Common Neural Spatial Structure for Spatial and Abstract Content," *Communications Biology* 3, no. 17 (January 2020).

地圖與思考架構：科學哲學家 Bas van Fraassen 就認為，地圖與科學再現有許多類似之處。在他看來，科學模型就像是科學地圖。參見：Bas van Fraassen, *The Scientific Representation* (Oxford: Oxford University Press, 2008).

地圖的麥卡托投影：John Noble Wilford, "Arthur H. Robinson, 89, Geographer Who Reinterpreted World Map, Dies," *New York Times*, November 15, 2004, https://www.nytimes.com/2004/11/15/obituaries/arthur-h-robinson-89-geographer-who-reinterpreted-world-map-dies.html; John Noble Wilford, "The

Impossible Quest for the Perfect Map," *New York Times*, October 25, 1988, https://www.nytimes.com /1988/10/25/science/the-impossible-quest-for-the-perfect-map.html.

美國憲法的起草人：Michael J. Klarman, *The Framers' Coup: The Making of the United States Constitution* (New York: Oxford University Press, 2016); on Europe and *demos* versus *demoi*, Kalypso Nicolaïdis, "We, the Peoples of Europe ... ," *Foreign Affairs*, November/December 2004, https://www.foreignaffairs.com/articles/europe/ 2004-11-01/we-peoples-europe.

世界衛生組織（WHO）與無國界醫師（MSF）對伊波拉病毒的反應：Francis de Véricourt, "Ebola: The Onset of a Deadly Outbreak," ESMT-317-0177-1 (Berlin: European School of Management and Technology, 2017). MSF 在 2014 年 3 月 31 日就提出警訊，參見 "Mobilisation Against an Unprecedented Ebola Epidemic," MSF, press release, March 31, 2014, https://www.msf.org/guinea-mobilisation-against-unprecedented-ebola-epidemic. WHO 則是在隔天於日內瓦的記者會上，對 MSF 提出回應，參見 "Geneva/Guinea Ebola," Unifeed, 2:39, posted by CH UNTV, April 1, 2014, https://www.unmultimedia.org/tv/unifeed/asset/U140/U140401a/.

川普針對伊波拉病毒的推文：Ed Yong, "The Rank Hypocrisy of Trump's Ebola Tweets," *Atlantic*, August 3, 2019, https://www.theatlantic.com/health/archive/2019/08/the-rank-hypocrisy-of-trumps-ebola-tweets/595420/.

關於各種冠狀病毒："Coronaviruses: SARS, MERS, and 2019-nCoV," Johns Hopkins Center for Health Security, updated April 14, 2020, https://www.center forhealthsecurity.org/resources/fact-sheets/pdfs/coronaviruses.pdf.

義大利的新冠肺炎疫情：英國媒體報導了這項新聞，遭到義大利政府否認，但是義大利醫師則證實有這種情形。參見 Lucia Craxì, et al., "Rationing in a Pandemic: Lessons from Italy," *Asian Bioeth Rev* (June 16, 2020): 1-6, https://www.ncbi.nlm.nih.gov/pmc/articles/PMC7298692.

紐西蘭對新冠肺炎的絕佳回應：Interview by Kenneth Cukier with Michael Baker, health adviser to the government, June 2020.

英國對新冠肺炎的糟糕回應："Britain Has the Wrong Government for the Covid Crisis," *Economist*, June 18, 2020, https://www.economist.com/leaders/2020/06/18/ britain-has-the-wrong-government-for-the-covid-crisis.

英國在2020年6月對於新冠肺炎的應對表現："Coronavirus: UK Daily Deaths Drop to Pre-lockdown Level," *BBC News*, June 8, 2020, https://www.bbc.co.uk/news/uk-52968160.

英國新冠肺炎死亡人數與染疫資料："COVID-19 Pandemic Data in the United Kingdom," Wikipedia, accessed October 30, 2020, https://en.wikipedia.org/wiki/Template:COVID-19_pandemic_data/United_Kingdom_medical_cases_chart.

阿姆斯壯的「一小步」：Robbie Gonzalez, "Read the *New York Times*' 1969 Account of the Apollo 11 Moon Landing," *Gizmodo*, August 25, 2012, https://io9.gizmodo.com/277292567?jwsource=cl.

《紐約時報》對自己1920年報導的回應：Bjorn Carey, "*New York Times* to NASA: You're Right, Rockets DO Work in Space," *Popular Science*, July 20, 2009, https://www.popsci.com/military-aviation-amp-space/article/2009-07/new-york-times-nasa-youre-right-rockets-do-work-space/.

希格斯玻色子：Sabine Hossenfelder, "The Uncertain Future of Particle Physics," *New York Times*, January 23, 2019, https://www.nytimes.com/2019/01/23/opinion/particle-physics-large-hadron-collider.html. 關於黑洞，可參見Jonathan Amos, "Dancing Gargantuan Black Holes Perform on Cue," *BBC News*, April 29, 2020, https://www.bbc.com/news/science-environment-52464250.

藍海策略：W. Chan Kim and Renée Mauborgne, *Blue Ocean Strategy: How to Create Uncontested Market Space and Make the Competition Irrelevant*, expanded ed. (Boston: Harvard Business Review Press, 2015). 繁體中文版書名《藍海策略：再創無人競爭的全新市場》，天下文化2015年出版。

萊特兄弟：Johnson-Laird, *How We Reason*; David McCullough, *The Wright*

Brothers (New York: Simon & Schuster, 2015). Richard P. Hallion, *Taking Flight: Inventing the Aerial Age, from Antiquity Through the First World War* (Oxford: Oxford University Press, 2003).

歐維・萊特對於螺旋槳的描述：Orville Wright, "How We Made the First Flight," *Flying and the Aero Club of America Bulletin* 2 (December 1913): 10, https://www.faa.gov/education/educators/curriculum/k12/media/k-12_how_we_made_the_first_flight_orville_wright.pdf.

思考架構與經濟發展：World Bank Group, *World Development Report 2015: Mind, Society, and Behavior* (Washington, DC: World Bank, 2015).

布雷克—休斯理論：Donald MacKenzie, *An Engine, Not a Camera: How Financial Models Shape Markets* (Cambridge, MA: MIT Press, 2006).

一旦社會接受了某些思考架構，要再擺脫是多麼困難：Karla Hoff and Joseph E. Stiglitz, "Equilibrium Fictions: A Cognitive Approach to Societal Rigidity," *American Economic Review* 100, no. 2 (May 2010): 141-46, https://www.aeaweb.org/articles?id=10.1257/aer.100.2.141.

知名創投業者克萊納的引文：Rhonda Abrams, "Remembering Eugene Kleiner," *Inc.*, December 1, 2003, https://www.inc.com/articles/2003/12/eugenekleiner.html.

默讀：Paul Saenger, *Space Between Words: The Origins of Silent Reading*(Palo Alto: Stanford University Press, 1997).

〈從人工智慧的角度看一些哲學問題〉：John McCarthy and Patrick Hayes, "Some Philosophical Problems from the Standpoint of Artificial Intelligence," vol. 4 of *Machine Intelligence*, eds. Bernard Meltzer and Donald Michie (Edinburgh: Edinburgh University Press, 1969), 463-502.

〈認知的輪子〉：Daniel Dennett, "Cognitive Wheels: The Frame Problem of AI," in *Minds, Machines and Evolution*, ed. Christopher Hookway (Cambridge: Cambridge University Press, 1984), 129-51, dl.tufts.edu/concern/pdfs/7d279568g.

九點測驗：John Adair, *Training for Decisions* (London: Macdonald, 1971). 趣題大全：Sam Loyd, *Sam Loyd's Cyclopedia of 5000 Puzzles* (New York: Lamb, 1914). 關於創意的心理測驗，可參閱：Norman Maier, "Reasoning in Humans: I. On Direction," *Journal of Comparative Psychology* 10, no. 2 (1930): 115-43; Norman Maier, "Reasoning in Humans: II. The Solution of a Problem and Its Appearance in Consciousness," *Journal of Comparative Psychology* 12, no. 2 (1931): 181-94.

第 3 章　因果關係

柏南奇在窗前的思索：Ben Bernanke, *The Courage to Act: A Memoir of a Crisis and Its Aftermath* (New York: Norton, 2015), 83.

我們對經濟運作的認識：Joel Mokyr, "The Intellectual Origins of Modern Economic Growth," *Journal of Economic History* 65, no. 2 (June 2005): 285-351, https://www.jstor.org/stable/3875064; Daniel R. Fusfeld, *The Age of the Economist*, 9th ed. (Boston: Addison-Wesley, 2002); Callum Williams, "Who Were the Physiocrats?," *Economist*, October 11, 2013, https://www.economist.com/free-exchange/2013/10/11/who-were-the-physiocrats; Kate Raworth, "Old Economics Is Based on False 'Laws of Physics'—New Economics Can Save Us," *Guardian*, April 6, 2017, https://www.theguardian.com/global-development-professionals-network/2017/apr/06/kate-raworth-doughnut-economics-new-economics.

柏南奇認為央行在 1929 年經濟大崩盤之後的政策有誤：Ben Bernanke, "Federal Reserve and the 2008 Financial Crisis," speech given at George Washington University, March 27, 2012, C-SPAN video, 1:15:12, https://www.c-span.org/video/?305130-1/federal-reserve-2008-financial-crisis Ben Bernanke interviewed by Scott Pelley, *60 Minutes*, "The Chairman," March 15, 2009, YouTube video, 13:23, https://www.youtube.com/watch?v=odPf HY4ekHA.

「直升機班恩」綽號：Ben Bernanke, "Deflation: Making Sure 'It' Doesn't Happen Here," speech to the National Economists Club, Washington, DC, November 21, 2002, transcript, https://www.federalreserve.gov/BOARDDOCS/SPEECHES/2002/20021121/default.htm.

金融機構崩潰的後果：有一項權威觀點，請參見Andrew Ross Sorkin, *Too Big to Fail: The Inside Story of How Wall Street and Washington Fought to Save the Financial System—and Themselves* (New York: Viking, 2009).

麥當勞集團不確定能否發出薪水：Andrew Ross Sorkin interviewed by Robert Smith, "Inside the Minds of Wall Street Execs," *NPR Weekend Edition*, September 18, 2010, transcript and audio, https://www.npr.org/templates/story/story.php?storyId=129953853.

自動提款機領不出錢：*Panic: The Untold Story of the 2008 Financial Crisis*, directed by John Maggio, aired December 11, 2018, on HBO, https://www.hbo.com/vice/special-reports/panic-the-untold-story-of-the-2008-financial-crisis.

2008年到2015年的聯準會資產：Elizabeth Schulze, "The Fed Launched QE Nine Years Ago—These Four Charts Show Its Impact," *CNBC*, November 24, 2017, https://www.cnbc.com/2017/11/24/the-fed-launched-qe-nine-years-ago—these-four-charts-show-its-impact.html. 同時參見Michael Ng and David Wessel, "The Fed's Bigger Balance Sheet in an Era of 'Ample Reserves,'" Brookings, May 17, 2019, https://www.brookings.edu/blog/up-front/2019/05/17/the-feds-bigger-balance-sheet-in-an-era-of-ample-reserves/.

人類的因果思維：我們談的並不是因果鏈，而是因果連結。進一步資訊請參見 Joseph Henrich, *The Secret of Our Success: How Culture Is Driving Human Evolution, Domesticating Our Species, and Making Us Smarter* (Princeton, NJ: Princeton University Press, 2015).

猴子怕蛇：Eric E. Nelson, Steven E. Shelton, and Ned H. Kalin, "Individual Differences in the Responses of Naïve Rhesus Monkeys to Snakes," *Emotion* 3, no. 1 (March 2003): 3-11; Masahiro Shibasaki and Nobuyuki Kawai, "Rapid Detection of Snakes by Japanese Monkeys (*Macaca fuscata*): An Evolutionarily Predisposed Visual System," *Journal of Comparative Psychology* 123, no. 2 (May 2009): 131-35.

學齡前兒童能認出蛇：Vanessa LoBue and Judy S. DeLoache, "Detecting the Snake in the Grass: Attention to Fear-Relevant Stimuli by Adults and Young Children," *Psychological Science* 19, no. 3 (March 2008): 284-89.

嬰兒也會覺得東西掉落時應該是垂直下降：Renée Baillargeon, "Infants' Physical Knowledge: Of Acquired Expectations and Core Principles," in *Language, Brain, and Cognitive Development: Essays in Honor of Jacques Mehler*, ed. Emmanuel Dupoux (Cambridge, MA: MIT Press, 2001), 341-61.

聰明的烏鴉：Leyre Castro and Ed Wasserman, "Crows Understand Analogies," *Scientific American*, February 10, 2015, https://www.scientificamerican.com/article/crows-understand-analogies.

烏鴉智力的限度：Alex H. Taylor et al., "Do New Caledonian Crows Solve Physical Problems Through Causal Reasoning?," *Proceedings of the Royal Society B* 276, no. 1655 (January 22, 2009): 247-54.

烏鴉和其他成為盤中佳餚鳥類的比較：這句玩笑話，是受到Alison Gopnik精采的TED Talk所啟發。參見Alison Gopnik, "What Do Babies Think?," filmed July 2011, TED video, https://www.ted.com/talks/alison_gopnik_what_do_babies_think.

平克的「認知利基」：雖然一般認為這個詞與他密切相關，但並非由他所創。如平克所言，這項概念及用詞出自人類學家John Tooby與Irven DeVore。參見"Listen to Psycholinguist Steven Pinker Speak About 'Cognitive Niche' in Early Modern Human Evolution," transcript, *Britannica*, May 29, 2015, https://www.britannica.com/video/193409/Psycholinguist-Steven-Pinker-humans-evolution-niche.

平克特別強調「隱喻」的作用：Steven Pinker, "The Cognitive Niche: Coevolution of Intelligence, Sociality, and Language," *Proceedings of the National Academy of Sciences* 107, supplement 2 (May 2010): 8993-99, https://www.pnas.org/content/pnas/early/2010/05/04/0914630107.full.pdf. 值得一提的是，AI研究先驅Douglas Hofstadter晚年研究了「類比」（analogy）這種類似現象，認為這是人類理

解現實的重要骨幹。參見 Douglas Hofstadter and Emmanuel Sander, *Surfaces and Essences: Analogy as the Fuel and Fire of Thinking* (New York: Basic Books, 2014).

托馬塞羅強調的是「文化利基」的重要性：Michael Tomasello, *A Natural History of Human Thinking* (Cambridge, MA: Harvard University Press, 2014); Michael Tomasello, *Becoming Human: A Theory of Ontogeny* (Cambridge, MA: Harvard University Press, 2019).

托馬塞羅的「管子實驗」：Felix Warneken, Frances Chen, and Michael Tomasello, "Cooperative Activities in Young Children and Chimpanzees," *Child Development* 77, no. 3 (May/June 2006): 640-63.

結合了認知利基與文化利基兩者的優勢：Rachel L. Kendal, "Explaining Human Technology," *Nature Human Behaviour* 3, no. 5 (April 2019): 422-23, https://www.nature.com/articles/s41562-019-0578-6.

車輪滾下斜坡的實驗：Maxime Derex et al., "Causal Understanding Is Not Necessary for the Improvement of Culturally Evolving Technology," *Nature Human Behaviour* 3, no. 5 (April 2019): 446-52, https://www.nature.com/arti cles/s41562-019-0567-9. 同時參見 "Can Technology Improve Even Though People Don't Understand What They Are Doing?," press release, Arizona State University, April 1, 2019, https://www.eurekalert.org/pub_releases/2019-04/asu-cti032819.php.

科技發展神速與認知利基：Kendal, "Explaining Human Technology."

加速世代間的文化學習：Maxime Derex and Robert Boyd, "The Foundations of the Human Cultural Niche," *Nature Communications* 6, no. 1 (September 24, 2015): 8398.

人類祖先開始定居農耕：John R. McNeill and William H. McNeill, *The Human Web: A Bird's-Eye View of World History* (New York: Norton, 2003).

塞麥爾維斯的故事：Sherwin Nuland, *The Doctors' Plague: Germs, Childbed Fever, and the Strange Story of Ignác Semmelweis* (New York: Norton, 2004). 同時參見 Rebecca Davis, "The Doctor Who Championed Hand-Washing and Briefly Saved

Lives," *NPR Morning Edition*, January 12, 2015, transcript and audio, https://www.npr.org/sections/health-shots/2015/01/12/375663920/the-doctor-who-championed-hand-washing-and-saved-women-s-lives?t=1577014322310.

巴 斯 德 的 故 事：Louise E. Robbins, *Louis Pasteur and the Hidden World of Microbes* (New York: Oxford University Press, 2001).

李斯特的故事：Lindsey Fitzharris, *The Butchering Art: Joseph Lister's Quest to Transform the Grisly World of Victorian Medicine* (New York: Farrar, Straus and Giroux, 2017).

神經科學家葛詹尼加的實驗：Michael S. Gazzaniga, *The Ethical Brain* (New York: Dana Press, 2005).

因果與解釋：Joseph J. Williams and Tania Lombrozo, "The Role of Explanation in Discovery and Generalization: Evidence from Category Learning," *Cognitive Science* 34, no. 5 (July 2010): 776-806.

倫布羅佐的研究：感謝倫布羅佐協助我們描述她的研究。同時可參見Reginald Lahens, "Tania Lombrozo Shares the Benefits of Brief Explanations," *Brown and White*, September 30, 2018, https://thebrownandwhite.com/2018/09/30/tania-lombrozo-breaks-down-the-benefits-of-brief-explanations-the-brown-and-white. 倫布羅佐並非第一或唯一試圖研究「解釋」對學習有何影響的學者，參見 Michelene T. H. Chi et al., "Eliciting Self-Explanations Improves Understanding," *Cognitive Science* 18, no. 3 (1994): 439-477.

小野浩一的獎勵實驗：Koichi Ono, "Superstitious Behavior in Humans," *Journal of the Experimental Analysis of Behavior* 47, no. 3 (May 1987): 261-71.

社會結構與能動性：Anthony Giddens, *The Constitution of Society: Outline of the Theory of Structuration* (Berkeley: University of California Press, 1984).

蒸汽火車的歷史與恐懼：Christian Wolmar, "How Railways Changed Britain," Christian Wolmar, October 29, 2007, https://www.christianwolmar.co.uk/2007/10/how-railways-changed-britain.

人生有一大部分都在重寫那些以為自己知道、但其實不甚了了的事情：Samuel Arbesman, *The Half-Life of Facts: Why Everything We Know Has an Expiration Date* (New York: Current, 2012).

珀爾談因果：Judea Pearl and Dana Mackenzie, *The Book of Why: The New Science of Cause and Effect* (New York: Basic Books, 2018), 5. 感謝珀爾在這幾年來與庫基耶分享他的想法。

Dota 國際賽事的總獎金：Arda Ocal, "Dota 2's the International Surpasses $40 Million in Prize Money," ESPN, October 9, 2020, https://www.espn.com/esports/story/_/id/30079945/dota-2-international-surpasses-40 -million-prize-money.

AI 系統擊敗人類最優秀的 Dota 2 戰隊：Nick Statt, "OpenAI's Dota 2 AI Steamrolls World Champion e-Sports Team with Back-to-Back Victories," *The Verge*, April 13, 2019, https://www.theverge.com/2019/4/13/18309459/openai- five-dota-2 -finals-ai-bot-competition-og-e-sports-the-international-champion.

OpenAI 系統的開發設計：Christopher Berner et al., "Dota 2 with Large Scale Deep Reinforcement Learning," OpenAI, 2019, https://arxiv.org/abs/1912.06680. 更多相關資訊請參見 Ng Wai Foong, "Beginner's Guide to OpenAI Five at Dota2," Medium, May 7, 2019, https://medium.com/@ngwaifoong92/beginners-guide-to-openai-five-at-dota2-3b49ee5169b8; Evan Pu, "Understanding OpenAI Five," Medium, August 12, 2018, https://medium.com/@evanthebouncy/understanding-openai-five-16f8d177a957.

OpenAI 建立「團隊合作精神」的超參數：Christy Dennison et al., "OpenAI Five," OpenAI, June 25, 2018, https://openai.com/blog/openai-five.

艾略特所述「以虛無連結虛無」：T. S. Eliot, *The Waste Land* (New York: Boni and Liveright, 1922).

第 4 章　反事實

芙特的論文：Eunice Foote, "Circumstances Affecting the Heat of the Sun's Rays,"

American Journal of Science and Arts 22, no. 66 (November 1856): 382-83, https://archive.org/stream/mobot31753002152491#page/382/mode/2up.

芙特論文設定的細節：亨利的評論出自 Raymond P. Sorenson, "Eunice Foote's Pioneering Research On CO2 And Climate Warming," Search and Discovery article #70092, January 31, 2011, http://www.searchanddiscovery.com/pdfz/ documents/2011/70092sorenson/ndx_sorenson.pdf.html. 同時參見 Tara Santora, "The Female Scientist Who Discovered the Basics of Climate Science—and Was Forgotten," *Audubon*, July 17, 2019, https://www.audubon.org/news/the-female-scientist-who-discovered-basics-climate-science-and-was-forgotten; Leila McNeill, "This Suffrage-Supporting Scientist Defined the Greenhouse Effect but Didn't Get the Credit, Because Sexism," *Smithsonian Magazine*, December 5, 2016, https://www.smithsonianmag.com/science-nature/lady-scientist-helped-revolution ize-climate-science-I-get-credit-180961291. 以 及 John Schwartz, "Overlooked No More: Eunice Foote, Climate Scientist Lost to History," *New York Times*, April 21, 2020, https://www.nytimes.com/2020/04/21/obituaries/ eunice-foote-overlooked.html.

氣候建模：Inez Fung, interviewed by Kenneth Cukier, April 2020.

航太總署科學家漢森在美國參議院的聲明：James Hansen, "Hearing Before the Committee on Energy and Natural Resources," US Senate, June 23, 1988, https://babel.hathitrust.org/cgi/pt?id=uc1.b5127807&view=1up&seq=48; Philipp Shabecoff, "Global Warming Has Begun, Expert Tells Senate," *New York Times*, June 24, 1988, https://www.nytimes.com/1988/06/24/us/global-warming-has-begun-expert-tells-senate.html. 漢森比較委婉，證詞中並未使用「人類活動」（human activity）這種說法，而是說「比自然的氣候變化更高」。

馮又嫦的故事：Renee Skelton, *Forecast Earth: The Story of Climate Scientist Inez Fung* (Washington, DC: Joseph Henry Press, 2006). 以及：National Academies of Science, "InterViews: Inez Fung," 2011, http://nasonline.org/news-and-multimedia/podcasts/interviews/inez-fung.html.

想當國王的約翰與砒霜：Roger Carl Schank and Robert P. Abelson, *Scripts, Plans,*

Goals, and Understanding: An Inquiry into Human Knowledge Structures (Hillsdale, NJ: Erlbaum, 1977).

曼祖基奇的烏龍球："Mandzukic Makes World Cup History with Early Own Goal," *FourFourTwo*, July 15, 2018, https://www.fourfourtwo.com/news/mandzukic-makes-world-cup-history-early-own-goal.

觀看撞球的眼動（反事實思維）實驗：Tobias Gerstenberg et al., "Eye-Tracking Causality," *Psychological Science* 28, no. 12 (December 2017): 1731-44.

伽利略的事蹟：José Manuel Montejo Bernardo, "Galileo's Most Famous Experiment Probably Never Took Place" (original: "El Experimento Más Famoso de Galileo Probablemente Nunca Tuvo Lugar"), *Conversation*, May 16, 2019, https://the conversation.com/el-experimento-mas-famoso-de-galileo-probablemente-nunca-tuvo-lugar-111650. 同時參見 Paolo Palmieri, "'Spuntar lo Scoglio Piú Duro': Did Galileo Ever Think the Most Beautiful Thought Experiment in the History of Science?," *Studies in History and Philosophy of Science Part A* 36, no. 2 (June 2005): 223-40.

帕金森氏症與反事實思維：Patrick McNamara et al., "Counterfactual Cognitive Deficit in Persons with Parkinson's Disease," *Journal of Neurology and Psychiatry* 74, no. 8 (August 2003): 1065-70.

猴子和香蕉天堂：Yuval N. Harari, *Sapiens: A Brief History of Humankind* (New York: HarperCollins, 2015). 繁體中文版書名《人類大歷史：從野獸到扮演上帝》，天下文化2014年出版。

盧梭、詹姆斯、佛洛伊德與《洋蔥報》對兒童的說法：Paul Bloom, "The Moral Life of Babies," *New York Times Magazine*, May 5, 2010, https://www.nytimes.com/2010/05/09/magazine/09babies-t.html; "New Study Reveals Most Children Unrepentant Sociopaths," *The Onion*, December 7, 2009, https://www.theonion.com/new-study-reveals-most-children-unrepentant-sociopaths-1819571187. 佛洛伊德：Alison Gopnik and Caren M. Walker, "Considering Counterfactuals: The Relationship Between Causal Learning and Pretend Play," *American Journal of Play* 6, no. 1 (Fall 2013): 15-28.

高普尼克的「理論理論」：Alison Gopnik, "A Midcentury Modern Education," in *Curious Minds: How a Child Becomes a Scientist*, ed. John Brockman (New York: Vintage, 2005), 43-51. 同時參見 Audio interview and article by Michael Gordon, "The Intellectual Wonderland of Dr. Alison Gopnik," *Journey2Psychology*, March 25, 2019, https://journey2psychology.com/2019/03/25/the-intellectual-wonderland-of-dr-alison-gopnik; Alison Gopnik, "How an 18th-Century Philosopher Helped Solve My Midlife Crisis," *Atlantic*, October 2015, https://www.theatlantic.com/magazine/archive/2015/10/how-david-hume-helped-me-solve-my-midlife-crisis/403195/.

高普尼克將兒童稱為「搖籃裡的科學家」與「搖籃裡的哲學家」：Alison Gopnik, *The Philosophical Baby: What Children's Minds Tell Us About Truth, Love and the Meaning of Life* (New York: Farrar, Straus and Giroux, 2009); Alison Gopnik, Andrew N. Meltzoff, Patricia K. Kuhl, *The Scientist in the Crib: Minds, Brains, and How Children Learn* (New York: William Morrow, 1999).

贊多測試：Daphna Buchsbaum et al., "The Power of Possibility: Causal Learning, Counterfactual Reasoning, and Pretend Play," research paper, *Philosophical Transactions of the Royal Society B* 365, no. 1599 (August 5, 2012): 2202-12. Alison Gopnik, "Let the Children Play, It's Good for Them!," *Smithsonian Magazine*, July 2012, https://www.smithsonianmag.com/science-nature/let-the-children-play-its-good-for-them-130697324. 相關描述也見於：Alison Gopnik, *The Gardener and the Carpenter: What the New Science of Child Development Tells Us About the Relationship Between Parents and Children* (New York: Farrar, Straus and Giroux, 2016).

兒童進行贊多測試時的測驗用句：這些句子會由施測者讀出，此處稍經編輯，以利閱讀。參見 Buchsbaum et al., "The Power of Possibility."

高普尼克談假裝遊戲與較佳的反事實：Gopnik, "Let the Children Play."

兒童是人類社會的「研發」部門：Gopnik, "What Do Babies Think?" TED video.

《香水》、《西線無戰事》、《美國佬》三段文學選文：Patrick Süskind, *Perfume: The Story of a Murderer*, trans. John E. Woods (New York: Knopf, 1986); Erich Maria Remarque, *All Quiet on the Western Front*, trans. A. W. Wheen (Boston: Little, Brown, 1929); Chimamanda Ngozi Adichie, *Americanah* (New York: Knopf, 2013).

羅瑞爾的《電腦做為劇院》：Brenda Laurel, *Computers as Theatre* (Reading, MA: Addison-Wesley, 1993).

哈佛法學院「案例教學法」的歷史：Todd Bridgman, Stephen Cummings, and Colm McLaughlin, "Restating the Case: How Revisiting the Development of the Case Method Can Help Us Think Differently About the Future of the Business School," *Academy of Management Learning & Education* 15, no. 4 (December 2016): 724-741. 同時參見 Bruce A. Kimball, *The Inception of Modern Professional Education: C. C. Langdell, 1826-1906* (Chapel Hill: University of North Carolina Press, 2009). 感謝前哈佛商學院講師 Alberto Moel 與麻省理工的 Robert Merton，在 2019 年接受庫基耶訪談時，分享了他們對於案例教學法的寶貴看法。

第一個哈佛商學院的案例：Clinton Bittle, "The General Shoe Company," Harvard Business School, 1921. Harvard Business School archives.

運動員的「影片研究」：Marc Lillibridge, "A Former Player's Perspective on Film Study and Preparing for an NFL Game," *Bleacher Report*, November 29, 2012, https://bleacherreport.com/articles/1427449-a-former-players-perspective-on-film-study-and-preparing-for-a-nfl-game.

反事實可以抗衡所謂的「因果決定論」：Philip E. Tetlock and Erika Henik, "Theory-Versus Imagination-Driven Thinking about Historical Counterfactuals: Are We Prisoners of Our Preconceptions?," in *Psychology of Counterfactual Thinking*, eds. David Mandel, Denis J. Hilton, and Patrizia Catellani (London: Routledge, 2005); Ruth M. J. Byrne, *The Rational Imagination: How People Create Alternatives to Reality* (Cambridge, MA: MIT Press, 2005).

甘迺迪總統與古巴飛彈危機：Graham T. Allison, *Essence of Decision: Explaining the Cuban Missile Crisis* (Boston: Little, Brown, 1971). 以及：Ernest May, "John F. Kennedy and the Cuban Missile Crisis," BBC, November 18, 2013, http://www.bbc.co.uk/history/worldwars/coldwar/kennedy_cuban_missile_01.shtml. 「團體迷思」一詞，出自歐威爾的小說《一九八四》。有些社會科學家對於「團體迷思」是不是豬玀灣危機的主因，有不同看法。

反事實之所以這麼有用，是因為能夠提醒我們還有各種選項：Ruth M. J. Byrne, *The Rational Imagination: How People Create Alternatives to Reality* (Cambridge, MA: MIT Press, 2005).

康納曼談談心理模擬：Daniel Kahneman, "Varieties of Counterfactual Thinking," in *What Might Have Been: The Social Psychology of Counterfactual Thinking*, eds. Neal J. Roese and James M. Olson (Mahwah, NJ: Lawrence Erlbaum, 1995).

《百戰天龍》馬蓋先的把戲："15 Insane MacGyver Hacks That Would Totally Work in Real Life," CBS, accessed November 2, 2020, https://www.cbs.com/shows/recom mended/photos/1003085/15-insane-macgyver-hacks-that-would-totally-work-in-real-life/. 同時參見Sam Greenspan, "11 Most Absurd Inventions Created by MacGyver," *11 Points*, March 18, 2018, https://11points.com/11-absurd-inventions-created-macgyver/.

我們透過平行現實，想像各種不同選項可能如何展開，進而覺得一切都可預測、都在掌控之中：Keith D. Markman et al., "The Impact of Perceived Control on the Imagination of Better and Worse Possible Worlds," *Personality and Social Psychology Bulletin* 21, no. 6 (June 1995): 588-95.

自駕車的數位模擬：Arxiv的研究附有影片，請見Mayank Bansal, Alex Krizhevsky, and Abhijit Ogale, "Chauffeur-Net: Learning to Drive by Imitating the Best and Synthesizing the Worst," Waymo, accessed November 2, 2020, https://sites.google.com/view/waymo-learn-to-drive. 當時的情境是「從路徑的干擾中恢復（M2 = M1 + 環境損失）」。論文請參閱 "ChauffeurNet," Waymo, Arxiv, December 7, 2018, https://arxiv.org/abs/1812.03079.

Carcraft系統，請參閱這一篇精采的介紹：Alexis C. Madrigal, "Inside Way-mo's

Secret World for Training Self-Driving Cars," *Atlantic*, August 23, 2017, https://www.theatlantic.com/technology/archive/2017/08/inside-waymos-secret-testing-and-simulation-facilities/537648.

每天Waymo都有兩萬五千輛虛擬自駕車，行駛數百萬英里："The Virtual World Helps Waymo Learn Advanced Real-World Driving Skills," Let's Talk Self-Driving, accessed November 2, 2020, https://letstalkselfdriving.com/safety/simulation.html.

Waymo與競爭對手的表現比較：California Department of Motor Vehicles, "2020 Disengagement Reports," https://www.dmv.ca.gov/portal/vehicle-industry-services/autonomous-vehicles/disengagement-reports.

反事實與AI系統：在AI社群，現在愈來愈有興趣運用反事實邏輯，來提升AI系統的可解釋性。例如參見Sandra Wachter et al., "Counterfactual Explanations Without Opening the Black Box: Automated Decisions and the GDPR," *Harvard Journal of Law & Technology* 31, no. 2 (2018), https://jolt.law.harvard.edu/assets/articlePDFs/v31/Counterfactual-Explanations-without-Opening-the-Black-Box-Sandra-Wachter-et-al.pdf.

第 5 章　限制條件

恩德培突擊行動：Interview with Noam Tamir by Kenneth Cukier in March 2020. 相關權威報導為 Saul David, *Operation Thunderbolt: Flight 139 and the Raid on Entebbe Airport, the Most Audacious Hostage Rescue Mission in History* (New York: Little, Brown, 2015). 另一項資料來源為 Ronen Bergman and Lior Ben-Ami, "Operation Entebbe as Told by the Commandos: Planning the Mission," *Ynet*, June 27, 2016, https://www.ynetnews.com/articles/0,7340,L-4815198,00.html.

恐怖份子釋放了非以色列籍的乘客：法航機師及組員拒絕得到釋放，選擇留下與猶太乘客共同成為人質，這是一項偉大而高尚的舉動。此事有許多深入報導，例如 Sam Roberts, "Michel Bacos, Hero Pilot of Jet Hijacked to

Entebbe, Dies at 94," *New York Times*, March 28, 2019, https://www.nytimes.com/2019/03/28/obituaries/michel-bacos-dead.html.

在尚龍看來，這些都太蠢了：Saul David, *Operation Thunderbolt: Flight 139 and the Raid on Entebbe Airport, the Most Audacious Hostage Rescue Mission in History* (New York: Little, Brown, 2015).

恩德培突擊行動的相關細節：有許多值得參考的文章，包括 Jenni Frazer, "40 Years after Israel's Most Daring Mission," *Jewish News*, June 28, 2016, https://jewishnews.timesofisrael.com/40-years-after-israels-most-daring-mission/; David E. Kaplan, "A Historic Hostage-Taking Revisited," *Jerusalem Post*, August 3, 2006, https://www.jpost.com/Features/A-historic-hostage-taking-revisited; Lauren Gelfond Feldinger, "Back to Entebbe," *Jerusalem Post*, June 29, 2006, https://www.jpost.com/Magazine/Features/Back-to-Entebbe; Saul David, "Israel's Raid on Entebbe Was Almost a Disaster," *Telegraph*, June 27, 2015, https://www.telegraph.co.uk/news/worldnews/middleeast/israel/11701064/Israels-raid-on-Entebbe-was-almost-a-disaster.html.

蘇斯博士的押韻童書《綠火腿加蛋》：Louis Menand, "Cat People: What Dr. Seuss Really Taught Us," *New Yorker*, December 16, 2002, https://www.new yorker.com/magazine/2002/12/23/cat-people. 繁體中英雙語版《綠火腿加蛋 *Green Eggs and Ham*》，與《戴帽子的貓 *The Cat in the Hat*》、《我閉著眼睛也會讀！*I Can Read With My Eyes Shut!*》，合為一套《Dr. Seuss 蘇斯博士幽默讀本》，小天下 2019 年出版。

美國現代編舞家瑪莎‧葛蘭姆：Jenny Dalzell, "Martha Graham: American Modern Dance Pioneer," *Dance Teacher*, January 2, 2013, https://www.dance-teacher.com/history-lesson-plan-martha-graham-2392370093.html; "Martha Graham: The Graham Technique," Human Kinetics (Canada), accessed November 10, 2020, https://canada.humankinetics.com/blogs/excerpt/martha-graham-the-graham-technique; "About," MarthaGraham.org, accessed November10, 2020, https://marthagraham.org/history.

法蘭克‧蓋瑞談重力對建築的限制："Frank Gehry Teaches Design and

Architecture," MasterClass, video course, accessed November 4, 2020, https://www.masterclass.com/classes/frank-gehry-teaches-design-and-architecture.

法蘭克‧蓋瑞談完全沒有限制的建案："What It Takes—Frank Gehry," American Academy of Achievement, April 6, 2018, https://learningenglish.voanews.com/a/what-it-takes-frank-gehry/4302218.html.

不用字母 e 的法國小說：1969 年，法國作家培瑞克寫了一本三百頁的小說《消逝》(*La Disparition*)，依據所屬的「文學潛能工坊」(Oulipo) 藝術運動所給的限制，全書完全不用到 e 這個字母。參見 Georges Perec, *A Void*, trans. Gilbert Adair (London: Harvill, 1995). 同時參見 Harry Mathews and Alastair Brotchie, *Oulipo Compendium* (London: Atlas Press, 2005).

早期對太空梭的想法：T. A. Heppenheimer, "SP-4221 The Space Shuttle Decision," NASA, accessed November 10, 2020, https://history.nasa.gov/SP-4221/contents.htm.

懸掛式滑翔機與美國航太總署："Space History Photo: The Birth of Hang Gliding," NASA Archives, Space, May 21, 2012, https://www.space.com/15609-hang-gliding-birth-paresev-1.html.

該調整的並不是那些我們本來就該遵守的限制，而是調整那些能透過行為或選擇而改變的限制：Ruth M. J. Byrne, *The Rational Imagination: How People Create Alternatives to Reality* (Cambridge, MA: MIT Press, 2005): 122.

可變性與社會規範：Rachel McCloy and Ruth M. J. Byrne, "Counterfactual Thinking About Controllable Events," *Memory & Cognition* 28, no. 6 (November 2000): 1071-78; Clare R. Walsh and Ruth M. J. Byrne, "The Mental Representation of What Might Have Been," in *The Psychology of Counterfactual Thinking*, eds. David. R. Mandel, Denis. J. Hilton, and Patrizia Catellani (London: Routledge, 2005).

插隊搶搭計程車：當然，在某些文化裡，插隊搶搭計程車再正常不過。但這裡的重點應該大致還算清楚。

最小變動原則：Christopher Prendergast, *Counterfactuals: Paths of the Might Have Been* (London: Bloomsbury Academic, 2019), 42-56.

奧地利紅酒與防凍劑："Österreichs Weinexporte im Höhenflug," Oesterreich Wein, March 12, 2018, https://www.oesterreichwein.at/presse-multimedia/pressetexte/news-1/article/oesterreichs-weinexporte-im-hoehenflug.

新一代酒莊主人波茲的引文：波茲是在醜聞爆發的二十五週年發表這段談話。參見Kester Eddy, "Wine: Antifreeze Scandal 'Was the Best Thing That Happened,'" *Financial Times*, October 21, 2010, https://www.ft.com/content/38f2cb2c-dbd9-11df-af09-00144feabdc0.

認知心力與最小變動實驗：Ruth M. J. Byrne, *The Rational Imagination: How People Create Alternatives to Reality* (Cambridge, MA: MIT Press, 2005): 47, 53. 同時參見 Ruth Byrne, "Counterfactual Thought," *Annual Review of Psychology* 67 (January 2016): 135-57, http://www.model theory.org/papers/2016counterfactuals.pdf.

電影《關鍵報告》的場景設計：Interview with Peter Schwartz by Kenneth Cukier in January and February 2019. 同時可參見 Christina Bonnington et al., "Inside *Minority Report*'s 'Idea Summit,' Visionaries Saw the Future," *Wired*, June 21, 2012, https://www.wired.com/2012/06/minority-report-idea-summit. 原始的短篇故事，請參見 Philip K. Dick, *Minority Report* (London: Gollancz, 2002). 與會者的回應是根據舒瓦茲的回憶。

卡特與核反應爐：Kenneth Cukier, "Jimmy Carter and Fukushima," *Economist*, April 2, 2011, https://www.economist.com/banyan/2011/04/02/jimmy-carter-and-fukushima. 同時參見 Ian MacLeod, "Chalk River'sToxic Legacy," *Ottawa Citizen*, December 16, 2011, https://ottawacitizen.com/news/chalk-rivers-toxic-legacy; Arthur Milnes, "Jimmy Carter's Exposure to Nuclear Danger," *CNN,* April 5, 2011, https://edition.cnn.com/2011/OPINION/04/05/milnes.carter.nuclear/index.html.

波士頓兒童醫院的「兒科模擬計畫」：溫斯托克（Peter Weinstock）醫師有一則關於這項模擬手術的TED Talk，也在OPENPediatrics有相關演說。Peter

Weinstock, "Lifelike Simulations That Make Real-Life Surgery Safer," filmed January 2016, TED video, https://www.ted.com/talks/peter_weinstock_lifelike_ simulations_that_make_real_life_surgery_safer/; *Building an Enterprise-Wide Simulation 2.0 Program: Part 1 "Rationale, Origins and Frameworks,"* OPENPediatrics, YouTube video, 35:48, November 26, 2018.

谷歌黃成之的AI音樂：Cheng-Zhi Anna Huang et al., "Coconet: The ML Model Behind Today's Bach Doodle," Magenta, Google, March 20, 2019, https:// magenta.tensorflow.org/coconet.

印度網際網路新創公司Flipkart：Sneha Jha, "Here's How Flipkart Is Innovating to Redefine Customer Experience," ETCIO.com, June 27, 2017, https://cio. economictimes.india times.com/news/strategy-and-management/heres-how-flipkart-is-innovating-to-redefine-customer-experience/59331335.

黑眼豆豆（Black Eyed Peas）的團長威爾（will.i.am）：Interviews with will.i.am by Kenneth Cukier in 2011, 2018, and 2020. 引文出自Reid Hoffman, "Make It Epic, w/will.i.am," *Masters of Scale* 47, podcast audio, October 30, 2019, https://podcasts.apple.com/ca/podcast/masters-of-scale-with-reid-hoffman/ id1227971746?i=10004 55551842.

第 6 章　另啟思考架構

哈伯勒的評論：Interview with Habeler by Viktor Mayer-Schönberger, May 2020.

哈伯勒與梅斯納登上聖母峰：Peter Habeler, *Der Einsame Sieg: Mount Everest '78* (München: Goldmann, 1978); Karin Steinbach and Peter Habeler, *Das Ziel ist der Gipfel* (Innsbruck: Tyrolia, 2007); Reinhold Messner, *Überlebt—Meine 14 Achttausender* (München: Piper, 2013); Reinhold Messner, *Alle meine Gipfel* (Stuttgart: LangenMüller, 2019).

蒙格的各種思考架構：Tren Griffin, *Charlie Munger: The Complete Investor* (New York: Columbia University Press, 2017).

宜家（IKEA）：Bertil Torekull, *Leading by Design: The Ikea Story*, trans. Joan Tate (New York: HarperBusiness, 1999). 值得一提的是，IKEA現在已經開始放下拋棄式的思維，走向產品回收再利用。

經濟模型：在1949年，倫敦政經學院的經濟學家菲利浦（Bill Phillips）還真的做出一個實體模型來詮釋經濟模型，他用水來代表金錢，流過各種水槽、幫浦、閘門與閥門，以模擬收入、稅收、儲蓄、出口等等。在大英科學博物館與劍橋大學均有展出。

羅聞全與經濟學：Andrew W. Lo, *Adaptive Markets: Financial Evolution at the Speed of Thought* (Princeton, NJ: Princeton University Press, 2017).

另啟經濟的思考架構：運用向農（Claude Shannon）的資訊理論，可以給經濟學另啟一個精采的思考架構。參見 George Gilder, *Knowledge and Power: The Information Theory of Capitalism and How It Is Revolutionizing our World* (Washington, DC: Regnery, 2013). 另一個例子則是「循環經濟」，是以生命循環的概念來看待各種產品。

要有開放的心胸，能對不屬於當下領域的人事物感到好奇：參見David Epstein, *Range: Why Generalists Triumph in a Specialized World* (New York: Riverhead, 2019).

盧梭的社會契約：Jean-Jacques Rousseau, *The Social Contract,* trans. Maurice Cranston (Harmondsworth, UK: Penguin, 1968).

DNA雙螺旋結構的發現：James Watson, *The Double Helix: A Personal Account of the Discovery of the Structure of DNA* (New York: Athenaeum, 1968). 繁體中文版《解密雙螺旋：DNA結構發現者華生的告白》，天下文化2019年出版。另可參見 "The Answer," Linus Pauling and the Race for DNA, Oregon State University Libraries, accessed November 10, 2015, http://scarc.library.oregonstate.edu/coll/pauling/dna/narrative/page30.html.

麥特納和哈恩的故事：Ruth Lewin Sime, *Lise Meitner: A Life in Physics* (Berkeley: University of California Press, 1996).

物理學家赫茲的引文：Petri Launiainen, *A Brief History of Everything Wireless: How Invisible Waves Have Changed the World* (Cham, Switzerland: Springer, 2018).

亞馬遜的「商業成長」思考架構：Robert Spector, *Amazon.com — Get Big Fast: Inside the Revolutionary Business Model That Changed the World* (New York: HarperBusiness, 2000).

改變美國紐澤西州康登市的警力：Scottie Andrew, "This City Disbanded Its Police Department 7 Years Ago. Here's What Happened Next," *CNN*, June 10, 2020, https://edition.cnn.com/2020/06/09/us/disband-police-camden-new-jersey-trnd/index.html; Steve Tawa, "NJ Agency OKs Layoff of Camden's Entire Police Force," CBS, January 3, 2013, https://philadelphia.cbslocal.com/2013/01/03/nj-agency-oks-layoff-of-camdens-entire-police-force; Josiah Bates, Karl Vick, and Rahim Fortune, "America's Policing System Is Broken. It's Time to Radically Rethink Public Safety," *Time*, accessed November 10, 2020, https://time.com/5876318/police-reform-america/.

赫基斯和薩克在報導作品《毀滅與反抗的日子》裡，對康登市的描述：Chris Hedges and Joe Sacco, *Days of Destruction, Days of Revolt* (New York: Nation Books, 2012). 同時參見 Hank Kalet, "Camden Didn't Defund Its Police Department — It Just Handed It Off," *Progressive*, June 30, 2020, https://progressive.org/ dispatches/ camden-didnt-defund-police-department-kalet-200630/.

康登郡郡長卡佩利的看法：Jersey Matters, "County Freeholder Louis Cappelli Reacts to Camden Earning Praise," YouTube, 8:07, June 15, 2020, https://www.youtube.com/watch?v=KeA79kq9pF8. 感謝卡佩利協助書中對各項改變的敘述。

康登市警察局長湯森的引文：Mary Louise Kelly, "New Police Force from Scratch: N.J. City Proves It's Possible to Reform the Police," *All Things Considered*, NPR, June 8, 2020, transcript and audio, https://www.npr.org/2020/06/08/872470135/new-police-force-from-scratch-n-j-city-proves-its-possible-to-reform-the-police.

道納談到她發現 CRISPR 的過程：Sabin Russell, "Cracking the Code: Jennifer Doudna and Her Amazing Molecular Scissors," *California*, Winter 2014, https://alumni.berkeley.edu/california-magazine/winter-2014-gender-assumptions/crackingcode-jennifer-doudna-and-her-amazing.

數學家懷爾斯與費馬最後定理：”Fermat's Last Theorem,” BBC video, 50 minutes, accessed November 4, 2020, https://www.bbc.co.uk/pro grammes/b0074rxx.

愛因斯坦說「上帝不玩骰子」：Albert Einstein and Max Born, *The Born-Einstein Letters*, trans. Irene Born (New York: Walker, 1971).

我們並不懂怎樣才能「忘掉所學」：可參見Viktor Mayer-Schönberger, *Delete— The Virtue of Forgetting in the Digital Age* (Princeton, NJ: Princeton University Press, 2009). 繁體中文版《大數據：隱私篇——數位時代，「刪去」是必要的美德》，麥爾荀伯格著，天下文化2015年出版。

特斯拉與德國車廠：參見Martin Gropp, “Autohersteller verdoppeln Investitionen in Elektromobilität,” *Frankfurter Allgemeine Zeitung*, June 2, 2019, https://www.faz.net/aktuell/wirtschaft/auto-verkehr/autohersteller-verdoppeln-investitionen-in-elektromobilitaet-16218061.html.

新加坡的轉型經驗：參見W. G. Huff, “What Is the Singapore Model of Economic Development?,” *Cambridge Journal of Economics* 19, no. 6 (December 1995): 735-59; Winston T. H. Koh, “Singapore's Transition to Innovation-Based Economic Growth: Infrastructure, Institutions, and Government's Role,” *R&D Management* 36, no. 2 (March 2006): 143-60；以及作者自身的觀察與訪談。

Spotify線上音樂串流平臺：Sven Carlsson and Jonas Leijonhufvud, *The Spotify Play: How CEO and Founder Daniel Ek Beat Apple, Google, and Amazon in the Race for Audio Dominance* (New York: Diversion Books, 2021).

第 7 章 學習

波多尼談商學教育：David Leonhardt, “Revamping the MBA,” *Yale Alumni Magazine*, May/June 2007, http://archives.yalealumnimagazine.com/issues/2007_05/som.html. 同時參見 Joel M. Podolny, “The Buck Stops (and Starts) at Business School,” *Harvard Business Review*, June 2009, https://hbr.org/2009/06/the-buck-stops-andstarts-at-business-school.

蘋果大學：感謝蘋果公司對於本章節的詳細回應。相關資訊也來自與波多尼仍在耶魯大學時的對話、各種訪談、第一手資料，以及各種書面記述，包括：Jessica Guynn, "Steve Jobs' Virtual DNA to Be Fostered in Apple University," *Los Angeles Times*, October 6, 2011, https://www.latimes.com/archives/la-xpm-2011-oct-06-la-fi-apple-university-20111006-story.html; Brian X. Chen, "Simplifying the Bull: How Picasso Helps to Teach Apple's Style," *New York Times*, August 10, 2014, https://www.nytimes.com/2014/08/11/technology/-inside-apples-internal-training-program-.html; Adam Lashinsky, *Inside Apple: How America's Most Admired—and Secretive— Company Really Works* (New York: Business Plus, 2012).

頓悟問題：Marvin Levine, *A Cognitive Theory of Learning: Research on Hypothesis Testing* (Hillsdale, NJ: Lawrence Erlbaum, 1975); Janet Metcalfe and David Wiebe, "Intuition in Insight and Noninsight Problem Solving," *Memory & Cognition* 15, no. 3 (May 1987): 238-46.

殘缺西洋棋盤（mutilated checkerboard）：Craig A. Kaplan and Herbert A. Simon, "In Search of Insight," *Cognitive Psychology* 22, no. 3 (July 1990): 374-419. 原始論文是投稿至美國軍方：Craig A. Kaplan and Herbert A. Simon, *In Search of Insight*, Technical Report AIP 55 (Arlington, VA: Office of Naval Research, August 15, 1988).

傳統的「嘗試錯誤」問題解決架構：Levine, *Cognitive Theory of Learning*; Metcalfe and Wiebe, "Intuition."

波佐將這種落差稱為「取得了國際人力資本的報酬」：Susan Pozo, "Does the US Labor Market Reward International Experience?," *American Economic Review* 104, no. 5 (2014): 250-54.

案例教學法：Todd Bridgman, Stephen Cummings, and Colm McLaughlin, "Restating the Case: How Revisiting the Development of the Case Method Can Help Us Think Differently About the Future of the Business School," *Academy of Management*

Learning & Education 15, no. 4 (December 2016): 724-741.

哈佛商學院院長唐漢的引文：Wallace Donham, "The Failure of Business Leadership and the Responsibilities of the Universities," *Harvard Business Review* 11 (1933): 418-35. 唐漢寫道：「政商界的領導者不能只懂特定領域，而需要看到事物在廣闊連結中的關係，並負責維持社會的穩定與平衡。」(Quoted in Bridgman, Cummings, and McLaughlin, "Restating the Case.")

社會學家伯特的「詹姆士」和「羅伯特」：Ronald S. Burt, *Brokerage and Closure: An Introduction to Social Capital* (Oxford: Oxford University Press, 2005).

白紙策略：這種概念也類似於jootsing（jumping out of the system，跳出系統外）。這項概念先是由 Douglas Hofstadter 在他的經典著作 *Gödel Escher Bach: An Eternal Golden Braid* (New York: Basic Books, 1979) 提出，後續的發展則見於 Daniel C. Dennett, *Intuition Pumps and Other Tools for Thinking* (New York: Norton, 2013)。

電腦科學先驅凱伊與物件導向程式設計：Interview with Kay by Kenneth Cukier, January 2021. 感謝凱伊慷慨撥出時間，分享他對本書的見解。同時可參見 Eric Elliott, "The Forgotten History of OOP," Medium, October 31, 2018, https://medium.com/javascript-scene/the-forgotten-history-of-oop-88d71b9b2d9f. 凱伊根據其他研究的基礎（特別是Sketch-Pad與Simula等程式語言），率先發展出OOP的完整概念。

凱伊的引文「這等於是保證能夠有全新的運算架構方式」，參見 Alan Kay, "The Early History of Smalltalk," 1993, worrydream.com/EarlyHistoryOfSmalltalk. 凱伊認為人類都受到「現在」的暴政欺凌，可參閱Robin Meyerhoff, "Computers and the Tyranny of the Present," *Forbes*, November 11, 2015, https://www.forbes.com/sites/sap/2015/11/11/computers-and-the-tyranny-of-the-present. 凱伊說「大多數的創造力，就是要從某種情境跳到另一個情境」，可參見 Stuart Feldman, "A Conversation with Alan Kay: Big Talk with the Creator of Smalltalk—and Much More," *Association for Computing Machinery* 2, no. 9 (December 27, 2004), https://queue.acm.org/detail.cfm?id=1039523.

Smalltalk 程式語言的影響：凱伊（和我們）都要特別強調，我們思考的時候不可能真的是白紙一張。凱伊在訪談中很快就舉出許多不同科技，他認為都是為物件導向程式語言提供了建構基礎。關於 Smalltalk 的相關知識發展歷史，參見 Kay, "The Early History of Smalltalk," 1993. 同時參見 Alan Kay, "The Power of the Context," remarks upon being awarded the Charles Stark Draper Prize, National Academy of Engineering, February 24, 2004.

簡・莫里斯（詹姆士・莫里斯）：Jan Morris, *Conundrum* (London: Faber, 1974).

兩種幾何學：笛卡兒幾何學（數學上通常稱為解析幾何）有時候能夠帶出歐幾里得幾何學不易提供的直覺；而某些證明如果用歐幾里德幾何學，就能夠證得輕鬆又優雅。

認知複雜度：Patricia Linville, "Self-complexity and Affective Extremity: Don't Put All of Your Eggs in One Cognitive Basket," *Social Cognition* 3, no. 1 (1985): 94-120.

在雙語環境下長大的孩子，認知複雜度也較高：Jared Diamond, "The Benefits of Multilingualism," *Science* 330, no. 6002 (October 15, 2010): 332-33. 同時參見 Ellen Bialystok, "The Bilingual Adaptation: How Minds Accommodate Experience," *Psychological Bulletin* 143, no. 3 (March 2017): 233-62; Cristina Crivello et al., "The Effects of Bilingual Growth on Toddlers' Executive Function," *Journal of Experimental Child Psychology* 141 (January 2016): 121-32.

1970 年代 IBM 的首席科學家布蘭斯坎（Lewis Branscomb）：我們有兩位作者有幸親自感受他嚴謹的智識魅力。

多元性紅利：密西根大學的決策科學專家裴吉（Scott Page）稱之為「多元性獎勵」（diversity bonus），參見 Scott E. Page, *The Diversity Bonus: How Great Teams Pay Off in the Knowledge Economy*, ed. Earl Lewis (Princeton, NJ: Princeton University Press, 2017).

對社交網路的研究顯示，人類明顯會趨向同質性，也就是物以類聚的概念：Miller McPherson, Lynn Smith-Lovin, and James M. Cook, "Birds of a Feather: Homophily in Social Networks," *Annual Review of Sociology* 27 (August 2001):

415-44.

挪威企業董事會的性別多元性：Kenneth R. Ahern and Amy K. Dittmar, "The Impact on Firm Valuation of Mandated Female Board Representation," *The Quarterly Journal of Economics* 127, no. 1 (February 2012): 137-97. 同時參見David A. Matsa and Amalia R. Miller, "A Female Style in Corporate Leadership? Evidence from Quotas," *American Economic Journal: Applied Economics* 5, no. 3 (July 2013): 136-69. 另一則精采敘述參見 Scott E. Page, *The Diversity Bonus: How Great Teams Pay Off in the Knowledge Economy*, ed. Earl Lewis (Princeton, NJ: Princeton University Press, 2017). 請注意，該法規的目的並不是要提升企業績效，而是要減少性別不平等。如果就此看來，該法規確實讓女性領導者得以擁有進入董事會的經驗，發展她們的長才與連結，進而對其他女性帶來鼓勵。

企業績效與性別多元性：部分研究指出，董事會有女性成員能夠提升公司的財務表現，參見Julia Dawson et al., "The CS Gender 3000: The Reward for Change," Credit Swiss Research Institute, September 2016. 然而，這些研究被批評在方法上過於簡化，參見 "100 Women: Do Women on Boards Increase Company Profits?," *BBC News*, October 2017, https://www.bbc.com/news/41365364. 至於更嚴謹的分析則是發現，在某些案例中，企業績效與最高管理階層的女性比例確實呈現正相關（但並非因果連結）。參見Corinne Post and Kris Byron, "Women on Boards and Firm Financial Performance: A Meta-Analysis," *Academy of Management Journal* 58, no. 2, November 7, 2014, https://journals.aom.org/doi/abs/10.5465/amj.2013.0319.

這件事為我們敲響警鐘，提醒我們就算努力追求外在的多元，最後仍然可能只是得到內在的一致：例如Greg Lukianoff與Jonathan Haidt認為，美國大學追求多元性的做法，已經妨礙了概念的自由交流。Greg Lukianoff and Jonathan Haidt, "The Coddling of the American Mind," *Atlantic*, September 2015, https://www.theatlantic.com/magazine/archive/2015/09/the-coddling-of-the-american-mind/399356/. 同時參見Jonathan Haidt, "Viewpoint Diversity in the Academy," jonathanhaidt.com, accessed December, 31, 2020, https://

jonathanhaidt.com/viewpoint-diversity/.

《科學》期刊有一份研究指出，性別多元性較高的團隊，在許多任務的表現都優於同質性高的團隊：Anita W. Woolley et al., "Evidence for a Collective Factor in the Performance of Human Groups," *Science* 330, no. 6004 (October 29, 2010): 686-88.

團隊的多元性確實能為任務帶來更佳的成果：參考文獻指出「大致而言，如果團隊需要處理創意或創新工作，就能得益於多元性」，參見Anita W. Woolley, Ishani Aggarwal, and Thomas W. Malone, "Collective Intelligence and Group Performance," *Current Directions in Psychological Science* 24, no. 6 (December 2015): 420-24. 另一項對於團隊多元性的研究，橫跨超過六十年，參見Hans van Dijk, Marloes L. van Engen, and Daan van Knippenberg, "Defying Conventional Wisdom: A Meta-Analytical Examination of the Differences Between Demographic and Job-Related Diversity Relationships with Performance," *Organizational Behavior and Human Decision Processes* 119, no. 1 (September 2012): 38-53. 該文獻得到的可信結論認為，多元性對於團隊執行創意工作有利，但對於執行較規律（更注重效率）的工作則有害。

團隊成員先個別思考過這項議題，最後再集合團隊討論：André L. Delbecq and Andrew H. Van de Ven, "A Group Process Model for Problem Identification and Program Planning," *Journal of Applied Behavioral Science* 7, no. 4 (July 1, 1971); Andrew H. Van de Ven and André L. Delbecq, "The Effectiveness of Nominal, Delphi, and Interacting Group Decision Making Processes," *Academy of Management Journal* 17, no. 4 (December 1974): 605-21.

蘋果公司是用了不一樣的方式，來達到同樣的效果：Joel M. Podolny and Morten T. Hansen, "How Apple Is Organized for Innovation," *Harvard Business Review*, November/December 2020, https://hbr.org/2020/11/how-apple-is-organized-for-innovation.

讓每位團隊成員有大致相等的時間來陳述自己的觀點，也要遵守多數決的原則：Reid Hastie and Tatsuya Kameda, "The Robust Beauty of Majority Rules in Group Decisions," *Psychological Review* 112, no. 2 (May 2005): 494-

508. 關於團體決策的進一步資訊，請參見 R. Scott Tindale and Katharina Kluwe, "Decision Making in Groups and Organizations," in *The Wiley Blackwell Handbook of Judgment and Decision Making II*, eds. Gideon Keren and George Wu (Hoboken, NJ: Wiley Blackwell, 2015), 849-74.

矽谷傳奇人物喬伊（Bill Joy）的引文：Rich Karlgaard, "How Fast Can You Learn?," *Forbes*, November 9, 2007, https://www.forbes.com/forbes/2007/1126/031.html.

Cuusoo公司與樂高：Hasan Jensen, "Celebrating 10 Years of Your Ideas!," Lego, accessed November 8, 2020, https://ideas.lego.com/blogs/a4ae09b6-0d4c-4307-9da8-3ee9f3d368d6/post/bebe460c-fd4c-413a-b0a7-ca757aad1ecc.

追求多元性，必然有代價：Ishani Aggarwal 與 Anita W. Woolley 的一項控制對照實驗顯示，相較於同質的團隊，團隊如果有不同的認知風格，就更難達成策略上的共識。參見 Ishani Aggarwal and Anita W. Woolley, "Do You See What I See? The Effect of Members' Cognitive Styles on Team Processes and Performance," *Organizational Behavior and Human Decision Processes* 122, no. 1 (September 2013): 92-99.

「全域最佳解」與「局部最佳解」：Scott E. Page, *The Difference: How the Power of Diversity Creates Better Groups, Firms, Schools, and Societies* (Princeton, NJ: Princeton University Press, 2008). 裴吉在2021年1月接受庫基耶訪談時，指出：「不只是有兩個方向〔上或下〕。多數的想法與產品會有幾十、幾百種方向，不只是左看右看都看不到更高的點。就比喻來說，是有幾十種方向能讓你選擇。」關於更深入探討模型如何形塑社會，參見 Scott E. Page, *The Model Thinker: What You Need to Know to Make Data* (New York: Basic Books, 2018). 繁體中文版《多模型思維：天才的32個思考策略》，天下文化2021年出版。

英特爾傳奇共同創辦人葛洛夫談「大有幫助的卡珊德拉」：Andrew Grove, *Only the Paranoid Survive* (New York: Doubleday Business, 1996).

皮克斯動畫電影工作室的共同創辦人暨總裁卡特莫爾，談卡珊德拉的啟示：

Ed Catmull and Amy Wallace, *Creativity, Inc.: Overcoming the Unseen Forces That Stand in the Way of True Inspiration* (New York: Random House, 2014).

弄臣就像是個白痴在耍笨,然而他們實際上可聰明得很:Beatrice K. Otto, *Fools Are Everywhere: The Court Jester Around the World* (Chicago: University of Chicago Press, 2001). 請注意,弄臣的角色全世界都有:在古羅馬與印度、中東與中國的宮廷,再到歐洲,都能看到。

法國弄臣特里布列的玩笑話:Magda Romanska, "The History of the Court Jester," Boston Lyric Opera, March 24, 2014, http://blog.blo.org/the-history-of-court-jester-by-magda.

美國航太總署(NASA)認為太空旅行團隊應該有一名成員的個性要像是弄臣:Interview with Jeffrey Johnson of the University of Florida by Ian Sample, "Jokers Please: First Human Mars Mission May Need Onboard Comedians," *Guardian*, February 15, 2019, https://www.theguardian.com/science/2019/feb/15/jokers-please-first-human-mars-mission-may-need-onboard-comedians.

專欄作家懷斯與《紐約時報》:Edmund Lee, "Bari Weiss Resigns from *New York Times* Opinion Post," *New York Times*, July 14, 2015, https://www.nytimes.com/2020/07/14/business/media/bari-weiss-resignation-new-york-times.html; Elahe Izadi and Jeremy Barr, "Bari Weiss Resigns from *New York Times*, Says 'Twitter Has Become Its Ultimate Editor,'" *Washington Post*, July 14, 2020, https://www.washingtonpost.com/media/2020/07/14/bari-weiss-resigns-new-york-times. 引文出自 Bari Weiss, "Resignation Letter," Bariweiss.com, July 14, 2020, https://www.bariweiss.com/resignation-letter. 感謝以上資訊來源,讓我們得以寫出這段陳述。

第 8 章 多元性

漢娜・鄂蘭與蓋世太保:相關情節參見 Elisabeth Young-Bruehl, *Hannah Arendt: For Love of the World* (New Haven, CT: Yale University Press, 2004). 神祕代碼是希臘哲學語錄:Jeremy Adelman, "Pariah: Can Hannah Arendt Help Us

Rethink Our Global Refugee Crisis?," *Wilson Quarterly*, Spring 2016, https://www.wilsonquarterly.com/quarterly/looking-back-moving-forward/pariah-can-hannah-arendt-help-us-rethink-our-global-refugee-crisis/. 感謝研究鄂蘭的學者 Samantha Rose Hill 確認鄂蘭在 1933 年的姓名（她在結婚前都以史特恩為姓）。

文學評論家對 1920 年代美國的觀察，出自：Malcolm Cowley, *Exile's Return: A Literary Odyssey of the 1920s* (New York: Penguin, 1994), 279.

波蘭女孩對納粹暴行的日記記述：該日記的日期為 1943 年 2 月 6 日，參見 Rutka Laskier, *Rutka's Notebook: A Voice from the Holocaust*, eds. Daniella Zaidman-Mauer and Kelly Knauer (New York: Time/Yad Vashem, 2008), 29-30.

市場經濟的本質，就在於參與者能夠自己判斷最佳時機，自我調整如何和他人互動：Charles E. Lindblom, *The Market System—What It Is, How It Works, and What to Make of It* (New Haven, CT: Yale University Press, 2001).

波普爾的「寬容的弔詭」：Karl Popper, "The Principle of Leadership," in *The Open Society and Its Enemies,* vol. 1 (Abington, UK: Routledge, 1945), note 4. 這項概念本來就只出現在該書的注解，而非正文。波普爾是以柏拉圖的「自由的弔詭」（如果讓暴君有破壞自由的自由，社會最後就會沒有自由）為基礎，寫道：「無限制的寬容，必將導致寬容的消失。如果我們連對於那些不寬容的人，都給予無限制的寬容，如果我們不準備保護這個寬容的社會、抵制不寬容的入侵，那麼寬容的人與態度就會遭到摧毀破壞。依此道理，舉例來說，我並不是認為一定要永遠鎮壓各種不寬容的哲學；只要我們仍然能夠提出理性的論證做為反駁，能讓那些哲學受到輿論的控制，那麼鎮壓就無疑是最不明智的做法。雖然如此，我們還是應該保留在必要時鎮壓這些哲學的權利，原因就在於：我們很容易就會發現他們並不準備和我們進行理性論證，而只是貶抑所有其他論點；他們可能會告誡所有追隨者，說那些理性的論證都不可信、都只是在欺瞞，要用拳頭或手槍來回應。因此，我們應該以寬容之名，對於不寬容的人保留不寬容的權利。」請注意，就算是那些提倡開放與多元的人，也無法抗拒「限制表達」（restraint expression）的誘惑。舉例來說，波普爾曾多年在倫敦政經學院開設「開放社會及其敵人」（The Open Society and Its Enemies）這門課，

而學生就戲稱這門課是由開放社會的敵人所開設（The Open Society *by Its Enemy*）。

鄂　蘭　的　著　作：Hannah Arendt, *The Origins of Totalitarianism* (New York: Schocken Books, 1951); *The Human Condition* (Chicago: University of Chicago Press, 1958); *On Revolution* (New York: Penguin Books, 1963); *Eichmann in Jerusalem: A Report on the Banality of Evil* (New York: Viking Press, 1963); *On Violence* (Boston: Houghton Mifflin Harcourt, 1968); *Men in Dark Times* (Boston: Houghton Mifflin Harcourt, 1970); *Crisis of the Republic* (New York: Harcourt Brace Jovanovich, 1972); *Rahel Varnhagen: The Life of a Jewish Woman* (New York: Harcourt Brace, 1974).

鄂蘭的引文「我腦海裡如果浮現愈多人的立場，最後得到的結論就愈令人信服」：from Hannah Arendt, *Between Past and Future: Eight Exercises in Political Thought* (New York: Penguin, 2006), 237.「共同意志」（general will）是盧梭的話。而「複數的人，而不是單數的人」出自 Arendt, *The Human Condition*, 7.「複數的立場」出自 Hannah Arendt, *The Promise of Politics* (New York: Schocken, 2007), 175.

「歷史之終結」：Francis Fukuyama, *The End of History and the Last Man* (New York: Free Press, 1992). 繁體中文版《歷史之終結與最後一人》，時報文化 2020年出版。

矽谷與一二八號公路的興衰：AnnaLee Saxenian, *Regional Advantage: Culture and Competition in Silicon Valley and Route 128* (Cambridge, MA: Harvard University Press, 1994), 2-3. 同時參見 "Silicon Valley Is Changing, and Its Lead over Other Tech Hubs Narrowing," *Economist*, September 1, 2018, https://www.economist.com/briefing/2018/09/01/silicon-valley-is-changing-and-its-lead-over-other-tech-hubs-narrowing; "Why Startups Are Leaving Silicon Valley," *Economist*, August 30, 2018, https://www.economist.com/le與aders/2018/08/30/why-startups-are-leaving-silicon-valley.

統一的中國帝國與分散的歐洲各國：Joel Mokyr, *A Culture of Growth: The Origins of the Modern Economy* (Princeton, NJ: Princeton University Press,

2016). 同時參見 Jared Diamond, *Guns, Germs, and Steel: The Fates of Human Societies* (New York: Norton, 1997). 繁體中文版《槍炮、病菌與鋼鐵：人類社會的命運》，時報文化 2019 年出版（二十五週年紀念版）。 另一份輕鬆易讀的文獻是 John Micklethwait and Adrian Wooldridge, *The Fourth Revolution: The Global Race to Reinvent the State* (New York: Penguin, 2015).

金融科技公司 Stripe 的創辦人科里森與經濟學家柯文的「進步學」：Interview with Patrick Collison by Kenneth Cukier, January 2020. 同時參見 Patrick Collison and Tyler Cowen, "We Need a New Science of Progress," *Atlantic*, July 30, 2019, https://www. theatlantic.com/science/archive/2019/07/we-need-new-science-progress/594946. 對此的批判性評估，參見 Cukier, "Innovation Around Innovation—Studying the Science of Progress," *The Economist*, *Babbage* podcast, September 4, 2019, https://www.economist.com/podcasts/2019/09/04/innovation-around-innovation-studying-the-science-of-progress.

從蘋果大學波多尼的課所衍生出的矽谷團體迷思：這就是開個玩笑而已。

另啟對同性婚姻的思考架構：Kevin Nix, "It's All in the Frame: Winning Marriage Equality in America," Open Democracy, September 8, 2015, https://www. opendemocracy.net/en/openglobalrights-openpage/its-all-in-frame-winning-marriage-equality-in-america.

改變了對同性婚姻所強調的特性，不是視為一種自由或權利，而是對愛的表達與承諾："In Depth: Gay and Lesbian Rights," Gallup, poll of November 26-29, 2012, https://news.gallup.com/poll/1651/gay-lesbian-rights.aspx.

美國支持同婚的人數正式超過反對的人數：Justin McCarthy, "U.S. Support for Same-Sex Marriage Matches Record High," Gallup, June 1, 2020, https://news. gallup.com/poll/311672/support-sex-marriage-matches-record-high.aspx).

受過博雅教育和扎實學術訓練的畢業生，在就業市場很吃香：David Epstein, *Range: Why Generalists Triumph in a Specialized World* (New York: Riverhead, 2019).

美國白人父母與黑人父母分別和孩子談論種族的方式，有明顯的不同：Megan

R. Underhill, "White Parents Teach Their Children to Be Colorblind. Here's Why That's Bad for Everyone," *Washington Post*, October 5, 2018, https://www. washingtonpost.com/nation/2018/10/05/white-parents-teach-their-children-be-colorblind-heres-why-thats-bad-everyone; on colorblind racism, see also: Meghan Burke, *Colorblind Racism* (Cambridge: Polity Press, 2019).

城市理論家佛羅里達，研究各個地區或城市經濟成敗的因素，寫成《創意新貴》：Richard Florida, *The Rise of the Creative Class* (New York: Basic Books, 2002), chap. 14. 影片課程：Richard Florida, "Technology, Talent, and Tolerance in the Creative City," Coursera, accessed November 9, 2020, https:// www.coursera.org/lecture/city-and-you-find-best-place/technology-talent-and-tolerance-in-the-creative-city-instructor-video-uVp5h.

哈伯馬斯所稱的「公共領域」：Jürgen Habermas, *The Structural Transformation of the Public Sphere: An Inquiry into a Category of Bourgeois Society*, trans. Thomas Burger (Cambridge, MA: MIT Press, 1989).

審議式民主：James S. Fishkin, *Democracy When the People Are Thinking: Revitalizing Our Politics Through Public Deliberation* (Oxford: Oxford University Press, 2018).

授權式民主：Roberto Mangabeira Unger, *False Necessity: Anti-Necessitarian Social Theory in the Service of Radical Democracy* (Cambridge: Cambridge University Press, 1987).

昂格認為應該要讓政治「去中心化」：Roberto Mangabeira Unger, "Big Thinkers: Roberto Mangabeira Unger on Empowered Democracy in the UK," Institute for Government, November 15, 2013, https://www.instituteforgovernment.org.uk/ events/big-thinkers-roberto-mangabeira-unger-empowered-democracy-uk.

昂格認為教育應採用辯證式：Roberto Mangabeira Unger, "No One Should Have to Do Work That Can Be Done by a Machine," talk at Harvard Thinks Big 4, YouTube video, 10:47, February 28, 2013, https://www.youtube.com/watch? v=N8n5ZL5PwiA.

史珂拉的主張：Judith Shklar, "The Liberalism of Fear," in *Liberalism and the Moral Life,* ed. Nancy Rosenblum (Cambridge, MA: Harvard University Press, 1989), 31-38.

無畏女孩：雕像在2017年3月7日於華爾街銅牛面前立起，但在2018年11月移到金融區的另一處。現在當地仍有一塊有著兩個腳印的板子，標示出她原本昂然站立的位置。

第 9 章　警惕

新冠肺炎療法的諷刺影片：Sarah Cooper, "How to Medical," YouTube video, 0:49, https://www.youtube.com/watch?v=RxDKW75ueIU.

媒體對庫珀的評論：James Poniewozik, "Trump Said, 'I Have the Best Words.' Now They're Hers," *New York Times*, May 27, 2020, https://www.nytimes.com/2020/05/27/arts/television/trump-sarah-cooper.html. 同時參見ZZ Packer, "Sarah Cooper Doesn't Mimic Trump. She Exposes Him," *New York Times*, June 25, 2020, https://www.nytimes.com/2020/06/25/magazine/sarah-cooper-doesnt-mimic-trump-she-exposes-him.html. The authors thank Cooper for her help in producing this account.

庫珀自己的說法：Shirley Li, "Sarah Cooper Has Mastered the Trump Joke," *Atlantic,* May 8, 2020, https://www.theatlantic.com/culture/archive/2020/05/comedian-behind-viral-trump-pandemic-tiktok-sarah-cooper/611329. 同時參見 Sarah Cooper and Sarah Cristobal, "Comedian Sarah Cooper on How Her Viral Trump Parodies Came to Be," *InStyle*, July 10, 2020, https://www.instyle.com/news/sarah-cooper-essay-trump-impressions.

聶雲宸「喜茶」成功故事：Farhan Shah, "Heytea Founder Neo Nie on the Ingredients to the Brand's Success," *Peak*, July 23, 2020, https://www.thepeakmagazine.com.sg/interviews/heytea-founder-neo-nie-business-success/; Li Tao, "How Chinese Tea-Drink Brand Heytea Saves Millions in Marketing Costs Thanks to Its Millennial Customers," *South China Morning Post*, August 28, 2018, https://www.scmp.com/tech/start-ups/article/2161529/how-chinese-tea-drink-brand-heytea-saves-millions-marketing-costs. 同時參見 "He Is a Post-90s CEO Worth 4 billion," *DayDay News*, September 23, 2020, https://daydaynews.cc/en/technology/812466.html.

莫西婭對成長過程的回憶：Interview with Mosia by Kenneth Cukier, January 2021. 同時參見 "Nthabiseng Mosia, an Entrepreneur Finding Affordable Clean Energy Solutions for Africa by Harnessing the Power of Solar Technology," Lionesses of Africa, December 11, 2016, https://www.lionesses ofafrica.com/blog/2016/12/11/startup-story-nthabiseng-mosia. 同時參見 World Economic Forum, "Bring the Power of Solar to Sierra Leone," YouTube video, 3:17, December 16, 2019, https://www.youtube.com/watch?v=auzkln9MMjk& feature=emb_title.

莫西婭創業故事：Dhivana Rajgopaul, "This SA Entrepreneur Creates Solar Solutions for Communities in Sierra Leone," *Independent Online*, May 7, 2018, https://www.iol.co.za/business-report/entrepreneurs/this-sa-entrepreneur-creates-solar-solutions-for-communities-in-sierra-leone-14819523. 同時參見 Pavitra Raja, "This Is How Social Innovators Are Leading the Race to Zero Emissions," World Economic Forum, November 9, 2020, https://www.weforum.org/agenda/2020/11/this-is-how-social-innovators-are-leading-the-race-to-zero-emissions.

Easy Solar 太陽能公司：Easy Solar, "Easy Solar Raises $5M in Series A Equity and Debt Funding to Scale Operations in West Africa," press release, September 30, 2020, https://www.pv-magazine.com/press-releases/easy-solar-raises-5m-in-series-a-equity-and-debt-funding-to-scale-operations-in-west-africa.

歷史學家哈拉瑞談人類合作："A Conversation with Mark Zuckerberg and Yuval Noah Harari," Facebook, April 26, 2019, transcript, https://about.fb.com/wp-content/uploads/2019/04/transcript_-marks-personal-challenge-yuval-noah-harari.pdf.

在人類大多數歷史上，我們並無法窺視他人的心智：一直要到十九世紀晚期，學者才開始更深入探究決策能力。而「判斷與決策」這個學術領域則是直到1950年代才成立。

「意識型態孤島」成了各處都常見的現象："How Politics Has Pulled the Country in Different Directions," *Wall Street Journal*, November 10, 2020, https://www.wsj.com/graphics/polarized-presidential-elections/.

過去半個世紀是個充滿確定、穩定、相對舒適的時期："Decline of Global Extreme Poverty Continues but Has Slowed: World Bank," World Bank, press release, September 19, 2018, https://www.worldbank.org/en/news/press-release/2018/09/19/decline-of-global-extreme-poverty-continues-but-has-slowed-world-bank.

猶太律法經典《塔木德》引文：這句改編後的名言，原始段落如下：「一個人只看得到自己的想法讓他看到的事」。出於Rabbi Shemuel ben Nachmani，引用自 tractate Berakhot (55b.), *Tractate Berakhot: Edition, Translation, and Commentary*, ed. Heinrich W. Guggenheimer (Berlin: de Gruyter, 2000). 這個段落是在談夢的詮釋。

情感主義正席捲全球。在祕魯：Michael Stott, "Peru President's Ousting Underlines Resurgent Latin American Populism," *Financial Times*, November 11, 2020, https://www.ft.com/content/5c4c4411-e648-4681-bdde-186ff5b20d3e. 在菲律賓："More than 7,000 Killed in the Philippines in Six Months, as President Encourages Murder," Amnesty International, May 18, 2020, https://www.amnesty.org.uk/philippines-president-duterte-war-on-drugs-thousands-killed. 在德國：Alexander Frölich, "Rechtsextremisten steuern die Corona-Proteste zum Teil schon," *Der Tagesspiegel*, November 16, 2020, https://www.tagesspiegel.de/berlin/berliner-sicherheitsbehoerden-alarmiert-rechtsextremisten-steuern-die-corona-proteste-zum-teil-schon/26627460.html; Tilma Steffen and Ferdinand Otto, "Aktivisten kamen als Gäste der AfD in den Bundestag," *Die Zeit*, November 19, 2020, https://www.zeit.de/politik/deutschland/2020-11/bundestag-afd-stoerer-corona-protest-einschleusung.

AI界正在崛起的新星蕭萊，稱之為「極端類推」：François Chollet, *Deep Learning with Python* (Shelter Island, NY: Manning, 2017). 參見https://blog.keras.io/the-limitations-of-deep-learning.html. 在2021年2月與庫基耶的訪談中，蕭萊談到如何提升「極端類推」、也就是建立思考架構的能力：「你學

習與適應的方式，就是要不斷與過去的情境和概念進行類推。如果你能對過去的情境和概念擁有豐富多元的資料庫，就能夠利用來做出更強大的類推。」

2015年11月13日的巴黎恐怖攻擊：相關記述報導可參考 Angelique Chrisafis, "'It Looked Like a Battlefield': The Full Story of What Happened in the Bataclan," *Guardian*, November 20, 2015, https://www.the guardian.com/world/2015/nov/20/bataclan-witnesses-recount-horror-paris-attacks; "What Happened at the Bataclan?," BBC, December 9, 2015, https://www.bbc.co.uk/news/world-europe-34827497; Adam Nossiter and Andrew Higgins, "'Scene of Carnage' Inside Sold-Out Paris Concert Hall," *New York Times*, November 13, 2015, https://www.nytimes.com/2015/11/14/world/europe/paris-attacks.html; Andrew Higgins and Milan Schreuer, "Attackers in Paris 'Did Not Give Anybody a Chance,'" *New York Times*, November 14, 2015, https://www.nytimes.com/2015/11/15/world/europe/paris-terror-attacks-a-display-of-absolute-barbarity.html.

社會學家布羅納的說法：Gérald Bronner, *La Pensée Extréme* (Paris: PUF, 2009). 布羅納談到自己如何以關於極端思維的概念，試圖讓年輕的極端份子不再那麼極端，參見 *Déchéance de rationalité* (Paris: Grasset, 2019).

阿布阿烏德的說詞：David A. Graham, "The Mysterious Life and Death of Abdelhamid Abaaoud," *Atlantic*, November 19, 2015, https://www.theatlantic.com/international/archive/2015/11/who-was-abdelhamid-abaaoud-isis-paris/416739; Kersten Knipp, "'Allah Has Chosen Me': Profile of the Paris Attackers," *Deutsche Welle*, November 21, 2015, https://www.dw.com/en/allah-has-chosen-me-profile-of-the-paris-attackers/a-18865801. 同時參見 Stacy Meichtry, Noemie Bisserbe, and Matthew Dalton, "Paris Attacks' Alleged Ringleader, Now Dead, Had Slipped into Europe Unchecked," *Wall Street Journal*, November 19, 2015, https://www.wsj.com/articles/abdelhamid-abaaoud-alleged-mastermind-of-paris-attacks-is-dead-french-prosecutor-says-1447937255.

恐怖份子輕視一般人的認知靈活性：Gérald Bronner, *La Pensée Extréme* (Paris:

PUF, 2009).

焚書或是燒人：參見十九世紀德國作家Heinrich Heine, in "Almansor: A Tragedy" (1823): "Dort wo man Bücher verbrennt, verbrennt man auch am EndeMenschen," 翻譯成中文，也就是：「從焚書開始，終將以燒人作結。」

小說家費茲傑羅的名言「腦海裡同時裝著兩種相反的概念」：F. Scott Fitzgerald, *The Crack-Up* (New York: New Directions Books, 1945).

我們想像的邊界，就是我們世界的邊界：這個啟示來自維根斯坦談語言及世界的邊界。Ludwig Wittgenstein, *Tractatus Logico-Philosophicus*, prop. 5.6: (Milton Park, Abingdon, Oxon: Routledge, 1921): 150.

財經企管 808

超越 AI 的思考架構
原書名：《造局者：思考框架的威力》
Framers: Human Advantage in an Age of Technology and Turmoil

原著── 庫基耶、麥爾荀伯格、德菲爾利科德
（Kenneth Cukier, Viktor Mayer-Schönberger, Francis de Véricourt）
譯者── 林俊宏
科學叢書策劃群── 林和（總策劃）、牟中原、李國偉、周成功

總編輯── 吳佩穎
編輯顧問暨責任編輯── 林榮崧
責任編輯── 吳育燐
封面設計── 江儀玲
美術編輯── 蕭志文

出版者── 遠見天下文化出版股份有限公司
創辦人── 高希均、王力行
遠見・天下文化 事業群榮譽董事長── 高希均
遠見・天下文化 事業群董事長── 王力行
天下文化社長── 王力行
天下文化總經理── 鄧瑋羚
國際事務開發部兼版權中心總監── 潘欣
法律顧問── 理律法律事務所陳長文律師
著作權顧問── 魏啟翔律師

社址── 台北市 104 松江路 93 巷 1 號 2 樓
讀者服務專線── 02-2662-0012 ｜ 傳真── 02-2662-0007，02-2662-0009
電子郵件信箱── cwpc@cwgv.com.tw
直接郵撥帳號── 1326703-6 號 遠見天下文化出版股份有限公司

電腦排版── 蕭志文
製版廠── 東豪印刷事業有限公司
印刷廠── 柏晧彩色印刷有限公司
裝訂廠── 台興印刷裝訂股份有限公司
登記證── 局版台業字第 2517 號
總經銷── 大和書報圖書股份有限公司 電話／ 02-8990-2588
出版日期── 2021 年 7 月 29 日第一版第 1 次印行
　　　　　 2024 年 6 月 14 日第二版第 3 次印行

國家圖書館出版品預行編目 (CIP) 資料

超越 AI 的思考架構 / 庫基耶 (Kenneth Cukier),
麥爾荀伯格 (Viktor Mayer-Schönberger), 德菲
爾利科德 (Francis de Véricourt) 原著 ; 林俊宏譯.
-- 第二版 . -- 臺北市 : 遠見天下文化出版股份
有限公司 , 2023.08
　面；　公分 . -- (財經企管 ; 808)
譯自 : Framers : human advantage in an age of
technology and turmoil
ISBN 978-626-355-345-3(平裝)

1.CST: 認知心理學 2.CST: 思維方法 3.CST: 推理

176.4　　　　　　　　　　112011979

定價── NTD480 元
書號── BCB808
ISBN── 978-626-355-345-3 ｜ EISBN 9786263553484（EPUB）；9786263553477（PDF）

天下文化書坊── http://www.bookzone.com.tw

本書如有缺頁、破損、裝訂錯誤，請寄回本公司調換。
本書僅代表作者言論，不代表本社立場。